LA FRANCE

LE ROYAUME-UNI

LA MER DU NORD

LES ... **(f.)**

D0583843

LA MANCHE

LA BELGIQUE

Dunkerque
Calais
Boulogne
Lille
la Wallonie

LE LUXEMBOURG

Dieppe
Amiens
Charleville-Mézières

NORD-PAS-DE-CALAIS

PICARDIE

Cherbourg
Le Havre
Rouen
HAUTE-NORMANDIE

Caen
la Seine
ÎLE-DE-FRANCE

Reims
Verdun
Metz
Nancy
Strasbourg
LORRAINE
ALSACE

Brest
St. Malo
le Mont-St. Michel
BASSE-NORMANDIE
Versailles
Paris
Chartres
Fontainebleau

Troyes
la Seine
Colmar
LES VOSGES

BRETAGNE
Rennes
Le Mans
CENTRE
Orléans
Blois
la Loire

FRANCHE-COMTÉ

BOURGOGNE
Dijon
Besançon

LA SUISSE

la Loire
Angers
Tours
Nantes
LIMOUSIN
Bourges

PAYS DE LA LOIRE
Poitiers
AUVERGNE

la Saône
LE JURA

RHÔNE-ALPES
Lyon
le Rhône
le Val d'Aoste

La Rochelle

POITOU-CHARENTES
Limoges
Clermont-Ferrand

Grenoble

L'ITALIE (f.)

L'OCÉAN ATLANTIQUE (m.)

Bordeaux
Rocamadour
LE MASSIF CENTRAL
LES ALPES

AQUITAINE
la Garonne
le Rhône

Moissac
Albi
Avignon
Nîmes
Montpellier
Arles
PROVENCE-ALPES-CÔTE D'AZUR
Nice
Cannes
Aix-en-Provence
Marseille

MONACO (m.)

Biarritz
MIDI-PYRÉNÉES
Toulouse
LE PAYS BASQUE
Lourdes
Carcassonne
LANGUEDOC-ROUSSILLON

LES PYRÉNÉES (f.pl.)
Perpignan

la CORSE

L'ANDORRE (f.)

L'ESPAGNE (f.)

LA MER MÉDITERRANÉE

Élévation en mètres
2000+
500–2000
200–500
0–200
Niveau de mer

| 0 | 25 | 50 | 75 | 100 MILLES |

| 0 | 50 | 100 | 150 KILOMÈTRES |

la SARDAIGNE

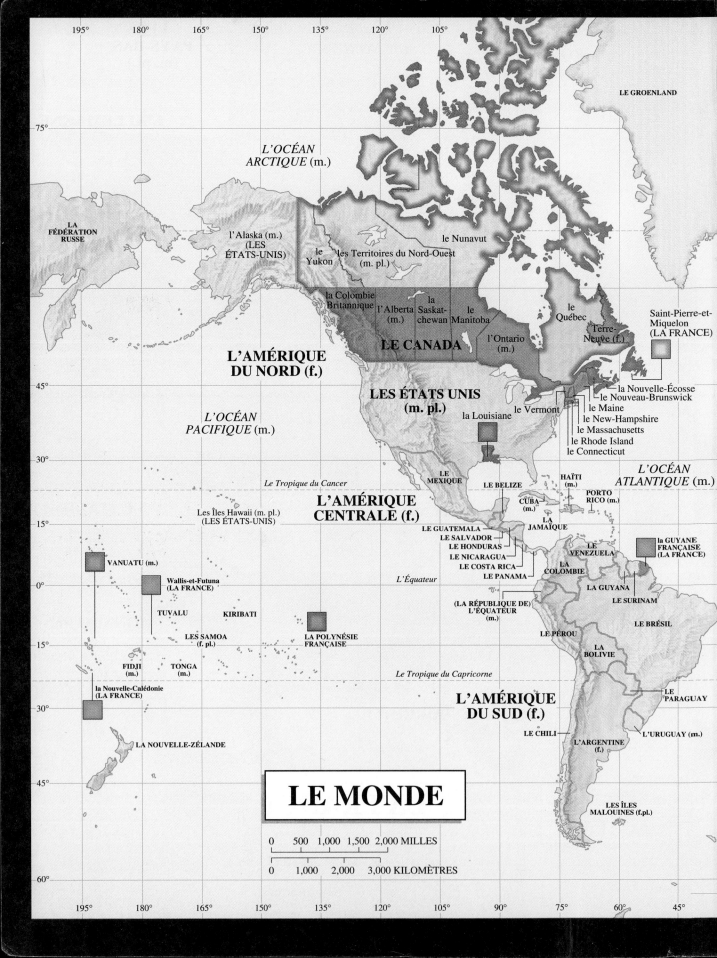

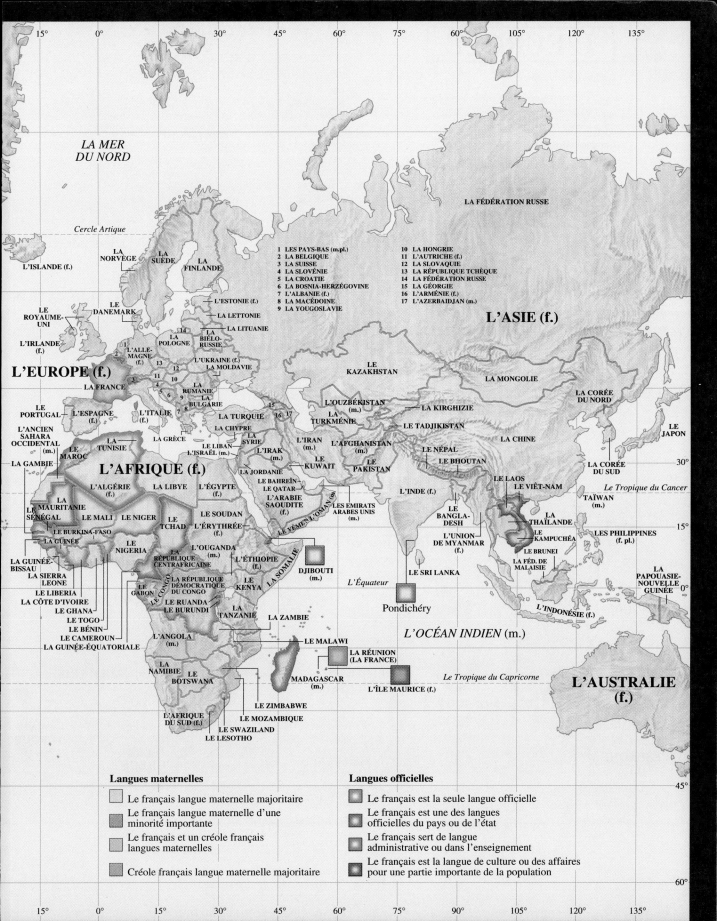

LA MER
DU NORD

Cercle Artique

L'ISLANDE (f.)

LA
NORVÈGE

LA
SUÈDE

LA
FINLANDE

LA FÉDÉRATION RUSSE

L'ASIE (f.)

1 LES PAYS-BAS (m.pl.)   10 LA HONGRIE
2 LA BELGIQUE   11 L'AUTRICHE (f.)
3 LA SUISSE   12 LA SLOVAQUIE
4 LA SLOVÉNIE   13 LA RÉPUBLIQUE TCHÈQUE
5 LA CROATIE   14 LA FÉDÉRATION RUSSE
6 LA BOSNIA-HERZÉGOVINE   15 LA GÉORGIE
7 L'ALBANIE (f.)   16 L'ARMÉNIE (f.)
8 LA MACÉDOINE   17 L'AZERBAIDJAN (m.)
9 LA YOUGOSLAVIE

LE
ROYAUME-
UNI

LE
DANEMARK

L'ESTONIE (f.)

LA LETTONIE

LA LITUANIE

L'IRLANDE
(f.)

LA
POLOGNE

LA
BIÉLO-
RUSSIE

L'ALLE-
MAGNE
(f.)

L'EUROPE (f.)

L'UKRAINE (f.)
LA MOLDAVIE

LE KAZAKHSTAN

LA MONGOLIE

LA FRANCE

LA
RUMANIE
LA
BULGARIE

LA CORÉE
DU NORD

LE
PORTUGAL

L'ESPAGNE
(f.)

L'ITALIE
(f.)

LA TURQUIE

L'OUZBÉKISTAN
(m.)

LA KIRGHIZIE

LE JAPON

LA CHYPRE

LA
TURKMÉNIE

LE TADJIKISTAN

L'ANCIEN
SAHARA
OCCIDENTAL
(m.)

LA GRÈCE

LA
SYRIE

L'IRAN
(m.)

L'AFGHANISTAN
(m.)

LA CHINE

LA CORÉE
DU SUD

LA
TUNISIE

LE LIBAN

Le Tropique du Cancer

LE
MAROC

L'ISRAËL (m.)

L'IRAK
(m.)

LE
KUWAIT

LE NÉPAL

LE BHOUTAN

TAÏWAN
(m.)

LA GAMBIE

LA JORDANIE

LE PAKISTAN

L'AFRIQUE (f.)

LE BAHREÏN
LE QATAR

L'INDE (f.)

LE
BANGLA-
DESH

LE LAOS
LE VIÊT-NAM

LES PHILIPPINES
(f. pl.)

LA
MAURITANIE

LE
SÉNÉGAL

L'ALGÉRIE
(f.)

LA LIBYE

L'ÉGYPTE
(f.)

L'ARABIE
SAOUDITE
(f.)

LES EMIRATS
ARABES UNIS
(m.)

L'UNION
DE MYANMAR
(f.)

LA
THAÏLANDE

LE BRUNEI

LE MALI

LE NIGER

LE SOUDAN

LE YÉMEN L'OMAN (m.)

LE
KAMPUCHÉA

LA FÉD. DE
MALAISIE

LE
TCHAD

L'ÉRYTHRÉE

LE BURKINA-FASO

LA GUINÉE

LE
NIGERIA

L'OUGANDA
(m.)

L'ÉTHIOPIE
(f.)

LA
SOMALIE

LE SRI LANKA

LA
PAPOUASIE-
NOUVELLE
GUINÉE

LA GUINÉE-
BISSAU

LA
RÉPUBLIQUE
CENTRAFRICAINE

DJIBOUTI
(m.)

L'Équateur

LA SIERRA
LEONE

LE KENYA

LE LIBERIA

LA CÔTE D'IVOIRE

LE
CONGO

LA RÉPUBLIQUE
DÉMOCRATIQUE
DU CONGO

L'INDONÉSIE (f.)

LE GHANA

LE GABON

LE RUANDA
LE BURUNDI

LA
TANZANIE

Pondichéry

LE TOGO

LE BÉNIN

L'OCÉAN INDIEN (m.)

LE CAMEROUN

LA GUINÉE-ÉQUATORIALE

L'ANGOLA
(f.)

LA ZAMBIE

LE MALAWI

L'AUSTRALIE
(f.)

LA
NAMIBIE

LE
BOTSWANA

LA RÉUNION
(LA FRANCE)

MADAGASCAR
(m.)

Le Tropique du Capricorne

L'ÎLE MAURICE (f.)

L'AFRIQUE
DU SUD (f.)

LE ZIMBABWE

LE MOZAMBIQUE

LE SWAZILAND

LE LESOTHO

Langues maternelles

Le français langue maternelle majoritaire

Le français langue maternelle d'une
minorité importante

Le français et un créole français
langues maternelles

Créole français langue maternelle majoritaire

Langues officielles

Le français est la seule langue officielle

Le français est une des langues
officielles du pays ou de l'état

Le français sert de langue
administrative ou dans l'enseignement

Le français est la langue de culture ou des affaires
pour une partie importante de la population

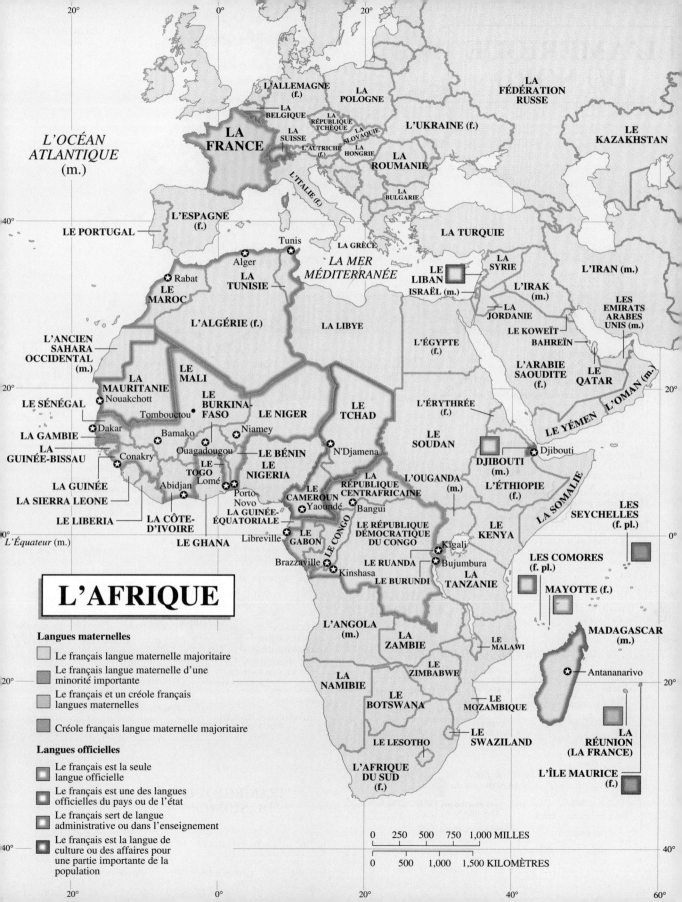

L'AFRIQUE

L'OCÉAN ATLANTIQUE (m.)

LA MER MÉDITERRANÉE

L'Équateur (m.)

Europe et Moyen-Orient

L'ALLEMAGNE (f.) · LA POLOGNE · LA FÉDÉRATION RUSSE
LA BELGIQUE · LA RÉPUBLIQUE TCHÈQUE · L'UKRAINE (f.) · LE KAZAKHSTAN
LA FRANCE · LA SUISSE · LA SLOVAQUIE · LA HONGRIE · LA ROUMANIE
L'AUTRICHE (f.) · LA BULGARIE · L'ITALIE (f.) · LA TURQUIE
LE PORTUGAL · L'ESPAGNE (f.) · LA GRÈCE · LE LIBAN · LA SYRIE · L'IRAN (m.)
ISRAËL (m.) · L'IRAK (m.) · LA JORDANIE · LES EMIRATS ARABES UNIS (m.)
LE KOWEÏT · BAHREÏN · L'ARABIE SAOUDITE (f.) · LE QATAR · L'OMAN (m.)

Afrique

Tunis · Alger · LA TUNISIE · Rabat · LE MAROC
L'ALGÉRIE (f.) · LA LIBYE · L'ÉGYPTE (f.)
L'ANCIEN SAHARA OCCIDENTAL (m.)
LE MALI · LA MAURITANIE · Nouakchott
LE SÉNÉGAL · Tombouctou · LE BURKINA-FASO · LE NIGER · LE TCHAD
L'ÉRYTHRÉE (f.) · LE SOUDAN
Dakar · Bamako · Niamey · N'Djamena · DJIBOUTI (m.) · Djibouti
LA GAMBIE · LA GUINÉE-BISSAU · Ouagadougou · LE BÉNIN · LE NIGERIA
LA GUINÉE · Conakry · LE TOGO · Lomé · LE CAMEROUN · LA RÉPUBLIQUE CENTRAFRICAINE
L'OUGANDA (m.) · L'ÉTHIOPIE (f.) · LA SOMALIE
LA SIERRA LEONE · Abidjan · Porto-Novo · Yaoundé · Bangui
LE LIBERIA · LA CÔTE-D'IVOIRE · LA GUINÉE-ÉQUATORIALE · LE KENYA
LE GHANA · Libreville · LE GABON · LE CONGO
LA RÉPUBLIQUE DÉMOCRATIQUE DU CONGO · Kigali · LE RUANDA · Bujumbura
Brazzaville · Kinshasa · LE BURUNDI · LA TANZANIE
LES SEYCHELLES (f. pl.) · LES COMORES (f. pl.) · MAYOTTE (f.)
L'ANGOLA (m.) · LA ZAMBIE · LE MALAWI · MADAGASCAR (m.)
LA NAMIBIE · LE ZIMBABWE · Antananarivo
LE BOTSWANA · LE MOZAMBIQUE · LA RÉUNION (LA FRANCE)
LE LESOTHO · LE SWAZILAND · L'ÎLE MAURICE (f.)
L'AFRIQUE DU SUD (f.)

Langues maternelles

- Le français langue maternelle majoritaire
- Le français langue maternelle d'une minorité importante
- Le français et un créole français langues maternelles
- Créole français langue maternelle majoritaire

Langues officielles

- Le français est la seule langue officielle
- Le français est une des langues officielles du pays ou de l'état
- Le français sert de langue administrative ou dans l'enseignement
- Le français est la langue de culture ou des affaires pour une partie importante de la population

0 · 250 · 500 · 750 · 1,000 MILLES
0 · 500 · 1,000 · 1,500 KILOMÈTRES

Ouvertures

Cours intermédiaire de français
Quatrième édition

H. Jay Siskin
Cabrillo College, Aptos, CA

Thomas T. Field
University of Maryland, Baltimore County

Julie A. Storme
Saint Mary's College (Notre Dame, Indiana)

WILEY

JOHN WILEY & SONS, INC.

PUBLISHER	Jay O'Callaghan
ACQUISITIONS EDITOR	Helene Greenwood
DEVELOPMENT EDITOR	Elena Herrero
SENIOR PRODUCTION EDITOR	Sujin Hong; Production Management Services provided by Christine Cervoni, Camelot Editorial Services
MARKETING MANAGER	Emily Streutker
SENIOR DESIGNER	Kevin Murphy
COVER ART	MedioImages/Getty Images; Corbis Images; PhotoDisc, Inc./Getty Images; Digital Vision/Age Fotostock America, Inc.
SENIOR ILLUSTRATION EDITOR	Anna Melhorn
ASSOCIATE PHOTO EDITOR	Elle Wagner
EDITORIAL ASSISTANT	Jennifer Mendoza

This book was set in Janson Text by Preparé, Inc. and printed and bound by VonHoffmann, Inc. The cover was printed by Phoenix Color Corp.

This book is printed on acid free paper. ∞

Copyright © 2006 John Wiley & Sons, Inc. All rights reserved. No part of this publication may be reproduced, stored in a retrieval system, or transmitted in any form or by any means, electronic, mechanical, photocopying, recording, scanning or otherwise, except as permitted under Sections 107 or 108 of the 1976 United States Copyright Act, without either the prior written permission of the Publisher, or authorization through payment of the appropriate per-copy fee to the Copyright Clearance Center, Inc., 222 Rosewood Drive, Danvers, MA 01923, website www.copyright.com. Requests to the Publisher for permission should be addressed to the Permissions Department, John Wiley & Sons, Inc., 111 River Street, Hoboken, NJ 07030-5774, (201) 748-6011, fax (201) 748-6008, website http://www.wiley.com/go/permissions.

To order books or for customer service please, call 1-800-CALL WILEY (225-5945).

Library of Congress Cataloging in Publication Data:
Siskin, H. Jay.
   Ouvertures : cours intermédiaire de français / H. Jay Siskin, Thomas T. Field, Julie A. Storme.
      p. cm.
   Includes index.

   ISBN-13: 978-0-471-47547-7 (pbk.)
   ISBN-10: 0-471-47547-5 (pbk.)

      1. French language—Textbooks for foreign speakers—English.   I. Field, Thomas T.   II. Storme, Julie A. III. Title.

   PC2129.E5S5465 2005
   448. 2'421—dc22   2005051672

Printed in the United States of America

10 9 8 7 6 5 4 3 2

Preface

Ouvertures, a comprehensive intermediate program designed for college-level French courses, uses culture as the organizing principle for its communicative approach in the teaching of speaking, reading, listening, and writing. In developing *Ouvertures*, we have addressed the following concerns:

- The integration of culture and language. *Ouvertures* offers content-based instruction where a cultural theme serves as a unifying element within each chapter. Culture is integrated into the teaching of every skill; speech acts, grammar, listening, reading, and writing skills provide the basis for the acquisition of knowledge and understanding of Francophone culture. Language is used as a tool to explore the cultures of the Francophone world.
- The need to avoid normative models of Francophone cultures and the marginalization of noncontinental Francophone cultures. *Ouvertures* promotes a contrastive approach to culture that encourages (self-)exploration rather than judgments. The cultural theme of each chapter is extended to a variety of francophone cultures, both continental and noncontinental. Francophone cultures outside of France are not grouped together or treated in isolation.
- Manageability. *Ouvertures* seeks to provide a manageable amount of material while paying thorough and appropriately distributed attention to all five skills.

The pedagogical philosophy that inspired the creation of *Ouvertures* complements the five goal areas articulated by the National Standards: culture, communication, connections, comparisons, and communities. In addition, the Standards emphasize the four skills as instruments for acquiring cross-disciplinary knowledge, developing critical thinking skills, and communicative strategies.

Culture as content forms the basis of *Ouvertures*. The chapter opener focuses on cross-cultural comparison and the formation of hypotheses; the *Interactions* encourage students to reflect and analyze; the readings deepen understanding of cultural processes and perspectives. **Communication** is fostered through the presentation of vocabulary in context, functional language, and opportunities for personalization and role play. Readings, writing assignments, video segments, and Web activities provide students with numerous opportunities for making **connections** among discipline areas. Throughout the textbook, students are asked to **compare** cultural norms, not only between national cultures, but also between social classes, generations, and regions.

Finally, *Ouvertures* emphasizes Francophone **communities**, whose products and perspectives are fully integrated throughout the text and ancillaries.

New to this edition

The fourth edition of *Ouvertures* is enhanced by updated textual components as well as an extensive multimedia program. Highlights include:

- A revised, streamlined chapter structure.
- New readings that update the cultural focus of the textbook.

- New cultural sections (**Notions de culture**) that expand the chapter theme.
- New, realia-based exercises (**À la loupe**) designed to encourage critical thinking.
- A dedicated Website that provides additional cultural resources and linguistic enrichment.
- A video program expanding upon the cultural theme of each chapter and providing additional practice in listening comprehension.
- Updated photos and art that increase visual appeal and facilitate comprehension of cultural themes.
- Testing program scripts available on CD.

Chapter Organization

Chapter Openers

Each chapter begins with a series of activities that are intended to stimulate thinking about culture. The straightforward materials and exercises of this section will prepare students to deal with the more complex issues raised in the main cultural section of the chapter. In organizing the cultural component of *Ouvertures*, we have chosen to emphasize issues rather than facts, and, in the belief that the study of a foreign language should enlarge students' understanding of culture in the broadest sense, we have built the content of each lesson around topics that will be relevant to students whether they eventually travel abroad or not.

The primary material of the opener is a document from the Francophone world (an image, a chart, or realia) that students are invited to examine with the help of simple questions. The opener is intended to suggest to students that cultural differences go beyond material culture and daily habits. Subsequently, the main culture section of the chapter will pick up the theme introduced in this opener and help students discover differences in values and systems of beliefs, which we feel are not only the most important obstacles to intercultural communication, but also the cultural content most likely to stimulate the interest of today's students.

Interaction

The **Interaction** is a dialogue introducing a real-world cultural phenomenon and setting the tone for the chapter's treatment of the relevant cultural issue. These conversations provide models of natural French speech from a wide variety of speech events. In addition to their linguistic function, they are intended to illustrate the everyday impact of intercultural tensions and the variety that exists in all speech communities: this means that the dialogues are often conflictual in nature. It is our conviction that an understanding of the tensions that characterize cultures is essential to the building of intercultural awareness. The content of the **Interactions** connects them with the general cultural presentation of the chapter openers, and their form leads the student toward the more concrete vocabulary and grammar material that follows.

Follow-up questions check comprehension **(Observez)** and encourage analytical thinking about cross-cultural differences **(Réfléchissez)**.

Autrement dit

Each **Interaction** is followed by a section that expands on the vocabulary and expressions presented in the context of the dialogue. These new items are organized according to semantic field, such as **à table, la bureaucratie;** context, such as **pour parler des repas, pour parler du travail;** or linguistic function, such as **pour insister sur le fait qu'on a raison, pour montrer sa colère.** This new vocabulary is practiced through mechanical, meaningful, and communicative exercises.

Étude de vocabulaire

This section presents vocabulary distinctions as well as vocabulary items from other areas of the Francophone world and borrowings from other languages into French.

Grammaire de base

This section reviews material typically covered in a first-year French course. Some items will have been taught for mastery in the first year; others will be partially or only conceptually controlled. They are presented here as a basis for recycling and raising the function presented in the **Structures**.

Structure

This section explains and practices new grammar that has been presented in context through the **Interaction**. Grammar is presented functionally and is recycled throughout the text. For example, the imperfect is presented twice in Chapter 4; its conjugation is reviewed in the **Grammaire de base**, and its two functions, describing in past time and talking about habitual past actions, are presented in **Structure III**. It is taken up again in Chapter 5, where its third function, talking about ongoing past actions, is presented and all the past tenses are reviewed and contrasted. Finally, in Chapter 10, the imperfect is recycled as part of a summary of verb tenses.

Notions de culture

The main culture section of the chapter takes up the issues sketched out in the opener and develops them. Again, documents of many kinds serve to open up a problem of intercultural communication and to stimulate thinking about deeper issues of cultural difference. This document is followed by two sections:

Questions and **Discussion**. The straightforward questions about the materials lead students toward the discovery of new perspectives on an issue of intercultural difference, while the discussion section invites them to think in larger terms and to begin to deal with more complex and engaging issues in simple language.

Lecture

The texts in *Ouvertures* have been selected to represent a wide variety of franco-phone cultures and are fully integrated with the cultural focus of the particular chapter. The **Lecture** in each chapter begins with pre-reading exercises to activate knowledge of genre, lexicon, structure, or culture. Post-reading activities deepen understanding of the text's literary and cultural importance.

Compréhension auditive

This section, which is handled in the Activities Manual, consists of authentic recordings of speakers from various parts of the Francophone world (France, Canada, Senegal, among others). These interviews and historic broadcasts explore the cultural themes of the chapter in more depth, allowing the students to improve their listening skills with material that is linked in content to the culture and reading sections of the chapter.

Appendix

The appendix consists of a **Répertoire géographique:** small maps of the Francophone world accompanied by political, geographical, and historical notes; verb charts, including irregular verbs, those that are followed by prepositions, and an explanation of the forms and use of the **passé simple;** a French–English glossary; and the indexes.

About the authors

H. Jay Siskin (Ph.D., Cornell University) is Director of the Language Lab at Cabrillo College. He has published extensively in language pedagogy, with research interests in the culture of the foreign language classroom, methodology and technology.

Thomas T. Field (Ph.D., Cornell University) is Professor of Linguistics and French at the University of Maryland, Baltimore County. He writes and speaks on French and Occitan, language in society, and the teaching of culture.

Julie A. Storme (Ph.D., Northwestern University) is Associate Professor of French at Saint Mary's College in Notre Dame, Indiana. Her areas of specialization include content-based instruction, reading skills, and cross-cultural diversity.

Acknowledgments

The publication of *Ouvertures* could not have been accomplished without the assistance and support of many people. We would like to thank our Publisher, Anne Smith, and our Acquisitions Editor, Helene Greenwood, whose support encouraged us to envision and complete this new edition. We are sincerely grateful to our development editors, Harriet C. Dishman and Anastasia Schulze of Elm Street Publications, for their many hours of hard work, from the initial reviews to the manuscript production. They played a major role in producing a beautiful book of which we are enormously proud.

I would like to dedicate my work on this edition to the memory of my father, David Siskin (1914–2003) and to the inspiration of Gregory P. Trauth (1958–1999).

Bel ami, si est de nus :
ne vus senz mei ne jeo senz vus !

We would further like to acknowledge the role of the reviewers of the fourth edition and we thank them for their efforts to improve the text through their astute criticism:

William Bohn	Illinois State University
Frédéroc Canovas	Arizona State University
Nathalie Cornelius	Bloomsburg University
Karin Egloff	Western Kentucky University
Carolyn Gascoigne	University of Nebraska at Omaha
John Greene	University of Louisville
Claude Guillemard	Johns Hopkins University
Kathleen Hart	Vassar College
Lori McMann	University of Michigan
Robert E. Skinner	Oral Roberts University
Carole Verhelle	Wayne State University
Mark West	Pittsburgh State University

The Complete Program

Activities Manual

The **Activities Manual** focuses on structural accuracy, writing, reading, listening comprehension, and pronunciation. The **Workbook** portion contains contextualized writing activities that correspond to each section of the textbook and additional practice in structured composition as well as free writing. Each chapter of the **Lab Manual** portion begins with a section called *Prononciation*, where the sounds of French are described and drilled. The **Lab Manual** also includes listening and writing activities such as dialogue completion, brief responses to questions, filling out grids, and dictations. The *Compréhension auditive* section corresponds to authentic recordings in the **Lab Audio Program**, including interviews with native speakers and excerpts from French radio.

Lab Audio Program

The **Lab Audio Program** is coordinated with the **Lab Manual** portion of the **Activities Manual**. The **Lab Audio Program** is available on CDs and also digitally on the Book Companion Web Site for Students and Instructors.

Ouvertures DVD

Filmed on location in Canada and France, the *Ouvertures* **DVD** will enhance the language functions and cultures of the textbook.

Book Companion Web Site for Students

www.wiley.com/college/siskin

The **Web Site for Students** features listening activities, self tests, and Internet activities, as well as the **Lab Audio Program** files in mp3 format, the DVD files in QuickTime format, as well as supplementary readings from *Ouvertures* and *Architextes*, with mp3 files for the reading selections in *Architextes*.

Book Companion Web Site for Instructors

www.wiley.com/college/siskin

The **Web Site for Instructors** contains a wealth of materials including an **Online Instructor's Resource Manual**, described below, the **Lab Audio Program** files in mp3 format, the DVD files in QuickTime format, as well as supplementary readings from *Ouvertures* and *Architextes*, with mp3 files for the reading selections in *Architextes*.

Online Instructor's Manual

The **Online Instructor's Manual** contains lesson plans, strategies for utilizing each section of the textbook, and annotations keyed to specific points in each chapter. It also includes the script of the *Compréhension auditive* in the textbook, suggestions for oral testing, a test bank, test audio files in mp3 format to accompany the aural portion of the test bank, the workbook and lab manual answer keys, and the lab audio transcript.

A Visual Guide to Ouvertures

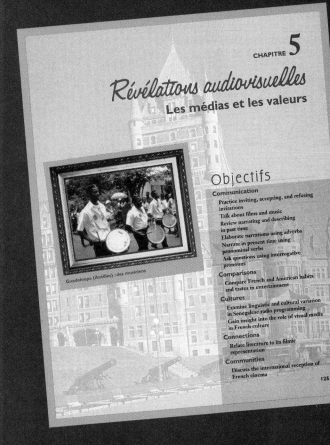

CHAPITRE 5

Révélations audiovisuelles
Les médias et les valeurs

Guadeloupe (Antilles) : des musiciens

Objectifs

Communication
Practice inviting, accepting, and refusing invitations
Talk about films and music
Review narrating and describing in past time
Elaborate narrations using adverbs
Narrate in present time using pronominal verbs
Ask questions using interrogative pronouns

Comparisons
Compare French and American habits and tastes in entertainment

Cultures
Examine linguistic and cultural variation in Senegalese radio programming
Gain insight into the role of visual media in French culture

Connections
Relate literature to its filmic representation

Communities
Discuss the international reception of French cinema

125

The *Objectifs* on the opening page of the chapter allow both the teacher and student a quick orientation to the materials that will be covered in the unit. Goals are formulated in terms of skills and are grouped in accordance with the National Standards for Foreign Language Learning developed by ACTFL.

Ouvertures is based on the belief that students study French for primarily cultural, not grammatical, reasons. Each chapter begins with a *Mise en train*, in which students are led through simple materials and are asked questions in such a way that the cultural issue of the chapter becomes clear.

---

2   Chapitre 1

Mise en train

La première jour de l'école à Paris

Quand un petit Français va à l'école le matin, ses parents lui disent : « Travaille bien à l'école ! »

Qu'est-ce que les parents américains disent à leurs enfants quand ils partent à l'école ?

Les parents américains mettent l'accent sur un des aspects de l'école et les parents français sur un autre.

Réfléchissons à l'enfance. Donnez votre opinion sur les idées suivantes (1 = pas d'accord ; 5 = tout à fait d'accord)

	1	2	3	4	5
L'enfant est naturellement bon.					
L'enfant est naturellement créatif.					
L'enfant a besoin de beaucoup de discipline.					
L'enfant doit bien s'entendre avec ses frères et sœurs.					
L'école doit être agréable pour l'enfant.					
L'enfant doit apprendre à être indépendant de sa famille.					
L'enfant doit apprendre à respecter les adultes.					
L'enfant doit apprendre le sens du risque.					
L'enfant doit apprendre la persévérance.					
L'enfant doit apprendre à faire du travail soigné°.					

careful

Les Français et les Nord-Américains ne sont pas toujours d'accord sur ces principes. Alors, ils élèvent les enfants différemment.

Dans ce chapitre, nous examinerons l'enfance et son importance dans la transmission d'une culture.

The *Interaction* in each chapter is a piece of conversational discourse that links the cultural theme presented in the *Mise en train* with the grammatical and lexical materials that follow. It provides a succinct model of language use related to the structures that the chapter presents, while it illustrates one or more of the cultural points of the unit.

Interaction

Bill, un Américain qui travaille chez Rhône-Poulenc à Grenoble, est invité à prendre l'apéritif chez Martin, un collègue français.

Bill — Il y a une chose que je ne comprends pas : je me demande pourquoi les Français sont obsédés par la cuisine.

Martin — Obsédés ? Peut-être. C'est très important pour un Français. C'est une institution qui fait partie de notre identité. Ça ne changera jamais.

Bill — Pour un Américain, c'est difficile à comprendre. La cuisine ne peut pas être un idéal !

Martin — Mais si !

Bill — Ah, non ! Un idéal c'est... la liberté... la démocratie... la poursuite du bonheur°...

happiness

Martin — Ce sont des principes qui sont importants pour nous aussi. Nous sommes fiers d'être le pays de la liberté, l'égalité et la fraternité. Mais on ne s'imagine pas le bonheur sans la bonne cuisine.

Bill — Mais c'est aussi une question de temps. Vous restez à table pendant des heures ! Chez moi je peux dîner en quinze minutes.

Martin — Si c'est vrai, je trouve que c'est dommage. Quand tu auras compris l'importance du repas, tu seras plus heureux.

Observez

1. Qu'est-ce qui surprend Bill en France ?
2. Quels sont les principes de l'identité américaine selon Bill ?
3. Comment les Français voient-ils la bonne cuisine ?

Réfléchissez

1. Bill considère que les Français sont « obsédés » par la cuisine. Pourquoi a-t-il cette réaction ?
2. Bill et Martin ont des conceptions différentes de l'identité nationale. Quelles sont les différences entre les deux conceptions ?
3. Quels sont les principes qu'ils ont en commun ?
4. Comment définissez-vous l'identité nationale américaine ? (*Un Américain croit à l'importance de... Un Américain est quelqu'un qui...*)

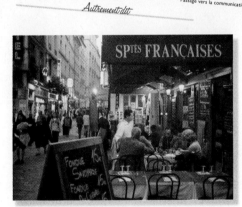

Au café à Paris

The section entitled *Autrement dit* follows the *Interaction*. It expands on the notions and functions introduced in the dialogue. This section also presents lexical items that enable students to talk in greater depth about the theme of each chapter.

Autrement dit

SP^tes FRANÇAISES

Un restaurant français traditionnel

Pour parler des repas

Les Américains préfèrent la viande bien cuite° ou cuite à point°, tandis que les Français aiment la viande saignante°. Dans un restaurant trois étoiles°, le cadre (le décor) peut être simple ou élégant, mais les plats sont toujours frais et bien assaisonnés° ; la cuisine est raffinée et les spécialités du chef sont souvent originales et innovatrices. La viande est tendre, les desserts sont légers° et jamais trop sucrés°. Vous serez tenté d'abuser des plaisirs de la table, mais attention : la gourmandise° provoque des crises de foie°.

Par contre, si par malheur vous vous trouvez dans un restaurant douteux, la soupe sera trop salée° ou servie tiède (ni chaude ni froide) ; les sauces seront fades (sans goût) ; la viande sera dure comme de la semelle°, brûlée° ou même carbonisée°. Le dessert sera sans doute lourd°. Vous serez peut-être tenté de renvoyer° le plat. Après le repas, vous aurez mal au cœur° et vous devrez prendre une tisane° ou sortir prendre l'air.

well done / medium
rare / three star

seasoned
light
sweet
overindulgence / indigestion

salty
tough as shoe leather / burned
charred / heavy
to send back / nausea, heartburn
herb tea

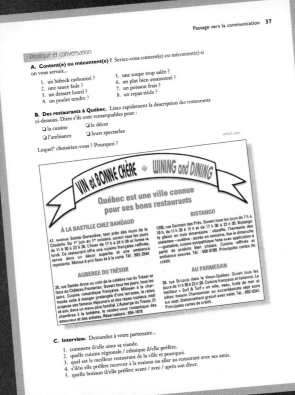

Pratique et conversation

A. Content(e) ou mécontent(e) ? Seriez-vous content(e) ou mécontent(e) si on vous servait...

1. un bifteck carbonisé ?
2. une sauce fade ?
3. un dessert lourd ?
4. un poulet tendre ?
5. une soupe trop salée ?
6. un plat bien assaisonné ?
7. un poisson frais ?
8. un repas tiède ?

B. Des restaurants à Québec. Lisez rapidement la description des restaurants ci-dessous. Dites s'ils sont remarquables pour :

- ❏ la cuisine
- ❏ le décor
- ❏ l'ambiance
- ❏ leurs spectacles

Lequel° choisiriez-vous ? Pourquoi ? *which one*

VIN et BONNE CHÈRE ❖ WINING and DINING

Québec est une ville connue pour ses bons restaurants

À LA BASTILLE CHEZ BAHÜAUD

47, avenue Sainte-Geneviève, tout près des murs de la Citadelle. Du 1er juin au 1er octobre, ouvert tous les jours de 11 h 30 à 23 h 30. L'hiver de 17 h à 24 h 30 et fermé le lundi. Ce restaurant offre une cuisine française raffinée, servie dans un décor superbe et une ambiance reposante. Menus à prix fixes et à la carte. Tél. : 692-2544

AUBERGE DU TRÉSOR

20, rue Sainte-Anne au coin de la célèbre rue du Trésor et face au Château Frontenac. Ouvert tous les jours, tous les soirs. Cuisine romantique française. Mitoyen à la charmante salle à manger prolongée d'une terrasse, le relais propose ses fameux déjeuners et des repas copieux, midi et soir, dans un menu plus familial. L'Auberge du Trésor, 21 chambres à la bohème, le rendez-vous romantique des amoureux et des artistes. Réservations : 694-1876

BISTANGO

1200, rue Germain des Prés. Ouvert tous les jours de 7 h à 10 h, de 11 h 30 à 15 h et de 17 h 30 à 23 h 30. Bistango le plaisir en trois dimensions : visuelle, l'harmonie des assiettes—auditive : jazzez en semaine, live le dimanche —gustative, cuisine sympathique faite avec application à partir de produits bien choisis. Cuisine raffinée et ambiance assurée. Tél. : 658-8780. Principales cartes de crédit.

AU PARMESAN

38, rue St-Louis dans le Vieux-Québec. Ouvert tous les jours de 11 h 30 à 23 h 30. Cuisine française et italienne. Le meilleur « Surf & Turf » en ville, veau, fruits de mer et pâtes maison. Chansonnier ou accordéoniste sept soirs sur sept. Stationnement gratuit avec valet. Tél. : 692-0341. Principales cartes de crédit.

C. Interview. Demandez à votre partenaire...

1. comment il/elle aime sa viande.
2. quelle cuisine régionale / ethnique il/elle préfère.
3. quel est le meilleur restaurant de la ville et pourquoi.
4. s'il/si elle préfère recevoir à la maison ou aller au restaurant avec ses amis.
5. quelle boisson il/elle préfère avant / avec / après son dîner.

Pratique et conversation provides the student with opportunities to practice using the vocabulary and expressions introduced in the *Autrement dit* section. These contextualized and communicative exercises often include additional pieces of realia.

In the *Étude de vocabulaire* section, students approach the French lexicon in additional ways, such as seeking out underlying regularities or understanding the processes of borrowing from English and other languages.

Étude de vocabulaire

Le genre des substantifs

Parfois, la terminaison d'un mot indique son genre grammatical. Étudiez le tableau suivant.

si le mot se termine en...	il est...	exemples
-eau	masculin	le tableau[1]
-age	masculin	le potage[2]
-isme	masculin	le socialisme
-ment	masculin	le gouvernement
-tion/sion	masculin	une élection
-té	féminin	la liberté[3]
-ie	féminin	la monarchie
-ance/ence	féminin	la ressemblance

[1] Exceptions : l'eau, la peau (féminin)
[2] Exceptions : la page, l'image, la cage, la rage, la plage (féminin)
[3] Exception : l'été (masculin)

Grammaire

Grammaire de base

The Future Tense

1.1 The future tense is formed by adding a special set of endings to a stem, which is the infinitive in most cases. Note that for **-re** verbs, the final **e** of the infinitive is dropped before adding the future endings.

-er verbs		-ir verbs		-re verbs	
stem + ending		*stem + ending*		*stem + ending*	
je	parler ai	je	finir ai	je	répondr ai
tu	parler as	tu	finir as	tu	répondr as
il/elle/on	parler a	il/elle/on	finir a	il/elle/on	répondr a
nous	parler ons	nous	finir ons	nous	répondr ons
vous	parler ez	vous	finir ez	vous	répondr ez
ils/elles	parler ont	ils/elles	finir ont	ils/elles	répondr ont

1.2 Following is a list of some verbs that have irregular future stems. The endings, however, are regular.

aller	j'irai	recevoir	je recevrai
avoir	j'aurai	savoir	je saurai
envoyer	j'enverrai	venir	je viendrai
être	je serai	voir	je verrai
faire	je ferai	vouloir	je voudrai
pouvoir	je pourrai		

Note that many verbs that are irregular in the present are regular in the future.

boire	je boirai	mettre	je mettrai
connaître	je connaîtrai	ouvrir	j'ouvrirai
dire	je dirai	prendre	je prendrai

The *Grammaire de base* reviews structures that are typically presented in a first-year French program. This review consolidates knowledge and serves as a foundation for the presentation of new structures.

Each chapter of **Ouvertures** typically contains four *Structures*. These new grammatical points are cross-referenced to sections of the *Grammaire de base*, allowing students to review relevant structures that can be related to the new material for easier assimilation. The *Structures* are presented functionally, in concise language, using visuals and examples as aides to self-study. A series of exercises, ranging from mechanical to communicative, follows each presentation.

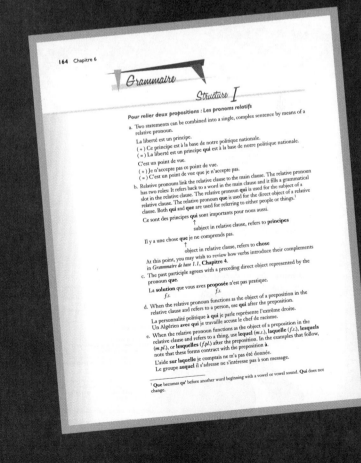

164 Chapitre 6

Grammaire

Structure I

Pour relier deux propositions : Les pronoms relatifs

a. Two statements can be combined into a single, complex sentence by means of a relative pronoun.

La liberté est un principe.
(+) Ce principe est à la base de notre politique nationale.
(=) La liberté est un principe **qui** est à la base de notre politique nationale.

C'est un point de vue.
(+) Je n'accepte pas ce point de vue.
(=) C'est un point de vue **que** je n'accepte pas.

b. Relative pronouns link the relative clause to the main clause. The relative pronoun has two roles: It refers back to a word in the main clause and it fills a grammatical slot in the relative clause. The relative pronoun **qui** is used for the subject of a relative clause. The relative pronoun **que** is used for the direct object of a relative clause. Both **qui** and **que** are used for referring to either people or things.[1]

Ce sont des principes **qui** sont importants pour nous aussi.
    ↑
    subject in relative clause, refers to **principes**

Il y a une chose **que** je ne comprends pas.
    ↑
    object in relative clause, refers to **chose**

At this point, you may wish to review how verbs introduce their complements in *Grammaire de base 1.1*, **Chapitre 4**.

c. The past participle agrees with a preceding direct object represented by the pronoun **que**.

La **solution** que vous avez **proposée** n'est pas pratique.
    f.s.   *f.s.*

d. When the relative pronoun functions as the object of a preposition in the relative clause and refers to a person, use **qui** after the preposition.

La personnalité politique **à qui** je parle représente l'extrême droite.
Un Algérien **avec qui** je travaille accuse le chef de racisme.

e. When the relative pronoun functions as the object of a preposition in the relative clause and refers to a thing, use **lequel** (*m.s.*), **laquelle** (*f.s.*), **lesquels** (*m.pl.*), or **lesquelles** (*f.pl.*) after the preposition. In the examples that follow, note that these forms contract with the preposition **à**.

L'aide **sur laquelle** je comptais ne m'a pas été donnée.
Le groupe **auquel** il s'adresse ne s'intéresse pas à son message.

[1] **Que** becomes **qu'** before another word beginning with a vowel or vowel sound. **Qui** does not change.

Notions de culture is the main cultural section of the chapter. It presents students with materials that are stimulating and provocative and asks them to deal with them on an adult level. Activities are organized in such a way that the student is encouraged to use simple French to tackle difficult questions of cultural difference.

The section entitled *À la loupe* presents realia, polls, and other documents. Using the questions that follow, students are encouraged to be more critical readers of cultural texts.

Notions de culture

Questions

1. Qu'est-ce qu'on voit sur les photos de la brochure « *The French Experience* » ?
2. Imaginez un voyage en France. Qu'est-ce que vous voulez faire et voir ?
3. Qu'est-ce qu'on voit sur les photos de la brochure *Camino* ?
4. Imaginez un voyage aux États-Unis pour des touristes français. Qu'est-ce qu'ils doivent voir et faire ?

Camino
CIRCUITS ACCOMPAGNÉS
ÉTATS-UNIS / CANADA

LEGENDES *Américaines*

THE FRENCH EXPERIENCE
TRAVELS & TOURS

Discussion

1. Pourquoi la France intéresse-t-elle les touristes américains ?
2. Comment sont les États-Unis pour les Français ? Donnez quelques adjectifs.
3. Pour un premier voyage aux États-Unis, la plupart des Français n'ont pas envie de visiter des bâtiments historiques ou les villages pittoresques de la Nouvelle-Angleterre. Pourquoi ?
4. Quelles sont les « légendes » mentionnées dans la publicité ? Comment les Français connaissent-ils les USA et ces légendes, à votre avis ?

À la loupe

Le pain joue un rôle primordial dans les repas français. Au cours des siècles, il est devenu un symbole culturel important. Analysez le document ci-dessous : quelles qualités caractérisent le bon pain ?

LE PAIN DE TRADITION FRANÇAISE

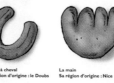

C'est tout simplement l'excellence...

Halte aux additifs et à la surgelation ! Selon la reglementation de 1993
– ce pain ne doit renfermer aucun additif,
– ne doit subir aucune opération de surgélation.

Vive la qualité !
La conservation de ce pain ou baguette est bonne.
Les arômes obtenus par une lente fermentation en font un produit de grande qualité.

Nous, on a une réputation à tenir !
On peut dire qu'avec ce type de pain, la France a gagné sa réputation à l'étranger.

DES PAINS BIZARRES

Tu sais en France,
il y a beaucoup de pains différents.
Bien sûr, tout le monde
connaît la baguette.

le célèbre pain fabriqué avec :
de la farine de blé ;
de l'eau ;
du sel ;
et de la levure.
Mais ceux-là, les connaissez-vous ?

La couronne
Sa région d'origine : Bordeaux

Le bretzel
Sa région d'origine : l'Alsace

La fougasse
Sa région d'origine : la Provence

Le fer à cheval
Sa région d'origine : le Doubs

La main
Sa région d'origine : Nice

Le porte-manteau
Sa région d'origine : le Tarn

Le pain varie selon les régions, comme le document ci-dessous l'explique :
1. Est-ce qu'il y a un pain qui est plus ou moins universel dans votre pays, comme la baguette en France ? Décrivez ce pain : ses ingrédients ; sa texture ; son prix.
2. Existe-t-il des pains régionaux dans votre pays ?
3. Quelle est l'importance du pain dans votre vie ? Est-ce qu'il y a d'autres aliments qui sont significatifs dans votre culture ?

The readings in the *Lecture* section, both literary and non-literary, have been selected for their contribution to the cultural thrust of the chapter. They represent a variety of Francophone cultures and are accompanied by pre-reading and post-reading material.

Although the *Compréhension auditive* activities are found in the student workbook, they are introduced and contextualized near the end of each chapter in the text. The authentic audio recordings of native conversation and other sorts of discourse are intimately connected to the chapter's cultural theme.

The *Vocabulaire* section at the end of the chapter provides the student with a practical tool for reviewing the lexical items that have been introduced.

Lecture

Comment un Américain comprend-il la notion de « collaboration au travail » ? Et un Français ? Le texte ci-dessous présente le point de vue d'un Français qui a travaillé dans les deux pays.

Avant de lire

A. Famille de mots. Pour mieux comprendre le texte, essayez ce petit exercice de vocabulaire. De quels verbes les substantifs suivants sont-ils dérivés ? Donnez la forme verbale ainsi que la définition du substantif.

	Substantif	Verbe
	1. tâche°	
	2. soin	
	3. accomplissement	
	4. appartenance	
	5. sourire	

task

B. Français ou Américain ? Lisez les phrases suivantes tirées du texte. Selon vous, est-ce qu'elles se réfèrent à l'attitude amércaine envers le travail ou à l'attitude française ?

	Attitude américaine	Attitude française
1. Puis quand la tâche sera terminée, ils dissoudront la relation.	❏	❏
2. Enfin, si la relation est bonne, alors peut-être feront-ils une tâche ensemble.	❏	❏
3. Si la relation n'est pas bonne, l'autre n'obtiendra jamais l'accomplissement de la tâche.	❏	❏
4. La relation est secondaire par rapport à la tâche.	❏	❏
5. Pour le bon accomplissement de la tâche, ils vont établir le minimum de relation nécessaire.	❏	❏

Le travail : perspectives françaises et américaines

Lorsqu'un Américain rencontre un autre Américain, ils partagent une même référence à la loi. Ils se réunissent parce qu'ils ont une **tâche** à faire en commun. Peut-être sont-ils, l'un *supervisor* et l'autre *sales clerk* dans un magasin ; la tâche de ce tandem hiérarchique est de vendre aux clients, et de satisfaire ceux-ci pour qu'ils reviennent. Ou peut-être l'un est un médecin et l'autre est un patient, et la tâche commune est de collaborer pour dispenser et recevoir des **soins**. Alors, dans la mesure — et seulement dans la mesure — où ils en ont besoin pour le bon accomplissement de la tâche, ils vont établir le minimum de relation nécessaire. Puis quand la tâche sera terminée, ils **dissoudront** la relation.

tâche *task* / **soins** *medical care* / **dissoudront** *will dissolve*

Compréhension auditive

Au cours de ce chapitre, vous avez analysé les valeurs qui définissent l'identité nationale. Dans le texte que vous allez écouter, un jeune Sénégalais va parler des facteurs qui ont contribué à former l'identité nationale sénégalaise.

Faites la **Compréhension auditive** pour **le Chapitre 6** dans votre Cahier d'exercices.

Vocabulaire

Pour parler des études

administration des affaires (f.)	business administration
année (f.)	year (of study)
biologie (f.)	biology
chimie (f.)	chemistry
commerce (m.)	business
communication (f.)	oral presentation
concours (m.)	competitive exam
conférence (f.)	lecture
diplôme (m.)	diploma
discipline (f.)	subject matter
droit (m.)	law
exposé oral (m.)	oral report
géographie (géo) (f.)	geography
géologie (f.)	geology
gestion (f.)	management
histoire (f.)	history
langue (étrangère) (f.)	language (foreign)
littérature (f.)	literature
marketing (m.)	marketing
mathématiques (maths) (f.)	math
matière (f.)	subject matter
mémoire (m.)	paper
note (f.)	grade
philosophie (philo) (f.)	philosophy
physique (f.)	physics
présentation (f.)	presentation
prix (m.)	price
programme d'études (m.)	course load
publicité (f.)	advertising
relations internationales (f.)	international relations
sciences économiques (f.)	economics
sciences politiques (sciences po) (f.)	political science
sociologie (f.)	sociology
specialisation (f.)	major

Verbes

apprendre par cœur	to memorize
assister à	to attend
bosser	to study hard
bûcher	to study hard
collé : être collé (à un examen)	to fail (an exam)
coller : se faire coller (à un examen)	to fail (an exam)
échouer (à)	to fail
faire ses études	to do one's studies; to attend
fréquenter (une université)	to attend (a university)
gagner	to win
manquer (un cours)	to miss (a class)
obtenir un diplome	to graduate
obtenir (de bonnes notes)	to get (good grades)
passer (un examen)	to take (an exam)
préparer (un examen)	to study for (a test)
présenter (se) (à un concours)	to take (a competitive exam)
recevoir (de bonnes notes)	to get (good grades)
reçu : être reçu (à un examen)	to pass (an exam)
rendre (un devoir)	to turn in (a homework assignment)
réussir (à un examen)	to pass (an exam)
réviser	to review
sécher (un cours)	to skip (a class)
se spécialiser (en)	to major (in)
suivre	to take (a course)
facultatif	elective (course)
obligatoire	required (course)
sur le bout des doigts	on the tips of his fingers

Table des matières

CHAPITRE 4
Perspectives sur l'exil : L'immigration et l'assimilation   97

CHAPITRE 5
Révélations audiovisuelles : Les médias et les valeurs   125

CHAPITRE 8
Le travail et les loisirs : Entrées dans le monde du travail   224

CHAPITRE 10
L'avenir de la France dans l'Europe :
Frontières ouvertes   271

Au seuil de la culture

L'enfant et la famille

Une mère et sa fille font les courses en France

Objectifs

Communication

Practice expressions for greeting, introducing, and leave-taking

Learn expressions to describe family structures

Talk about physical and mental states

Practice question-asking

Give advice using the imperative

Narrate actions in the present tense using the *participe présent*

Express actions that began in the past and continue into the present

Comparisons

Learn about linguistic register

Talk about intercultural differences in child rearing

Read a popular story for children and compare cultural perspectives

Cultures

Learn about table etiquette in France

Connections

Discuss the social and economic problems caused by an aging European population

Communities

Analyze the role of the family in the transmission of the values of a society

1

Mise en train

La première jour de l'école à Paris

Quand un petit Français va à l'école le matin, ses parents lui disent : « Travaille bien à l'école ! »

Qu'est-ce que les parents américains disent à leurs enfants quand ils partent à l'école ?

Les parents américains mettent l'accent sur un des aspects de l'école et les parents français sur un autre.

Réfléchissons à l'enfance. Donnez votre opinion sur les idées suivantes (1 = pas d'accord ; 5 = tout à fait d'accord)

	1	2	3	4	5
L'enfant est naturellement bon.					
L'enfant est naturellement créatif.					
L'enfant a besoin de beaucoup de discipline.					
L'enfant doit bien s'entendre avec ses frères et sœurs.					
L'école doit être agréable pour l'enfant.					
L'enfant doit apprendre à être indépendant de sa famille.					
L'enfant doit apprendre à respecter les adultes.					
L'enfant doit apprendre le sens du risque.					
L'enfant doit apprendre la persévérance.					
L'enfant doit apprendre à faire du travail soigné°.					

careful

Les Français et les Nord-Américains ne sont pas toujours d'accord sur ces principes. Alors, ils élèvent les enfants différemment.

Dans ce chapitre, nous examinerons l'enfance et son importance dans la transmission d'une culture.

Interaction

La leçon de conduite

M. et Mme Blanchard ont invité Tom, un ami américain, à dîner chez eux. À table, il y a aussi un petit garçon qui s'appelle Didier. C'est le plus jeune fils de M. et Mme Blanchard. Le fils aîné de M. et Mme Blanchard s'appelle Gilles. Depuis une semaine, Gilles, seize ans, est en voyage avec des amis. Il rentre justement ce soir.

En lisant le dialogue, remarquez l'attitude de M. et Mme Blanchard envers Didier et Gilles.

Mme Blanchard	Didier !
Didier	Quoi ?
Mme Blanchard	On ne dit pas « quoi », on dit « comment ». Tu veux du fromage ?
Didier	Non, j'ai pas faim.
Mme Blanchard	Je n'ai pas faim. Et vous, Tom ? Je vous sers encore un peu de rôti ?
Tom	Oui, je veux bien, merci. Il est délicieux.
M. Blanchard	Didier, tiens-toi comme il faut. Nous sommes à table, voyons ! Et il y a des invités. Et quand on mange, on ne cache pas ses mains sous la table. Pose tes mains sur la table, mon chou.

Gilles entre dans la salle à manger

Gilles	Salut, tout le monde ! Non, non, ne vous dérangez surtout pas pour moi.
M. Blanchard	Gilles ! Nous t'attendions hier soir. Alors, tu t'es bien amusé ?
Gilles	Oh, oui ! Tellement, en fait, que j'ai décidé de rester un jour de plus. Ah, papa, c'est beau, la liberté !
Tom	Où es-tu allé, Gilles ?
Gilles	À Nice, et puis un peu partout sur la Côte d'Azur. Très sympa. On a découvert des boîtes de nuit vraiment extra ! Un soir, on est même allés jusqu'en Italie, dans la bagnole d'un de mes copains.
Tom	Seuls ? Je veux dire... sans aucun adulte pour vous surveiller ? Je m'étonne de la liberté que vous laissez à Gilles.
M. Blanchard	Bah, c'est un jeune homme sérieux. Et puis, que voulez-vous, « Il faut bien que jeunesse se passe. »

Observez

conduct, behavior

1. Mme Blanchard fait certains reproches à Didier concernant sa conduite° à table. Repérez-les et classez-les dans la grille qui suit.

Reproches linguistiques	Reproches sur sa tenue à table

2. Quelle est l'attitude des parents (M. et Mme Blanchard) envers leur fils Didier ? Est-ce trop sévère, selon vous ?

the night before

3. Gilles est-il rentré la veille° ?
4. Où est-il allé pendant son absence ?
5. A-t-il voyagé avec des adultes ?

Réfléchissez

Discutez des questions suivantes en petits groupes.

1. Est-ce que les Blanchard traitent Gilles de la même façon que Didier ? Expliquez cette différence.
2. Parlez de votre éducation en indiquant lesquelles (*which*) des affirmations suivantes s'appliquent à votre enfance / adolescence. Ensuite, analysez vos réponses et dites si vous pensez que votre éducation était plutôt sévère ou indulgente.

   - Je devais rentrer avant une certaine heure.
   - Je pouvais porter n'importe quel vêtement.
   - J'avais très souvent la liberté de passer la nuit chez mes amis.
   - Je pouvais voyager seul(e).
   - Je pouvais sortir en boîte avec mes amis.
   - Mes parents surveillaient mes activités de très près.
   - ? ? ?

3. Selon vous, l'éducation des enfants doit-elle être plutôt stricte ou décontractée ?

Autrement dit

Pour saluer

En entrant dans la salle à manger, Gilles salue tout le monde. Voici d'autres expressions qu'on peut utiliser pour dire bonjour.

Registre familier :

Salut. Ça va ?	Oui, ça va et toi ?	Très bien.
Bonjour, Anne. Comment ça va ?	Pas mal, et toi ?	Ça va bien, merci.

Registre formel :

| Bonjour, Madame. Comment allez-vous ? | Très bien, merci, et vous ? | Très bien, merci. |
| Bonjour, M. Coste. Comment allez-vous ? | Bien merci. Et vous-même ? | Pas mal, merci. |

Pour présenter

S'il y a un invité qu'on ne connaît pas, il est poli de le présenter à tout le monde. Voici quelques expressions utiles.

Avant de présenter	Présentation	Réponse
Registre familier :		
	Je te présente Tom Richards.	Bonjour (Monsieur).
Tu connais Tom ?	Tom, (c'est) Marie-Hélène.	Enchanté(e).
	Marie-Hélène, (c'est) Tom.	Très heureux/euse.
Registre formel :		
	Je vous présente Madame Blanchard.	(Je suis) heureux(euse) / enchanté(e) / content(e) de vous rencontrer / connaître.
Vous connaissez Madame Blanchard ?	Je voudrais vous présenter Madame Blanchard.	
Vous vous connaissez ?	Permettez-moi de vous présenter Madame Blanchard. C'est ma femme, Sylvie Blanchard.	(Je suis) heureux(euse) / de faire votre connaissance°.

to make your acquaintance

Pour se présenter

Je me présente. (Je suis / Je m'appelle) Charles Fourny.
Je me permets de me présenter. (Je suis / Je m'appelle) Charles Fourny.

Pour dire au revoir

Avant de prendre congé°

to take leave of someone

Excuse(z)-moi.	Je suis en retard.	
	Il faut que je file.	*I have to run.*
	Il faut que je me dépêche.	*I have to hurry.*
	Il faut que je m'en aille.	*I have to leave.*
	Je me sauve.	*I have to get going.*
	Je cours.	
	Je m'en vais.	
	J'ai rendez-vous (tout à l'heure).	

En partant …	on peut ajouter…	ou…
Registre familier :		
Salut !	À tout de suite.	Bonne journée.
Ciao !	À tout à l'heure.	Bonne soirée.
Au revoir !	À plus tard.	Bon week-end.
Registre formel :		
Au revoir, Monsieur / Madame / Mademoiselle.	À bientôt.	Bonnes vacances.
Bonsoir.	À ce soir.	Bon courage.
	À demain.	
Bonne nuit (*se dit au moment de se coucher*).	À lundi.	

Pratique et conversation

A. Salutations. Qu'est-ce que vous diriez pour saluer les personnes suivantes ? Et pour prendre congé ?

1. un copain/une copine
2. votre professeur
3. une vendeuse dans un grand magasin
4. votre boulanger
5. un(e) camarade de classe

B. Présentations. Présentez la personne dans la colonne A à la personne dans la colonne B.

A	**B**
1. vos parents	votre fiancé(e)
2. un(e) camarade de classe	un(e) autre camarade de classe
3. vous	quelqu'un que vous aimeriez connaître
4. votre sœur de 21 ans	votre meilleur copain
5. votre professeur	vos parents
6. vous	un(e) voisin(e)

Choisissez une des situations précédentes et faites-en une petite conversation.

C. Une soirée. Vous avez invité beaucoup de personnes qui ne se connaissent pas chez vous pour un cocktail. Présentez les invités les uns aux autres. Présentez-vous et votre mari/femme à ceux qui ne vous connaissent pas.

D. Une rencontre malchanceuse. Par malchance, vous avez rencontré un(e) ami(e) qui adore bavarder. Vous avez beaucoup de choses à faire ; après un petit échange, vous essayez de vous débarrasser de cet(te) ami(e), qui refuse de vous laisser partir. Finalement, vous insistez, et vous vous dites au revoir.

Les rapports familiaux et les grands événements de la vie

L'aîné° a quatorze ans. Il s'appelle Jean-Paul. Philippe, c'est le cadet°. Il vient d'avoir neuf ans, son anniversaire était hier. Et c'est leur petite cousine Catherine. Ils aiment jouer ensemble.

the oldest
the youngest

Moi, je suis veuve ; mon mari° est mort il y a quelques années. Depuis sa mort, j'habite avec ma fille Sophie et son mari Charles. Sophie est enceinte° ; ce sera mon deuxième petit-fils°. Le premier est né l'an dernier. C'est un enfant gâté°, je l'avoue… et c'est ma faute !

husband

pregnant / grandson

spoiled

J'ai divorcé il y a quatre ans. Mon ex-femme a la charge de nos deux enfants, des jumeaux°. Elle va se remarier et les enfants ne sont pas très contents. Ils n'aiment pas tellement leurs futurs beaux-frères et belles-sœurs.

twins

Notre fille est fiancée depuis mai. Elle va se marier l'année prochaine. Son fiancé est devenu orphelin° à l'âge de quatre ans quand ses parents sont morts dans un accident de la route. Il a été adopté et élevé° par son oncle et sa tante. C'est un brave couple. Ils seront des beaux-parents° idéaux.

orphan

raised

parents-in-law

Pratique et conversation

A. Qui est-ce ? Identifiez les personnes suivantes.

1. C'est un petit garçon ou une petite fille qui a perdu ses parents.
2. C'est le plus jeune enfant de la famille.
3. Ce sont des parents par mariage.
4. C'est la femme avec qui on était marié.
5. C'est le frère du père/de la mère d'un enfant.
6. C'est la mère du père/de la mère d'un enfant.
7. C'est l'enfant du fils/de la fille d'une personne.

B. Portraits. En groupes, faites le portrait d'un membre de votre famille. Qui est-ce ? Quand est-il/elle né(e) ? Est-il/elle marié(e) ? divorcé(e) ? Où habite-t-il/elle ? Ajoutez d'autres détails. Si possible, apportez une photo pour la montrer aux autres. Vos camarades de classe vont vous demander des précisions.

C. Un arbre généalogique. Faites un arbre généalogique de votre famille avec des photos amusantes, bizarres ou séduisantes. Ensuite, présentez votre famille aux autres.

À table

La famille se réunit souvent le dimanche et/ou pour les grandes fêtes. Voici quelques règles à observer pendant les repas.

Il vaut mieux :

- *to tip* — ramener la soupe vers soi avec la cuillère (sans jamais pencher° l'assiette pour la finir).
- *to cut / piece* — tenir le couteau dans la main droite pour couper° la viande, et éviter de reprendre la fourchette dans la main droite pour porter le morceau° à la bouche.
- *to wipe* — ne pas saucer, c'est-à-dire essuyer° la sauce avec un morceau de pain.
- *to break* — rompre° son morceau de pain, ne pas le couper au couteau.
- s'essuyer la bouche avec sa serviette avant de boire.
- *with your mouth full* — ne pas parler la bouche pleine°.

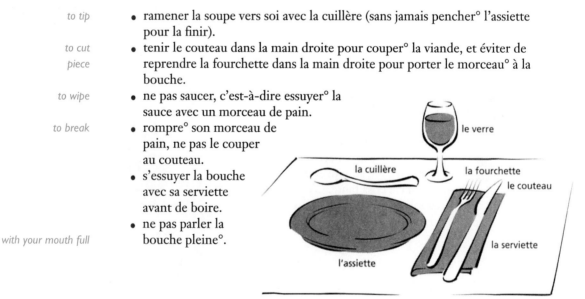

le verre
la cuillère
la fourchette
le couteau
la serviette
l'assiette

Pratique et conversation

A. Poli ou impoli ? Dites si les actions suivantes seraient polies ou impolies si on était invité dans une famille française, selon les conseils donnés dans l'**Autrement dit**, et dans l'**Interaction** :

1. poser les mains sur les genoux° pendant le repas.   *on one's lap*
2. rompre le pain avec les mains.
3. parler la bouche pleine.
4. finir sa soupe en penchant le bol vers soi.
5. faire des compliments à l'hôtesse.

B. Chez vous. Faites une liste d'actions / de comportements à table que vous trouvez inacceptables et comparez-la aux conseils donnés dans la partie *À table*. Votre « système de politesse » est-il aussi exigeant° que les règles conseillées ci-dessus ?   *demanding, strict*

Pour demander

Est-ce que tu pourrais/vous pourriez ⎱
Est-ce que tu peux/vous pouvez ⎰ me passer le sel ?
Passe-moi/Passez-moi le sel, s'il te/vous plaît.

Pour offrir à boire

Tu veux/Vous voulez boire quelque chose ?
Qu'est-ce que tu prends/vous prenez ?
Qu'est-ce que tu veux/vous voulez boire ?
Qu'est-ce que je te/vous sers ?

Pour offrir à manger

Sers-toi/Servez-vous.
Tu prends/Vous prenez encore de la soupe ?
Encore un peu de dessert ?

Pour accepter

S'il te/vous plaît.
Oui, avec plaisir. (C'est délicieux.)
Volontiers.° (C'est très bon.)   *With pleasure.*
Je veux bien. (C'est excellent.)

Pour refuser

Merci.
Non, merci.
Je n'ai vraiment plus (pas) faim.

France : Un pique-nique
en famille

Pratique et conversation

A. À table. Vous dînez dans une famille française. La soupe était excellente,
mais le poulet n'était pas à votre goût. Les carottes, par contre, étaient délicieuses.
Votre hôte/hôtesse — joué(e) par votre partenaire — offre de vous resservir.
Acceptez ou refusez selon vos préférences. (ATTENTION : Votre hôte/hôtesse a
préparé une recette spéciale pour le poulet ; elle va insister pour vous resservir…
refusez avec tact !)

B. Une occasion spéciale. C'est non seulement votre première invitation à
dîner en France, mais c'est une occasion spéciale : vous allez rencontrer les parents
de votre fiancé(e) français(e) ! Vous êtes tout(e) nerveux/euse, alors pour être
certain(e) que la soirée se passe sans histoires, vous demandez à votre fiancé(e) de
répéter comment on se comporte à table, ce qu'il faut dire, etc. Votre fiancé(e) —
joué(e) par votre partenaire — va répondre à vos questions.

Pour parler des conditions physiques et mentales

avoir faim	*to be hungry*	avoir peur (de)	*to be afraid (of)*
avoir soif	*to be thirsty*	avoir honte (de)	*to be ashamed (of)*
avoir chaud	*to be hot*	en avoir assez	
avoir froid	*to be cold*	en avoir ras-le-bol	*to be fed up*
avoir sommeil	*to be sleepy*	en avoir marre	
avoir raison	*to be right*	en avoir jusqu'ici	
avoir tort	*to be wrong*		

Pratique et conversation

A. Complétez. Finissez la phrase en utilisant une expression appropriée de la
liste précédente.

> **Modèle :**   Didier, est-ce que tu pourrais ouvrir la fenêtre ? Je…
>
> **Vous :**   J'ai chaud.

tease

1. Didier, je t'ai dit plusieurs fois de ne pas taquiner° ton frère. Arrête ! Je…
2. Ah, non, Tom, je vous assure ! Les parents français ne sont pas trop sévères.
   Ce n'est pas du tout comme ça. Vous…

3. Didier ! Il est minuit passé ! Tu devrais…
4. J'étais sur le point de présenter mon invité américain mais j'avais oublié son nom ! Je…
5. C'est exact, Tom ! En France, on refuse en disant « merci ». Vous…
6. Le pauvre Didier. Il a tant de phobies que je ne peux même pas les compter. Il… de tout !
7. Un petit verre d'eau, s'il vous plaît. Je…

B. Racontez. Racontez une situation récente où vous avez dû exprimer les sentiments suivants :

1. J'en ai ras-le-bol !
2. Tu n'as pas honte ?
3. Je te l'ai dit ! J'avais raison !
4. Je suis désolé(e), mais tu as tort.
5. Je n'ai pas mangé de toute la journée ! J'ai faim !

Grammaire

Grammaire de base

1.1 Review the forms of the regular verbs in the present indicative.

fermer (to close)			
je	ferme	nous	fermons
tu	fermes	vous	fermez
il/elle/on	ferme	ils/elles	ferment

finir (to finish)			
je	finis	nous	finissons
tu	finis	vous	finissez
il/elle/on	finit	ils/elles	finissent

répondre (to answer)			
je	réponds	nous	répondons
tu	réponds	vous	répondez
il/elle/on	répond	ils/elles	répondent

1.2   Review the following verbs that are conjugated like **finir**.

bâtir	*to build*	réfléchir à	*to reflect*
choisir	*to choose*	remplir	*to fill, fill out*
obéir à	*to obey*	réussir à	*to succeed, pass (a course, a test)*

1.3   Review the following verbs that are conjugated like **répondre**.

attendre	*to wait for*	perdre	*to lose*
descendre	*to go down, get off*	rendre	*to return*
entendre	*to hear*	vendre	*to sell*

1.4   Recall the forms of these high-frequency verbs.

avoir (*to have*)

j'	ai	nous	avons
tu	as	vous	avez
il/elle/on	a	ils/elles	ont

être (*to be*)

je	suis	nous	sommes
tu	es	vous	êtes
il/elle/on	est	ils/elles	sont

aller (*to go*)

je	vais	nous	allons
tu	vas	vous	allez
il/elle/on	va	ils/elles	vont

faire (*to make, to do*)

je	fais	nous	faisons
tu	fais	vous	faites
il/elle/on	fait	ils/elles	font

1.5   Note the expression **il y a**, meaning *there is, there are*.

2.1   Review the following negations.

ne... pas	*(simple negation)*
ne... rien	*nothing*
ne... jamais	*never*
ne... ni... ni	*neither . . . nor*
ne... pas encore	*not yet*
ne... personne	*no one*
ne... plus	*no more, no longer*

2.2   Note the position of each term of the negation in the simple tenses.

<table>
<tr><th colspan="5">Negation: Simple Tenses</th></tr>
<tr><th></th><th>ne</th><th>(object pronouns)</th><th>verb</th><th>second term of negation</th></tr>
<tr><td>Je</td><td>ne</td><td></td><td>sais</td><td>pas.</td></tr>
<tr><td>Nous</td><td>n'</td><td>en</td><td>avons</td><td>plus.</td></tr>
<tr><td>Elle</td><td>ne</td><td>m'</td><td>invite</td><td>jamais.</td></tr>
<tr><td>Ils</td><td>n'</td><td></td><td>ont</td><td>rien.</td></tr>
<tr><td>Tu</td><td>ne</td><td></td><td>vois</td><td>personne.</td></tr>
</table>

2.3   **Rien** and **personne** may serve as the subjects of a verb; **ni... ni** may qualify a subject. Note that **ne** still precedes the verb.

> Personne n'arrive.
> Rien ne m'intéresse.
> Ni Madeleine ni Anne ne viennent.

3.1   Use rising intonation to turn a statement into a *yes/no* question. This is the most common way of asking a *yes/no* question in French in an informal context.

Statement: Les grandes personnes sont très sévères en France.

Question: Les grandes personnes sont très sévères en France ?

Statement: Le poulet est délicieux.

Question: Le poulet est délicieux ?

3.2   *Yes/No* questions can also be formed by adding **est-ce que** at the beginning of a statement.

> Est-ce que les grandes personnes sont plus sévères en France ?
> Est-ce que le poulet est délicieux ?

3.3   When forming a question using inversion, the order of the subject pronoun and verb is reversed. Inversion is usually used in more formal contexts.

> Peux-tu me passer le sel ?
> Veux-tu encore de la soupe ?
> Habite-t-il en France ?

As the last example illustrates, when the written form of a verb in the third person singular ends in a vowel (that may or may not be pronounced), a **-t-** is inserted between it and the subject pronoun.

3.4   Note that when the subject is a noun, the noun remains and the verb and the pronoun that corresponds to the subject are inverted.

> Les grandes personnes sont-elles plus sévères en France ?

Structure *I*

***Pour poser une question : Questions avec des mots interrogatifs ;
les pronoms interrogatifs (I)***
(Grammaire de base 3.1–3.4)

a. Information questions are formed by using question words such as:

Où... ?	*Where . . . ?*
Quand... ?	*When . . . ?*
Combien de... ?	*How many . . . ?*
	How much . . . ?
Comment... ?	*How . . . ?*
Pourquoi... ?	*Why . . . ?*
À quelle heure... ?	*At what time . . . ?*

b. Two patterns are possible for information questions.

Question word	+	est-ce que	+	subject	+	verb
Où		est-ce que		tu		habites ?

Question word	+		verb	+	subject
Où			habites-		tu ?

c. Note that inversion rarely occurs in the first person singular. Inversion is less frequent than other question-asking structures, except in a few fixed expressions such as the following:

Comment allez-vous ?   Quelle heure est-il ?   Quel âge as-tu ?

d. Another way of asking information questions is by using interrogative pronouns. When using these pronouns, you are asking about either people or things. The forms will differ depending on the grammatical function of the pronoun in the question. Study the following chart.

function	people		things	
subject	qui		qu'est-ce qui	
	Qui est là ?	*Who is there?*	Qu'est-ce qui est important dans ce texte ?	*What is important in this text?*
	Qui sont ces gens ?	*Who are these / those people?*	Qu'est-ce qui fait ce bruit ?	*What is making that noise?*
direct object	qui est-ce que		qu'est-ce que	
	Qui est-ce que tu vas inviter ce soir ?	*Who(m) are you going to invite this evening?*	Qu'est-ce que tu vas servir ?	*What are you going to serve?*
	qui		que	
	Qui vas-tu inviter ce soir ?		Que vas-tu servir ?	

e. As shown in the examples, the verb that follows the subject form of the interrogative pronoun must be in the third person.

f. Note that there are two forms given for interrogative pronouns serving as direct objects. When using the longer form that contains **est-ce que** (**qui est-ce que, qu'est-ce que**) the subject and verb are not inverted. When using the short form, inversion of the subject and verb is required.

g. To ask for an identification, use the question **Qu'est-ce que c'est ?**

[Pointing to a bottle opener]
— Qu'est-ce que c'est ?
— C'est un décapsuleur.

h. To ask for a definition, use the question **Qu'est-ce que c'est que... ?**

— Qu'est-ce que c'est qu'un décapsuleur ?
— C'est un truc pour ouvrir une bouteille.

Pratique et conversation

A. Une gaffe. Tom raconte sa soirée chez les Blanchard. Il a fait une gaffe. Posez une question basée sur la partie de la phrase en italique.

> **Modèle :** *Les Blanchard* m'ont invité chez eux.
>
> **Vous :** Qui t'a invité chez eux ?

1. *M. Blanchard* a préparé une soupe délicieuse.
2. Il y avait *deux cuillères* sur la table.
3. J'ai utilisé *la mauvaise cuillère* pour manger la soupe.
4. *Mme Blanchard* a servi une mousse au citron à la fin du repas.
5. *Un peu de zeste du citron* rend ce dessert exceptionnel.
6. J'ai utilisé *la cuillère à soupe* pour manger le dessert !
7. Heureusement, *Mme Blanchard* m'a passé discrètement une cuillère à dessert.
8. *Personne* n'a remarqué ma gaffe.

B. Interview. Interviewez Mme Blanchard, Didier et Tom pour vous informer sur leur vie et leurs opinions sur l'éducation des enfants en France et en Amérique. Posez-leur des questions en utilisant des mots interrogatifs comme **pourquoi**, **quand**, **comment**.

C. Portraits. Posez des questions à votre partenaire pour découvrir un peu sa famille : combien de frères/sœurs il/elle a ; où sa famille habite; comment sont ses parents, etc. Ensuite, faites un portrait de sa famille aux autres dans la classe. Racontez aussi vos impressions : Qui avez-vous trouvé le plus intéressant ? Qui avez-vous envie de rencontrer ?

Structure II

Pour conseiller : L'impératif
(Grammaire de base 1.1)

a. To form the imperative of the verb, drop the subject pronouns **tu**, **nous**, and **vous** of the present-tense conjugation. For **-er** verbs, drop the final **-s** of the **tu** form.

L'IMPÉRATIF		
fermer	**finir**	**répondre**
ferme !	finis !	réponds !
fermons !	finissons !	répondons !
fermez !	finissez !	répondez !

b. The final **-s** of the **tu** form is restored when a pronoun starting with a vowel follows.

Parle de ton repas !   Parles-en !
Va au restaurant !   Vas-y !

c. Learn the following irregular imperatives.

avoir	**être**	**savoir**
aie !	sois !	sache !
ayons !	soyons !	sachons !
ayez !	soyez !	sachez !

Ayez la gentillesse de ne pas parler trop fort.
Sois sage, Didier !
Sachez que les Français apprécient les bons vins californiens. (Here, the imperative **sachez** means *let me inform you*.)

d. The verb **vouloir** also has irregular imperative forms, of which only the second person plural is used, in a very formal register, with the meaning of *please*.

Veuillez…
Veuillez croire, cher Monsieur, à l'expression de mes sentiments distingués = *Sincerely yours*

Pratique et conversation

A. Le pauvre Didier ! Qu'est-ce que les Blanchard disent à Didier pour corriger sa conduite à table ? Formulez des phrases à l'impératif.

1. Ne… pas / parler la bouche pleine !
2. Avoir / plus de patience !
3. Être / plus calme !
4. Poser / tes mains sur la table !
5. Manger / tes légumes !
6. Finir / ton repas !
7. Rester / à table !

Un dîner entre amis à Banyuls-sur-Mer en France

B. Conseils. Quels conseils est-ce que vous donneriez à un Américain qui est invité à dîner dans une famille française ? Formulez des phrases à l'impératif.

1. Apporter / des fleurs ou des chocolats à votre hôte/hôtesse.
2. Savoir / vous comporter à table.
3. Utiliser / le couteau et la fourchette comme il faut.
4. Ne… pas avoir / peur de goûter quelque chose que vous n'avez jamais essayé.
5. Ne… pas être / impoli.
6. Garder / les mains sur la table pendant le repas.
7. Savoir / qu'on ne coupe pas son pain avec un couteau.
8. Si vous faites une gaffe, avoir / le sens de l'humour.
9. Ne… pas hésiter / à participer à la conversation.
10. Ne… pas oublier / de faire des compliments sur la cuisine.
11. Remercier / votre hôte/hôtesse à la fin de la soirée.

C. Situations. Quelles suggestions est-ce que vous feriez (*would you make*) dans les situations suivantes ? Suivez le modèle.

> **Modèle :** Vous et vos camarades de classe, vous êtes invités chez le professeur. Quelles suggestions faites-vous aux autres ?
>
> **Vous :** Apportons des fleurs ; achetons des chocolats.

1. Vous allez à une fête avec un ami. Vous vous ennuyez. Qu'est-ce que vous suggérez à votre ami ?
2. Un ami français vient vous rendre visite. Il adore la nature. Qu'est-ce que vous proposez comme activité ?
3. Votre ami et vous, vous êtes invités chez les Blanchard. Elle va servir du poulet, mais vous êtes végétarien. Qu'est-ce que vous conseillez à votre ami ?
4. C'est la fin du dîner chez les Blanchard. Qu'est-ce que M. Blanchard suggère à sa famille et aux invités ?
5. C'est le week-end et vous avez envie de faire quelque chose avec vos amis. Quelle(s) activité(s) est-ce que vous leur proposez ?

Notions de culture

Voici les premières pages d'un livre à colorier français :

Questions

1. Quels sont les objets que l'enfant va colorier ?
2. Comment faut-il colorier ces pages ?
3. Est-ce qu'un livre à colorier américain est différent de ce livre français ?

Voici les dernières pages du livre français :

1. Quels changements voyez-vous ?
2. Aimez-vous ce livre à colorier ?

Discussion

1. Quelle est la première chose que l'enfant français apprend, la créativité ou la discipline ?
2. Beaucoup d'Américains sont choqués par ce livre à colorier. Pourquoi ?
3. Que pensez-vous de l'approche française ?
4. Traditionnellement, les petits Français sont élevés avec beaucoup de discipline, mais on considère que l'adolescence est le moment pour s'amuser. Est-ce la même chose dans votre pays ?
5. Aujourd'hui certains Français adoptent la philosophie américaine sur l'enfance. Que pensez-vous de ce changement ?

À la loupe

Le vieillissement de la population ainsi que le taux de fécondité (*birth rate*) sont deux facteurs qui changent le profil de la famille française. Il y aura aussi des conséquences profondes sur les économies européennes. Voici deux sondages qui révèlent certaines tendances démographiques dans les pays de l'Union Européenne.

Réfléchissez

1. Regardez le premier sondage. Dans quels pays est-ce que le taux de fécondité monte entre 1995 et 2000 ? diminue ? reste stable ? Quelles tendances voyez-vous dans l'UE ? en France ? (N.B. Il faut un taux de 2% pour que la population se renouvelle.)
2. Quelle tendance remarquez-vous en analysant le deuxième sondage ? Est-ce que la population de l'Union européenne rajeunit ou vieillit ? Dans quels pays est-ce que cette tendance est la plus prononcée ?
3. Quelles conclusions peut-on tirer de ces deux sondages ? Réfléchissez aux questions suivantes :

   - Y aura-t-il plus ou moins de jeunes qui contribueront à la Sécurité sociale française ?
   - La France aura-t-elle plus ou moins de travailleurs ? Comment peut-elle renouveler sa force ouvrière ?
   - Est-ce qu'on voit les mêmes tendances dans votre pays ?

4. Pouvez-vous imaginer d'autres conséquences pour la culture ?

Les enfants de l'Europe

Évolution du taux de fécondité dans les pays de l'Union européenne :

	1990	1995	2000
Allemagne	1,3	1,2	1,3
Autriche	1,5	1,4	1,3
Belgique	1,6	1,5	1,6
Danemark	1,7	1,8	1,7
Espagne	1,4	1,2	1,2
Finlande	1,8	1,8	1,7
FRANCE	1,8	1,7	1,9
Grèce	1,4	1,3	1,3
Irlande	2,1	1,8	1,9
Italie	1,4	1,2	1,2
Luxembourg	1,6	1,7	1,7
Pays-Bas	1,6	1,5	1,6
Portugal	1,6	1,4	1,5
Roy.-Uni	1,8	1,7	1,7
Suède	2,1	1,7	1,5

Vieille Europe

Évolution de la part des personnes de 60 ans et plus dans la population des pays de l'Union européenne (en %) :

	1960	1980	1999
Allemagne	17,2	19,2	22,4
Autriche	18,0	19,1	19,8
Belgique	17,5	18,1	21,8
Danemark	15,4	19,4	19,7
Espagne	12,3	15,0	21,5
Finlande	11,2	16,2	19,6
FRANCE	16,7	17,0	20,6
Grèce	13,4	17,5	22,8
Irlande	15,6	14,8	15,2
Italie	13,6	16,8	23,5
Luxembourg	16,3	17,8	19,1
Pays-Bas	13,1	15,6	18,0
Portugal	11,4	15,5	20,5
Roy.-Uni	16,8	19,8	20,4
Suède	16,9	21,7	22,1
UNION EUROPÉENNE	15,5	17,8	21,4

Grammaire de base

4.1 Review the conjugation of the following irregular verbs in the present indicative.

vouloir (*to want*)				
je	veux		nous	voulons
tu	veux		vous	voulez
il/elle/on	veut		ils/elles	veulent

sortir (*to go out*)				
je	sors		nous	sortons
tu	sors		vous	sortez
il/elle/on	sort		ils/elles	sortent

(Conjugated like **sortir** are **dormir** [*to sleep*], **mentir** [*to lie*], **partir** [*to leave*], **sentir** [*to feel, to smell*], and **servir** [*to serve*].)

pouvoir (*to be able to, can*)				
je	peux		nous	pouvons
tu	peux		vous	pouvez
il/elle/on	peut		ils/elles	peuvent

venir (*to come*)				
je	viens		nous	venons
tu	viens		vous	venez
il/elle/on	vient		ils/elles	viennent

(Conjugated like **venir** are **devenir** [*to become*], **revenir** [*to return*], **tenir** [*to hold*], and related verbs such as **obtenir** [*to obtain*].)

connaître (*to be acquainted with*)				
je	connais		nous	connaissons
tu	connais		vous	connaissez
il/elle/on	connaît		ils/elles	connaissent

(Conjugated like **connaître** are **disparaître** [*to disappear*], **paraître** [*to appear*], and **reconnaître** [*to recognize*].)

4.2 You have learned to use **pouvoir** and **vouloir** in the conditional to make requests.

Pourriez-vous me passer le sel ?   *Could you pass me the salt?*
Je voudrais le vert, s'il vous plaît.   *I'd like the green one, please.*

Structure III

Pour exprimer le rapport entre deux actions : Le participe présent

a. The present participle is used to express a relationship of simultaneity or cause between two actions (see points d, e, and f).

b. To form the present participle of regular verbs, drop the **-ons** of the **nous** form of the verb and add the ending **-ant**.

(fermer) fermant   (finir) finissant   (répondre) répondant

c. Most irregular verbs form their present participle in the same way. There are three exceptions:

(être) étant   (avoir) ayant   (savoir) sachant

d. The present participle preceded by the preposition **en** is used to express an action that is occurring simultaneously with another action.

En arrivant chez lui, il trouve sa   *Upon arriving home, he finds his family at*
   famille à table avec Tom, leur   *the table with Tom, their American friend.*
   ami américain.

Il ne faut jamais essayer de   *You should never try to talk while eating.*
   parler en mangeant.

e. The idea of simultaneity can be reinforced by using **tout en** followed by the present participle.

Tout en sachant qu'elle n'était   *All the while knowing that she was not in,*
   pas là, il a insisté pour rester.   *he insisted on staying.*

f. The present participle can also be used to express how or by what means an action is done or results can be obtained.

Il a réussi en gagnant la   *He succeeded by winning over everyone.*
   confiance de tout le monde.

C'est en faisant des fautes   *One learns by making mistakes/through*
   qu'on apprend.   *one's mistakes.*

g. Do not simply equate the present participle with the English verb form *-ing*. Note the following:

- To express ongoing action in present time, use the present tense in French.

J'écoute.   *I'm listening.*

- The expression **être en train de** emphasizes the ongoing nature of the action.

Ne me dérange pas. Je suis   *Don't disturb me. I'm reading (in the midst of*
   en train de lire un rapport.   *reading) a report.*

- To *spend time doing something* is expressed in French by the construction **passer** + time expression + **à** + infinitive.

  Je passe toute la journée   *I spend the entire day doing housework.*
    à faire le ménage.

  Elle passe tout son temps   *She spends all her time talking on the phone.*
    à parler au téléphone.

- The English expressions *to begin by/end up doing something* are rendered by **commencer/finir par** + infinitive.

  Nous avons commencé par   *We began by preparing the meal.*
    préparer le repas.

  J'ai fini par partir.   *I ended up leaving.*

Pratique et conversation

A. Formulez. Formulez le participe présent des verbes suivants.

1. finir	6. répondre
2. manger	7. être
3. prendre	8. réfléchir
4. boire	9. avoir
5. savoir	10. obéir

B. Comment faites-vous ? Complétez les phrases suivantes en disant ce que vous faites ou ce que vous ne faites jamais en même temps.

> **Modèle :**   Je lis un roman policier…
> **Vous :**   Je lis un roman policier en écoutant la radio.

1. J'étudie…
2. Je ne parle jamais…
3. Je fais de la gymnastique…
4. Je fais mes devoirs…
5. Je prépare le dîner…
6. Je ne bois jamais de boissons alcoolisées…
7. Je parle au téléphone…

C. Pour réussir dans la vie. Qu'est-ce qu'il faut faire pour réussir dans la vie ? Complétez les phrases selon le modèle.

> **Modèle :**   On réussit dans la vie…
> **Vous :**   On réussit dans la vie en faisant de son mieux.

1. On reçoit une promotion…
2. On gagne beaucoup d'argent…
3. On peut avoir beaucoup d'amis…
4. On peut gagner un prix en athlétisme…
5. On peut maîtriser la grammaire française…
6. On peut prolonger sa vie…

D. Racontez. Racontez la scène entre Gilles et sa famille en complétant les phrases.

1. Gilles / passer la veille à / …
2. Quand Gilles entre, la famille / être en train de / …
3. Gilles / commencer par / …
4. Gilles / finir par / …
5. Il semble° que Gilles / passer beaucoup de temps à / …

it seems

**Un mariage civil à la
mairie d'Aix-en-Provence**

Structure *IV*

Pour exprimer la continuation d'une action : Le temps présent + depuis

a. To talk about an action that began in the past and continues into the present,
    use the structure: present tense + **depuis** + time expression.

> Gilles est en voyage depuis   *Gilles has been traveling for a week.*
>   une semaine.
> Nous étudions le français   *We've been studying French for two years.*
>   depuis deux ans.

Note that English uses the present perfect to express this idea. In these
sentences, **depuis** is translated as *for*.

b. **Depuis** is translated as *since* when used with a specific point in time, day,
    or date.

> Elle est absente depuis lundi.   *She has been gone since Monday.*

c. To form a question, use the question words **depuis quand** and **depuis
    combien de temps** with the question patterns you have learned.

> Depuis quand } est-ce que vous êtes
>   êtes-vous   } en France ?
>
> *How long have you been in France?*
>
> Depuis combien de temps } est-ce que tu fais
>   fais-tu   } ce métier ?
>
> *How long have you been in this line of work?*

Depuis quand can be used to emphasize the starting point of an action,
whereas **depuis combien de temps** usually emphasizes its duration. In
practice, both questions can be used interchangeably.

d. The following expressions are virtually synonymous with **depuis** + time
expression when used with the present tense:

Il y a
Ça fait } + time expression + **que** + present tense verb
Voilà

Ça fait (Voilà / Il y a) trois jours
  qu'il nous téléphone sans cesse.
*He has been calling us repeatedly for
  three days.*
Voilà (Ça fait / Il y a) une semaine
  qu'on attend son arrivée.
*We've been waiting a week for his
  arrival.*

Pratique et conversation

résumé   **A. Un CV°.** Yves Durand, un ami de la famille Blanchard cherche un emploi.
Lisez son CV et répondez aux questions qui suivent :

CURRICULUM VITÆ

NOM :	Durand, Yves
DATE DE NAISSANCE :	12 mars 1970
LIEU DE NAISSANCE :	Montréal, QUÉBEC
NATIONALITÉ :	canadienne ; résident permanent en France depuis 1985
ADRESSE ACTUELLE :	90, boulevard St-Michel 75005 PARIS
FORMATION :	1990 : Licence, Université de Paris–Nanterre 1992 : Maîtrise, Université de Paris–Nanterre
EXPÉRIENCE :	1992 : Stage, Groupe BREGUET 1995 : Agent immobilier, Groupe AUGUSTE THOUARD
EMPLOI ACTUEL :	2000 : Agent immobilier, Agence EURO-IMMOBILER

1. Depuis combien de temps Yves travaille-t-il à l'agence Euro-immobilier ?
2. Depuis combien de temps a-t-il sa licence ?
3. Depuis combien de temps a-t-il sa maîtrise ?
4. Depuis quand est-il résident permanent en France ?
5. Si Yves s'est marié en 1999, depuis combien de temps est-il marié ?

B. Interview. Posez les questions suivantes à votre partenaire. Demandez-lui :

1. depuis combien de temps sa famille habite dans leur maison / appartement actuel (*current*).
2. depuis quand ses parents lui laissent beaucoup de liberté.
3. depuis combien de temps il/elle connaît son/sa meilleur(e) ami(e).
4. depuis combien de temps il/elle est scolarisé(e) (*enrolled in school*) ?
to drive 5. depuis quand il/elle sait conduire°.

C. Questions. Formulez cinq questions que vous aimeriez poser à votre
professeur. Utilisez les structures que vous venez d'apprendre (**depuis quand,
depuis combien de temps,** etc.).

Lecture

Adaptation orale du conte « La Chèvre de Monsieur Seguin » par Alphonse Daudet,
écrivain français du dix-neuvième siècle.

Avant de lire

A. Le genre. Quelle sorte d'histoire aurait un animal comme personnage
principal ? D'habitude, à qui ce genre d'histoire est-il destiné ?

B. Stratégie de lecture : exploitation des éléments visuels. Les images et
dessins peuvent souvent vous donner une idée générale du genre et du contenu
d'un texte. Regardez le titre du conte et les illustrations aux pages 25–28. Qui sont
les deux personnages importants dans le conte ? Essayez d'imaginer l'intrigue de
l'histoire.

C. Réfléchissez. Pensez aux histoires qu'on vous a racontées pendant votre
enfance. Quelles sont les caractéristiques typiques de ces contes en ce qui
concerne…

a. les personnages : réels ? fictifs ? humains ? animaux ? surnaturels ?
b. les leçons données : sérieuses ? légères ? moralisantes ?
c. la fin : triste ? heureuse ? décevante° ?   *disappointing*

La Chèvre de M. Seguin d'après
Alphonse Daudet

Monsieur Seguin, c'était un monsieur qui avait une jolie maison,
juste en face d'une grande montagne. Mais Monsieur Seguin
n'avait pas de chance. Il aimait beaucoup les chèvres, et il
aimait en particulier les chèvres blanches. Mais il
ne pouvait pas les garder, ces chèvres. Il
achetait les chèvres, et puis les chèvres
regardaient la montagne et voulaient
y aller. Au bout de quelque temps,
elles s'échappaient, et il les perdait
toutes, les unes après les autres.
    Un jour, Monsieur Seguin va au
marché pour acheter une chèvre. Et il
voit une très jolie petite chèvre toute
blanche. Il décide de l'acheter. Il dit : —
Oh, **celle-ci** est vraiment belle. Je vais l'acheter. Elle est si belle et si blanche, je
crois que je vais l'appeler Blanchette.
    Et il dit :
    — Celle-ci, je ne vais pas la perdre. Je vais faire bien attention. Je ne la
perdrai pas.

celle-ci *this one*

Il achète Blanchette, il la **ramène** chez lui, et il décide :

— Hmm… Je crois que je vais faire une **clôture** autour du jardin. Comme ça, la chèvre ne va pas s'échapper. Alors, la chèvre est dehors, et elle **broute** l'herbe dans le jardin. Elle est contente. Monsieur Seguin vient la voir, il vient lui parler de temps en temps. Elle grandit, et Monsieur Seguin se dit :

— Tiens, j'ai de la chance. Celle-ci, j'ai l'impression qu'elle va rester avec moi.

Et puis un jour, la chèvre promène son regard un peu partout, et elle voit tout d'un coup une grande masse devant elle, une grande masse bleue. Et elle dit :

— Mais qu'est-ce que c'est que ça ? Que c'est grand ! Que c'est gros ! Qu'est-ce que c'est que ça ?

Alors, Monsieur Seguin vient un peu plus tard. Elle lui dit :

— Qu'est-ce que c'est que ça, Monsieur Seguin ?

Il lui dit :

— Quoi, ça ?

Elle lui dit :

— Ça, là-bas.

Et puis elle lui montre du **museau**. Il lui dit :

— Ça ? C'est la montagne.

— La montagne, qu'est-ce qu'il y a là ?

Monsieur Seguin lui dit :

— Oh, faut pas y aller là, il y a **le loup**. Avant toi, j'avais beaucoup de chèvres, elles ont toutes voulu aller là-bas dans la montagne et la forêt. Le loup les a toutes mangées. Surtout, n'y va pas, hein ?

La chèvre dit :

— Bon.

Mais, elle avait envie de regarder cette montagne. Ça l'intriguait. Alors, tous les jours elle regardait la montagne. Quelquefois quand elle regarde la montagne, la montagne est bleue. Quelquefois elle est verte. Elle remarque qu'il y a des couleurs différentes. Elle n'arrête pas de regarder la montagne. Elle dit :

— Oh, il y a l'air d'y avoir de jolis arbres là-bas.

Elle ne voyait pas bien, parce que c'était loin. Mais elle a vraiment envie d'y aller. Elle ne comprend pas pourquoi Monsieur Seguin ne veut pas qu'elle y aille. Alors, elle a de plus en plus envie de partir. Elle en parle encore à Monsieur Seguin. Elle lui dit :

— Monsieur Seguin, je ne pourrais pas y aller ? ne serait-ce que pour quelques minutes ? Et puis je reviendrai.

— Si tu me parles encore de cette montagne, tu vas comprendre. D'abord, je suis tellement **en colère** contre toi que je vais t'attacher tout de suite.

Alors, Monsieur Seguin prend une corde et il attache Blanchette. Il ne veut pas qu'elle lui reparle de cette montagne. Il attache Blanchette, et puis il s'en va. Il va au marché. Et Blanchette se dit :

— Oh, moi j'ai envie d'y aller. Pendant qu'il est parti, je vais aller me promener un peu, voir ce qui se passe.

---

ramène *brings back* / **clôture** *fence* / **broute** *grazes* / **museau** *muzzle* / **le loup** *the wolf* / **en colère** *angry*

Alors, elle tire, elle tire, elle tire sur la corde. La corde **lâche**. Après ça, Blanchette passe par un **trou** dans la clôture. Elle s'échappe et elle s'en va en direction de la montagne.

— Oh, que je suis bien. Je n'ai plus la corde autour du cou, je n'ai plus la clôture. Je suis bien.

Et elle va vers la montagne. Puis elle voit de belles choses et de beaux arbres. Elle arrive à la montagne et elle rencontre d'autres chèvres. Et alors, les autres chèvres lui disent :

— Et qu'est-ce que tu fais là, toi ?

Elle dit :

Moi, je suis en promenade. J'habite en bas dans la vallée. Et je viens me promener un peu, voir ce qui se passe.

— Tu viens jouer avec nous ? Nous, on habite ici dans la montagne. Viens jouer avec nous.

— Ah bon ? Vous habitez ici ? Mais on m'a dit que c'était dangereux ici, qu'il y avait le loup, qu'il ne fallait pas venir ici…

— Oui, oui, il y a bien un loup qui habite par ici, mais nous, on ne l'a jamais vu. On se promène, et puis, quand on pense qu'il va venir, on s'échappe. Non, non, ce n'est pas dangereux. Tu peux venir ici.

Alors, elle les **suit**. Elles courent partout, et elles **sautent** de rocher en rocher. Elles ont l'habitude, ces chèvres-là, de courir, **tandis que** Blanchette n'a pas l'habitude. Au bout d'un moment, elle est toute **essoufflée**. Et puis, les chèvres décident de partir. Et elle, elle trouve un endroit qui est très joli. Alors, elle se met à brouter. L'herbe est très bonne. Et puis, tout d'un coup, elle entend le son du **cor**. Alors elle pense :

— Oh, ce n'est pas Monsieur Seguin qui m'appelle ?

Et il **sonne** du cor, il sonne du cor, il sonne du cor. Ça veut dire :

— Blanchette, Blanchette, reviens !

— Hmm… elle s'est dit. Peut-être que je devrais revenir. Hmm… mais je n'ai pas encore envie de revenir. C'est bien là, à la montagne.

Bon. Quelque temps se passe, peut-être une heure ou deux. Le cor qui sonne encore ! Monsieur Seguin !

— Oh, **il me barbe** ! Il m'appelle encore. Je suis bien, moi, ici. Pourquoi il m'appelle pour revenir ? Je n'ai pas envie de revenir, moi, là-bas dans sa maison.

Bon, quelques heures se passent encore. Le cor qui sonne encore ! Mais de plus en plus faible. Monsieur Seguin est de plus en plus découragé. Il ne souffle plus très fort dans le cor. Alors, elle se dit :

— Oh… Peut-être que je devrais rentrer. Encore quelques minutes et puis je vais rentrer.

Et puis, tout d'un coup, la nuit tombe.

— Oh ! Et comment je vais faire maintenant pour rentrer ? Je n'y vois rien. **J'aurais dû** rentrer quand Monsieur Seguin sonnait du cor.

Elle commence à avoir peur. Alors tout d'un coup elle entend un bruit. Elle voit des yeux **luisants**, et elle commence à entendre « hhhh, hhhh » un souffle comme ça. Elle se dit :

— Mon Dieu, c'est le loup. Qu'est-ce que je vais faire ? Qu'est-ce que je vais faire ?

---

lâche *is released* / **trou** *hole* / **suit** *follows* / **sautent** *jump* / **tandis que** *whereas* / **essoufflée** *out of breath* / **cor** *horn* / **sonne** *blows, sounds* / **il me barbe** *he annoys me* / **J'aurais dû** *I should have* / **luisants** *shining*

Elle voit juste les yeux luisants. Elle ne **bouge** pas. Elle se dit :

— Peut-être qu'il ne va pas m'attaquer.

Le loup était malin. Il attend, il attend. Il se dit :

— Elle va être fatiguée, elle va s'endormir. Et quand elle va s'endormir, boum ! Je me jette sur elle et je la mange.

Au bout d'un moment, Blanchette commence à être fatiguée. Elle est pourtant **énervée** parce qu'elle a peur du loup. Quand elle commence à être fatiguée, le loup l'attaque. Alors, elle se défend, elle se défend. Elle a des petites cornes, et elle donne des coups de corne. Le loup dit :

— Oh, elle est **coriace**, celle-ci. Elle va me donner du mal.

Alors, il recommence, le loup, à l'attaquer. Et elle se défend. Elle donne des coups de corne, elle donne des coups de corne. Le loup **recule**. Mais il ne s'échappe pas. Il se dit :

— On va recommencer.

Au bout d'un moment, le loup revient. Et encore des coups de corne, et encore des coups de corne. Mais elle se fatigue, la pauvre. Une petite chèvre, comme ça, qui essaie de se défendre contre un loup. C'est difficile pour elle. **Elle n'en peut plus**. Elle devient de plus en plus fatiguée, de plus en plus fatiguée. Et puis, elle se rappelle que Monsieur Seguin avait eu une chèvre… Il lui avait raconté qu'il avait eu une chèvre qui était très courageuse. Elle s'était battue avec le loup pendant presque toute la nuit. Elle s'est dit, peut-être moi aussi je serai aussi courageuse que cette chèvre-là. Peut-être que moi aussi je vais pouvoir me battre avec le loup toute la nuit. Alors le loup revient. Il l'attaque. Elle se défend. Et puis, tout d'un coup elle commence à voir que le soleil se lève. Elle se dit :

— Mon Dieu, si jamais je peux **tenir le coup**, peut-être que je vais être sauvée. Peut-être que s'il fait trop soleil, le loup va partir, il va me laisser. Je vais pouvoir revenir chez Monsieur Seguin. Alors, là, si jamais j'ai la chance de revenir chez Monsieur Seguin, je n'irai plus dans la montagne. Je resterai avec Monsieur Seguin, tranquille. **Pourvu que** je tienne le coup !

Et elle est **épuisée**, elle n'en peut plus. Elle peut à peine **respirer**, elle est tellement épuisée. Et elle se dit :

— Oh, j'ai battu le record de cette chèvre. Elle avait tenu presque toute la nuit. Elle avait résisté au loup. Moi, je vais tenir le coup jusqu'à l'aube.

Le loup arrive enfin. Il pense :

— Cette fois-ci, je crois que je vais réussir.

Il attaque la petite chèvre. Elle donne un dernier coup de corne. Elle tombe par terre, et elle meurt. Et le loup l'a mangée.

Et Monsieur Seguin a été tellement triste, tellement triste ! Et je crois qu'il a eu d'autres chèvres, mais je ne sais pas si elles sont allées dans la montagne.

---

bouge *move* / **énervée** *jumpy* / **coriace** *tough* / **recule** *backs up* / **Elle n'en peut plus** *She can't go on* / **tenir le coup** *to hold on* / **Pourvu que** *Let's hope that* / **épuisée** *exhausted* / **respirer** *to breathe*

Après la lecture

A. Vérifiez. Est-ce que l'histoire que vous avez imaginée correspond au récit ? Quels éléments de l'histoire vous ont surpris(e) le plus ?

B. Comment sont Blanchette et M. Seguin ? Cherchez des phrases ou des mots dans le texte qui décrivent leur apparence et leur caractère.

	Blanchette	**M. Seguin**
Portrait physique :		
Portrait moral :		

C. L'ordre chronologique. Les phrases suivantes racontent ce qui se passe dans l'histoire de Blanchette. Mettez-les dans un ordre chronologique.

1. Blanchette se bat contre le loup jusqu'au lever du soleil.
2. Blanchette broute dans la montagne.
3. Blanchette regrette de ne pas être rentrée chez M. Seguin.
4. M. Seguin va au marché.
5. Blanchette tire sur la corde.
6. Le loup mange Blanchette.
7. Blanchette parle de la montagne à M. Seguin.
8. M. Seguin achète Blanchette.
9. Blanchette joue avec les autres chèvres.
10. Blanchette s'échappe du jardin.
11. M. Seguin sonne du cor.
12. Blanchette voit les yeux du loup.

D. Synthèse. Après avoir entendu° cette histoire, votre petite cousine française écrit une lettre à M. Seguin. Complétez-la en remplissant les blancs par le mot français qui correspond.

after having heard

M. Seguin,

_____ (*While listening*) l'histoire de Blanchette, j'étais très triste. _____ (*How long*) est-ce que vous aimez les chèvres ? J'ai l'impression que vous ne les comprenez pas très bien. C'est la curiosité qui a attiré Blanchette à la montagne. La solution de votre problème, c'est d'aller visiter la montagne avec votre chèvre. _____ (*By going*) à la montagne avec vous, votre chèvre n'est pas en danger et elle sera aussi moins curieuse. Et _____ (*don't forget*) qu'il faut être strict avec les chèvres. Quand votre chèvre vous parle toujours de la montagne, il faut lui dire : Blanchette, _____ (*don't talk*) de la montagne. _____ (*Be*) patiente et nous allons bientôt la visiter ensemble. En plus, _____ (*what*) Blanchette a fait à la montagne ? Elle a passé son temps là _____ (*eating*),

_____ (*playing*) et _____ (*resting*).
Elle peut manger et se reposer chez vous, mais elle n'a pas de copines chez
vous. Donc, il faut acheter au moins deux chèvres. Comme ça, elles peuvent
jouer ensemble _____ (*while staying*) chez vous.
_____ (*What*) vous pensez de mes suggestions ?

> Amicalement,
>
> Laurence

E. Un résumé. Écrivez un résumé de l'histoire de Blanchette en indiquant...

- pourquoi et comment M. Seguin l'a achetée.
- ce que M. Seguin fait pour ne pas perdre Blanchette.
- pourquoi Blanchette va dans la montagne.
- ce qui se passe à la montagne.
- comment Blanchette se trouve dans une lutte avec un loup.
- comment Blanchette se défend.
- la fin de l'histoire.

F. La morale. Les petits Français admirent Blanchette, mais ce n'est pas à cause
de sa décision de partir à la montagne. Quelle est la raison de cette admiration,
selon vous ? En petits groupes, dégagez les leçons représentées dans l'histoire.
Ensuite, comparez ces leçons aux leçons trouvées dans les histoires qu'on raconte
aux enfants américains. Voici quelques leçons morales à considérer :

- Il faut écouter ses parents.
- Il est bien d'être courageux.
- Le monde est plein de dangers.
- Il ne faut pas être trop curieux.
- Il faut se contenter de ce qu'on a.

Compréhension auditive

Extrait de l'émission *La Nouvelle France*[1] (segment sur « La Nouvelle Famille »).
Le divorce devient de plus en plus fréquent en France. Dans cette interview, la
fille d'un couple divorcé va vous raconter un peu de son histoire.

Consulter le site Web **www.wiley.com/college/siskin** puis sélectionner Book
Companion Site pour écouter le texte sonore.

Faites la **Compréhension auditive** pour **le Chapitre 1** dans votre cahier
d'exercices.

---

[1] *La Nouvelle France*, une émission de l'INA, diffusée par France 2.

Vocabulaire

Pour parler de la famille

aîné/aînée	*oldest*
beau-frère/ belle-sœur	*stepbrother/stepsister; brother-in-law/ sister-in-law*
beaux-parents	*stepparents; in-laws*
cadet/cadette	*youngest*
cousin/cousine	*cousin*
demi-frère/ demi-sœur	*half-brother/half-sister*
femme (*f.*)	*wife*
fiancé/fiancée	*fiancé*
fils/fille	*son/daughter*
gendre (*m.*)	*brother-in-law*
grand-père/ grand-mère	*grandfather/ grandmother*
jumeaux/jumelles	*twins*
mari (*m.*)	*husband*
orphelin/orpheline	*orphan*
petit-fils/ petite fille	*grandson/ granddaughter*
divorcer (de/d'avec)	*to divorce*
élever	*to raise*
(se) marier (avec)	*to marry*
enceinte	*pregnant*

Pour parler des conditions physiques et mentales

avoir chaud	*to be hot*
avoir faim	*to be hungry*
avoir froid	*to be cold*
avoir honte (de)	*to be ashamed (of)*
avoir peur (de)	*to be afraid (of)*
avoir raison	*to be right*
avoir soif	*to be thirsty*
avoir sommeil	*to be sleepy*
avoir tort	*to be wrong*
en avoir assez	*to be fed up*
en avoir jusqu'ici	*to be fed up*
en avoir marre	*to be fed up*
en avoir ras-le-bol	*to be fed up*

Pour poser des questions

combien de… ?	*how much; how many … ?*
comment… ?	*how … ?*
depuis combien de temps… ?	*for how long … ?*
depuis quand… ?	*since when … ?*
où… ?	*where … ?*
pourquoi… ?	*why … ?*
qu'est-ce que c'est ?	*what is this? (asks for an identification)*
qu'est-ce que c'est que… ?	*what is this? (asks for a definition or explanation)*
quand… ?	*when … ?*

Pour exprimer la continuation d'une action

ça fait + *expression temporelle* + que	*it has been … since …*
depuis	*for, since*
il y a + *expression temporelle* + que	*it has been … since …*
voilà + *expression temporelle* + que	*it has been … since …*

Autres expressions

volontiers	*gladly*

Les pronoms interrogatifs

qu'est-ce que	*what*
qu'est-ce qui	*what*
que	*what*
qui	*who/whom*
quoi	*what*

CHAPITRE 2

Passage vers la communication
Perspectives interculturelles

Un restaurant McDonald's en France

Objectifs

Communication

Talk about meals

Express quantities

Make identifications
and generalizations

Describe people's appearance
and character

Comparisons

Discuss attitudes towards food
across cultures

Explore sources of cultural
knowledge in the United States
and France

Cultures

Identify regional dishes
and their ingredients

Discuss the cultural importance
of bread in France

Connections

Gain a culinary appreciation
of French food and meals

Communities

Analyze critically a travel guide
for foreign tourists

Mise en train

Ce dessin est une œuvre de Sempé, un des plus grands dessinateurs français. Il a paru dans un livre que l'artiste a publié après un voyage à New York.

1. Qu'est-ce qu'on voit sur l'image ?
2. Que font les Américains du dessin ?
3. Avez-vous l'impression que l'artiste était surpris ? amusé ? horrifié ? Pourquoi ?

Si Sempé a décidé de dessiner cette scène, il a été sans doute frappé par la différence entre les habitudes françaises et américaines. Imaginez un déjeuner entre cadres° à Paris : où sont-ils ? qu'est-ce qu'ils mangent ? sont-ils pressés ?

Dans ce chapitre, nous regarderons les images que nous avons des Français et celles que les Français ont de nous. Nous aurons peut-être des surprises.

business associates

Interaction

Bill, un Américain qui travaille dans une grande entreprise française rejoint des collègues français dans un restaurant de Caen.

Laura	Voilà. Vous êtes prêt à commander ?
Bill	Je ne sais pas. Qu'est-ce que vous prenez, vous autres ?
Laura	On prend tous la truite aux amandes°. Je vous la conseille. Elle est délicieuse.
Bill	Est-ce qu'il y a du beurre dans la sauce ?
Laura	Ah oui ! Du bon beurre de Normandie.
Bill	C'est dommage. Je ne mange pas de beurre.
Laura	Allez ! Il faut savoir bien manger. Tu ne vas pas la commander sans sauce, quand même !
Bill	Je prends une salade.
Laura	Là il y aura moins de matières grasses, c'est sûr ! Mais c'est un peu triste.
Bill	Ne vous en faites pas pour moi°. Tiens, ce n'est pas ton ancien chef, le grand homme mince aux cheveux gris là-bas ?
Laura	En effet, c'est Pierre Sarrieu. Je vais vous le présenter après le repas.
Bill	Je vais devoir vous quitter assez vite. J'ai un dossier qui m'attend au bureau.
Laura	Ah oui, on m'a toujours dit que la plupart des Américains sont très travailleurs. Aux États-Unis, « le temps, c'est de l'argent ».
Bill	Non, mais dans les affaires°, l'efficacité compte.
Laura	Chez nous aussi, ça compte, mais on veut quand même profiter de la vie°.

trout with almonds

Don't worry about me.

business

to enjoy life

Observez

1. Pourquoi Bill ne prend-il pas la truite aux amandes ?
2. Est-ce que Bill va rester avec ses collègues pendant tout le repas ?
3. Selon Bill, qu'est-ce qui est important dans les affaires ?

Réfléchissez

1. Laura dit qu'une salade « c'est un peu triste ». Est-ce qu'elle n'aime pas les salades ? Qu'est-ce qu'elle veut dire ?
2. Quelle différence existe-t-il entre l'attitude française envers le travail et l'attitude américaine, selon Laura ?
3. « Bien manger » en France signifie « manger des choses délicieuses et raffinées° ». Que signifie « bien manger » pour un(e) Américain(e) ?
4. Quelle importance accordez-vous au travail dans votre vie ? Et à la cuisine ?

sophisticated

Autrement dit

Un restaurant français traditionnel

Pour parler des repas

Les Américains préfèrent la viande bien cuite° ou cuite à point°, tandis que les *well done / medium*
Français aiment la viande saignante°. Dans un restaurant trois étoiles°, le cadre *rare / three star*
(le décor) peut être simple ou élégant, mais les plats sont toujours frais et bien
assaisonnés° ; la cuisine est raffinée et les spécialités du chef sont souvent *seasoned*
originales et innovatrices. La viande est tendre, les desserts sont légers° et jamais *light*
trop sucrés°. Vous serez tenté d'abuser des plaisirs de la table, mais attention : la *sweet*
gourmandise° provoque des crises de foie°. *overindulgence / indigestion*

    Par contre, si par malheur vous vous trouvez dans un restaurant douteux, la
soupe sera trop salée° ou servie tiède (ni chaude ni froide) ; les sauces seront fades *salty*
(sans goût) ; la viande sera dure comme de la semelle°, brûlée° ou même *tough as shoe leather / burned*
carbonisée°. Le dessert sera sans doute lourd°. Vous serez peut-être tenté de *charred / heavy*
renvoyer° le plat. Après le repas, vous aurez mal au cœur° et vous devrez prendre *to send back / nausea, heartburn*
une tisane° ou sortir prendre l'air. *herb tea*

Les spécialités régionales et ethniques et leurs ingrédients

le couscous (spécialité nord-africaine)

semolina wheat / zucchini / turnips
type of sausage

de la semoule°, des courgettes° (*f.*), des carottes (*f.*), des navets° (*m.*), des merguez° (*f.*)

la côte de veau à la crème (Normandie)

du veau, des champignons (*m.*), des pommes (*f.*), des œufs (*m.*), de la crème, du beurre

la carbonnade flamande (Flandre)

du bœuf, du sel, du poivre, des carottes, des oignons (*m.*), de la bière

la choucroute garnie (Alsace)

de la choucroute, des oignons, des carottes, du vin blanc, du bouillon de poulet

la garniture : des saucisses (*f.*), des côtelettes (*f.*) de porc, des pommes de terre (*f.*), du jambon

la tourtière (Québec)

ground pork / pie crust, dough /
spices

du porc émincé°, de la purée de pommes de terre, de la pâte°, des épices (*f.*)°

le matété de crabes (Guadeloupe)

des crabes (*m.*), du riz, du beurre, des oignons, des tomates (*f.*), du piment, de l'ail (*m.*)

Les boissons

avant le repas : les apéritifs

white wine with black currant liquor
vermouth (not an American "martini")

un kir°	un sherry
un martini°	un cocktail
un whisky	du champagne

avec le repas

mellow

le vin rouge / blanc / rosé
du bordeaux / bourgogne / beaujolais
un vin fort / léger / moelleux° / sec
une bière brune / blonde
une eau minérale (Évian, Perrier...)

après le repas : les digestifs

une liqueur (bénédictine, chartreuse, poire William...)
un alcool (cognac, armagnac, eau-de-vie...)

les boissons chaudes

une tisane
un café
un thé

Pratique et conversation

A. Content(e) ou mécontent(e) ? Seriez-vous content(e) ou mécontent(e) si on vous servait...

1. un bifteck carbonisé ?
2. une sauce fade ?
3. un dessert lourd ?
4. un poulet tendre ?
5. une soupe trop salée ?
6. un plat bien assaisonné ?
7. un poisson frais ?
8. un repas tiède ?

B. Des restaurants à Québec. Lisez rapidement la description des restaurants ci-dessous. Dites s'ils sont remarquables pour :

❏ la cuisine   ❏ le décor

❏ l'ambiance   ❏ leurs spectacles

Lequel° choisiriez-vous ? Pourquoi?   *which one*

VIN et BONNE CHÈRE ◆ WINING and DINING

Québec est une ville connue pour ses bons restaurants

À LA BASTILLE CHEZ BAHÜAUD

47, avenue Sainte-Geneviève, tout près des murs de la Citadelle. Du 1er juin au 1er octobre, ouvert tous les jours de 11 h 30 à 23 h 30. L'hiver de 17 h à 24 h 30 et fermé le lundi. Ce restaurant offre une cuisine française raffinée, servie dans un décor superbe et une ambiance reposante. Menus à prix fixes et à la carte. Tél. : 692-2544

AUBERGE DU TRÉSOR

20, rue Sainte-Anne au coin de la célèbre rue du Trésor et face au Château Frontenac. Ouvert tous les jours, tous les soirs. Cuisine romantique française. Mitoyen à la charmante salle à manger prolongée d'une terrasse, le relais propose ses fameux déjeuners et des repas copieux, midi et soir, dans un menu plus familial. L'Auberge du Trésor, 21 chambres à la bohème, le rendez-vous romantique des amoureux et des artistes. Réservations : 694-1876

BISTANGO

1200, rue Germain des Prés. Ouvert tous les jours de 7 h à 10 h, de 11 h 30 à 15 h et de 17 h 30 à 23 h 30. Bistango le plaisir en trois dimensions : visuelle, l'harmonie des assiettes—auditive : jazzée en semaine, live le dimanche —gustative, cuisine sympathique faite avec application à partir de produits bien choisis. Cuisine raffinée et ambiance assurée. Tél. : 658-8780. Principales cartes de crédit.

AU PARMESAN

38, rue St-Louis dans le Vieux-Québec. Ouvert tous les jours de 11 h 30 à 23 h 30. Cuisine française et italienne. Le meilleur « Surf & Turf » en ville, veau, fruits de mer et pâtes maison. Chansonnier ou accordéoniste sept soirs sur sept. Stationnement gratuit avec valet. Tél. : 692-0341. Principales cartes de crédit.

C. Interview. Demandez à votre partenaire...

1. comment il/elle aime sa viande.
2. quelle cuisine régionale / ethnique il/elle préfère.
3. quel est le meilleur restaurant de la ville et pourquoi.
4. s'il/si elle préfère recevoir à la maison ou aller au restaurant avec ses amis.
5. quelle boisson il/elle préfère avant / avec / après son dîner.

D. Descriptions. En deux ou trois phrases, décrivez à votre partenaire...

1. le repas idéal.
2. un restaurant que vous aimez beaucoup.
3. une mauvaise expérience au restaurant.

E. Jeu de rôle. Vous n'êtes pas du tout content(e) du repas que vous avez commandé. Expliquez le(s) problème(s) au serveur (joué par votre partenaire). Essayez de résoudre la situation.

Les expressions de quantité

Dans l'**Interaction**, Laura constate qu'il y a moins de matières grasses dans une salade. Voici quelques expressions utiles pour parler des quantités.

most	La plupart des°	
the great majority of	La grande majorité des° }	Américains préfèrent la margarine.
some	Certains°	

too many		trop de°	
a lot of	Moi ? Je consomme {	beaucoup de° }	produits laitiers.
enough		assez de°	
few		peu de°	

Pour comparer les quantités

more		plus de°	
as much	La sauce béarnaise a {	autant de° }	matière grasse que la mayonnaise.
less		moins de°	

Pratique et conversation

A. Tendances. Le tableau ci-dessous analyse les tendances alimentaires des Français entre 1999 et 2005. Faites des phrases comparatives pour parler de la consommation des produits donnés. Voyez-vous des tendances générales ?

> **Modèle :**   En 2005, les Français mangent moins d'œufs qu'en 1999.

EN HAUSSE		EN BAISSE	
		Œufs	−5.9 %
Plats préparés surgelés	+4,3 %	Lait	−2.7 %
Plats préparés en conserve	+3,2 %	Huiles	−1.5 %
	+2,1 %	Légumes frais	+.5 %
Yaourts	+1 %	Volailles	−1.2 %
Pâtes alimentaires	+0,4 %	Beurre	−1.1 %
Fromages	+0,3 %	Bœuf et veau	−1 %
Pommes de terre	+0,2 %	Porc	−1 %
Charcuterie		Poissons	−0.2 %

STABLE
Fruits frais

B. Sondage. Votre professeur va vous poser des questions sur vos goûts et préférences culinaires. Il/Elle mettra les résultats au tableau. Ensuite, vous analyserez les préférences de la classe en utilisant les expressions de quantité telles que **beaucoup de**, **la plupart des** et **peu de**.

> **Modèle :** 25 étudiants sur 30 n'aiment pas les escargots.
> La plupart des étudiants n'aiment pas les escargots.

1. Est-ce que vous préférez le pain français ou le pain américain ?
2. À quelle heure est-ce que vous dînez ? entre 18 h 00 et 19 h 00 ? 19 h 00 et 20 h 00 ? 20 h 00 et 21 h 00 ?
3. Qu'est-ce que vous buvez avec votre dîner ?
4. Comment aimez-vous votre viande ? bien cuite ? à point ? saignante ?
5. Quelle cuisine ethnique est-ce que vous préférez ? mexicaine ? italienne ? chinoise ? nord-africaine ? vietnamienne ?

C. Recettes. Voici deux recettes antillaises. Comparez les quantités nécessaires pour les ingrédients indiqués.

> **Modèle :** Il faut plus de navets que de carottes.
>
> Combien d'étudiants dans le cours aiment chaque recette ?
> La plupart ? Très peu ?

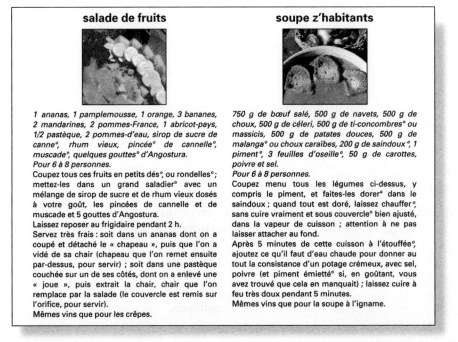

salade de fruits

1 ananas, 1 pamplemousse, 1 orange, 3 bananes, 2 mandarines, 2 pommes-France, 1 abricot-pays, 1/2 pastèque, 2 pommes-d'eau, sirop de sucre de canne°, rhum vieux, pincée° de cannelle°, muscade°, quelques gouttes° d'Angostura.
Pour 6 à 8 personnes.
Coupez tous ces fruits en petits dés°, ou rondelles°; mettez-les dans un grand saladier° avec un mélange de sirop de sucre et de rhum vieux dosés à votre goût, les pincées de cannelle et de muscade et 5 gouttes d'Angostura.
Laissez reposer au frigidaire pendant 2 h.
Servez très frais : soit dans un ananas dont on a coupé et détaché le « chapeau », puis que l'on a vidé de sa chair (chapeau que l'on remet ensuite par-dessus, pour servir) ; soit dans une pastèque couchée sur un de ses côtés, dont on a enlevé une « joue », puis extrait la chair, chair que l'on remplace par la salade (le couvercle est remis sur l'orifice, pour servir).
Mêmes vins que pour les crêpes.

soupe z'habitants

750 g de bœuf salé, 500 g de navets, 500 g de choux, 500 g de céleri, 500 g de ti-concombres° ou massicis, 500 g de patates douces, 500 g de malanga° ou choux caraïbes, 200 g de saindoux°, 1 piment°, 3 feuilles d'oseille°, 50 g de carottes, poivre et sel.
Pour 6 à 8 personnes.
Coupez menu tous les légumes ci-dessus, y compris le piment, et faites-les dorer° dans le saindoux ; quand tout est doré, laissez chauffer°, sans cuire vraiment et sous couvercle° bien ajusté, dans la vapeur de cuisson ; attention à ne pas laisser attacher au fond.
Après 5 minutes de cette cuisson à l'étouffée°, ajoutez ce qu'il faut d'eau chaude pour donner au tout la consistance d'un potage crémeux, avec sel, poivre (et piment émietté° si, en goûtant, vous avez trouvé que cela en manquait) ; laissez cuire à feu très doux pendant 5 minutes.
Mêmes vins que pour la soupe à l'igname.

sucre de canne *cane sugar* / **pincée** *pinch* / **cannelle** *cinnamon* / **muscade** *nutmeg* / **goutte** *drop* / **dés** *dice* / **rondelles** *slices* / **saladier** *salad bowl* / **ti-concombres (massicis) nom créole guadeloupéen; sorte de petit concombre** / **malanga (choux caraïbes) nom créole guadeloupéen; sorte de petit concombre d'une variété de racines, appelé « choux caraïbes » en Martinique** / **saindoux** *lard* / **piment** *red pepper* / **oseille** *sage* / **dorer** *to brown* / **chauffer** *to heat* / **couvercle** *lid* / **cuisson à l'étouffée** *steaming, braising* / **émietté** *crumbled*

Autrement dit

Pour décrire les personnes

Pendant leur repas au restaurant, Bill croit reconnaître l'ancien chef de Laura :

Tiens, ce n'est pas ton ancien chef, le grand homme mince aux cheveux gris là-bas ?

Voici d'autres expressions qui seront utiles pour les descriptions :

De quelle couleur sont vos cheveux ?

		blonds.
dark brown		bruns°.
		noirs.
light brown	Moi, j'ai les cheveux	châtain°. (*invariable*)
red		roux°.
		gris.
		blancs.

curly		frisés°.
	Ils sont	longs.
		courts.

Et vos yeux ?

		bleus.
		noirs.
brown	J'ai les yeux	marron°. (*invariable*)
hazel		noisette°. (*invariable*)
dark		foncés°.

	moustachu / aux (grandes) moustaches	
L'homme	barbu / à la barbe (blanche)	est français.
	aux cheveux gris	

Pour décrire le caractère

Vous, les Américains, on vous accuse d'être matérialistes.
extrovertis.
naïfs.
travailleurs.
efficaces.
hypocrites.
pratiques.

Et vous, les Français, on vous accuse d'être sentimentaux.
agressifs.
snob. (*invariable*)
arrogants.
froids.
intellectuels.
égoïstes.

Pratique et conversation

A. Mal assortis°. Pour chaque personne mentionnée, décrivez quelqu'un qui aurait des traits complètement opposés.

mismatched

1. un homme snob
2. un homme égoïste
3. une femme timide
4. une femme pratique
5. une femme travailleuse

B. La perfection. Décrivez

1. l'ami(e) idéal(e).
2. l'homme/la femme de vos rêves.
3. l'époux/épouse idéal(e).
4. le professeur idéal.

C. Encore des stéréotypes. À l'intérieur des pays, il y a aussi des stéréotypes régionaux. Quels sont les stéréotypes des régions suivantes aux États-Unis et en France ?

1. les sudistes aux États-Unis
2. les Californiens
3. les Parisiens
4. les méridionaux° en France
5. les New-Yorkais
6. les personnes de votre région d'origine.

residents of the south

Étude de vocabulaire

Le genre des substantifs

Parfois, la terminaison d'un mot indique son genre grammatical. Étudiez le tableau suivant.

si le mot se termine en...	il est...	exemples
-eau	masculin	le tableau[1]
-age	masculin	le potage[2]
-isme	masculin	le socialisme
-ment	masculin	le gouvernement
-tion/sion	féminin	une élection
-té	féminin	la liberté[3]
-ie	féminin	la monarchie
-ance/ence	féminin	la ressemblance

---

[1] Exceptions : l'eau, la peau (féminin)

[2] Exceptions : la page, l'image, la cage, la rage, la plage (féminin)

[3] Exception : l'été (masculin)

Pratique et conversation

Le genre. Donnez le genre des substantifs suivants.

<table>
<tr><td>1. croyance</td><td>6. égalité</td></tr>
<tr><td>2. oppression</td><td>7. racisme</td></tr>
<tr><td>3. technologie</td><td>8. expérience</td></tr>
<tr><td>4. suffrage</td><td>9. élément</td></tr>
<tr><td>5. château</td><td>10. démocratie</td></tr>
</table>

Grammaire

Grammaire de base

1.1   To form the plural of most nouns in French, add **-s** to the singular.

le restaurant → les restaurants   le client → les clients

1.2   Some nouns form their plurals in other ways.

- If a noun ends in an **-s**, **-x**, or **-z**, no change is made to form the plural.

  le cours → les cours   le gaz → les gaz

- If a noun ends in **-eu**, **-au**, or **-eau**, the plural is formed by adding an **-x**.

  l'eau → les eaux   le tuyau → les tuyaux

- Nouns ending in **-ail** or **-al** change to **-aux** in the plural.

  le travail → les travaux   l'animal → les animaux
  le journal → les journaux

- Note the following irregular plurals.

  un œil → des yeux
  monsieur, madame, mademoiselle → messieurs, mesdames,
                                       mesdemoiselles

2.1   Review the forms of the definite article.

	singulier	pluriel
masculin	le stylo	les stylos
	l'étudiant	les étudiants
féminin	la table	les tables
	l'étudiante	les étudiantes

3.1 Review the following quantifiers.

beaucoup de	*a lot of, many*
trop de	*too much of*
assez de	*enough of*
(un) peu de	*(a) little of*
(un) kilo de	*(one) kilo of*
(une) tranche de	*(a / one) slice of (meat, bread, cheese)*
(une) part de	*(a / one) slice, portion of (cake, tarte, pizza)*
(une) bouteille de	*(a / one) bottle of*
(une) boîte de	*(a / one) can / box of*
(un) verre de	*(a / one) glass of*
(une) tasse de	*(a / one) cup of*

4.1 Certain verbs that end in **-er** have two different but predictable stems in the present tense. The usual **-er** verb endings are added to these stems. Study the following tables.

préférer (*to prefer*)			
je	préfère	nous	préférons
tu	préfères	vous	préférez
il/elle/on	préfère	ils/elles	préfèrent

[Conjugated like **préférer** are **répéter** and **suggérer**.]

acheter (*to buy*)			
j'	achète	nous	achetons
tu	achètes	vous	achetez
il/elle/on	achète	ils/elles	achètent

payer (*to pay*)			
je	paie	nous	payons
tu	paies	vous	payez
il/elle/on	paie	ils/elles	paient

[Conjugated like **payer** are **balayer** and **essayer**.]

appeler (*to call*)			
j'	appelle	nous	appelons
tu	appelles	vous	appelez
il/elle/on	appelle	ils/elles	appellent

[Conjugated like **appeler** is **jeter**.]

4.2　Note the **nous** form of verbs that end in **-cer** and **-ger**.

manger :　　nous mangeons
partager :　　nous partageons
commencer :　nous commençons

5.1　Review the following two irregular verbs.

boire (*to drink*)			
je	bois	nous	buvons
tu	bois	vous	buvez
il/elle/on	boit	ils/elles	boivent

prendre (*to take, to eat [a meal], to drink*)			
je	prends	nous	prenons
tu	prends	vous	prenez
il/elle/on	prend	ils/elles	prennent

[Conjugated like **prendre** are **apprendre** and **comprendre**.]

Structure I

Pour parler des quantités indéfinies : L'emploi de l'article indéfini et du partitif
(Grammaire de base 3.1)

a. In both English and French, nouns can be broadly divided into two categories: those you can count using cardinal numbers, such as *dish* (*one dish*, *two dishes*, **une assiette, deux assiettes**), and those that cannot be counted in this way, such as *salt* and *meat*.

b. Nouns that cannot be counted with cardinal numbers are called noncount or mass nouns. Such nouns may be counted by means of counters: *a grain of salt*, **un grain de sel**; *a veal cutlet*, **une côtelette de veau**.

c. The categories of count and noncount nouns roughly correspond between the two languages: A count noun in English is usually a count noun in French, and vice versa.[4]

d. To express the notion of nonspecificity (*a, an, any, some*) before count nouns, French uses the indefinite articles. Before count nouns, the indefinite article emphasizes the nonspecificity (**une pomme**, *an apple*) or indefinite quantity (**des pommes**, *some apples*) of the noun.

---

[4] A notable exception is *grape*, which is a count noun in English but a noncount noun in French: **du raisin, une grappe de raisins**.

	masculin	féminin
singulier	un	une
pluriel	des	des

Je prendrai une salade.	*I'll have a salad.*
Vous avez des hotdogs ?	*Do you have (any, some) hot dogs?*
On a acheté des poires.	*We bought (some) pears.*

As the last two examples illustrate, the indefinite article is not always expressed in English.

e. To express the notion of indefinite quantity before noncount nouns, French uses the partitive articles.

	masculin	féminin
singulier	du, de l'	de la, de l'

J'achète toujours du bon beurre de Normandie.	*I always buy good butter from Normandy.*

Once again, the partitive article may be unexpressed in English.

f. The indefinite article and the partitive article become **de** in quantifiers.

Les sauces françaises contiennent souvent beaucoup de beurre.	*French sauces often contain a lot of butter.*

g. The indefinite article and the partitive article also become **de** after a negative expression.

Je ne mange pas de beurre.	*I don't eat butter.*

However, no such change takes place after the verb **être** in the negative.[5]

Ce n'est pas un repas américain !

h. Recall that the pronoun **en** must be used to replace objects preceded by expressions of quantity (the indefinite and partitive noun markers, comparative terms, a number, or a quantifier containing the preposition **de**). The complement can be a person or a thing. Note that in the last three examples below, the quantifier remains.

J'ai des amis.	→	J'en ai.
Il commande deux bières.	→	Il en commande deux.
Nous avons beaucoup d'argent.	→	Nous en avons beaucoup.
J'ai très peu de choucroute.	→	J'en ai très peu.

---

[5] Note that no changes take place after the expression **ne... que** : **Je n'ai que des fraises**. See page 49.

i. The following table summarizes the use of the indefinite and partitive articles.

INDEFINITE QUANTITIES			
With . . .	**Use . . .**	**Forms**	**Examples**
count nouns	indefinite noun marker	**un, une, des**	Je prendrai une salade.
noncount nouns	partitive noun marker	**du, de la, de l'**	Il y a du beurre dans la sauce.
quantifiers	**de**		Ah oui, beaucoup de beurre.
negative expressions (except after **être**)	**de**		Je ne mange pas de beurre. Ce n'est pas de la margarine.

Pratique et conversation

Un restaurant traditionnel à Québec

A. Quels ingrédients ? Faites précéder les ingrédients dans les plats suivants par la forme correcte de l'article.

> **Modèle :** le bœuf bourguignon (bœuf, vin, carottes, pommes de terre)
>
> **Vous :** Il y a du bœuf, du vin, des carottes et des pommes de terre.

1. une omelette (œufs, lait, jambon, fromage)
2. une mousse au chocolat (œufs, chocolat, crème chantilly)
3. un pain de campagne (levain° [*m.*], eau, farine, sel, beurre, œufs)   *yeast*
4. des artichauts froids à la vinaigrette (artichauts, vinaigre, huile d'olive, sucre, sel, poivre, ail)

B. Au régime. Selon vous, qu'est-ce que les personnes suivantes mangent ? Qu'est-ce qu'elles ne mangent pas ?

1. un athlète qui s'entraîne°   *is in training*
2. une femme enceinte
3. un adolescent
4. un homme de 80 ans
5. un végétarien

C. Mon plat préféré. Quels ingrédients sont nécessaires pour préparer votre plat préféré ? Identifiez-les et donnez-en la quantité approximative.

Structure II

Désigner et généraliser : L'emploi de l'article défini
(Grammaire de base 2.1)

a. The definite article is used to identify or designate a specific person or object. Compare this to the use of the indefinite article, which is used before a noun that has not yet been identified or specified. Read the following brief paragraph and study the uses of the definite and indefinite articles.

> J'ai vu un touriste à la terrasse d'un café. Un serveur est venu prendre sa commande [*indefinite article: the story opens with unidentified, nonspecific characters and locales*]. Le touriste [*definite article: the tourist has been mentioned previously*] a commandé un hotdog avec une bière [*indefinite article: nonspecific object*]. Le serveur lui a apporté la bière d'abord, et le hotdog après [*definite article: the waiter, hot dog, and beer have now also been identified in context*].

b. The definite article is also used when making generalizations. Study the following examples.

Les touristes sont souvent fatigués à la fin de la journée.	*Tourists are often tired at the end of the day.*
Les Français pensent que les digestifs aident la digestion.	*The French think that "digestifs" aid in digestion.*

c. In the same way, the definite article is used to express likes, dislikes, and preferences with such verbs as **aimer**, **adorer**, **préférer**, **détester**, and **plaire**.

J'adore la choucroute garnie.
Tu n'aimes pas le couscous ? C'est délicieux !

d. Note the use of the definite article in such expressions as **aller au restaurant / à l'église / au cinéma**.

Ce soir, on va au restaurant et après, au cinéma.

e. Note also the frequent use of the definite article with abstract nouns.

Il vaut mieux éviter la gourmandise.
La culture française accorde beaucoup d'importance à la bonne table.

f. The definite article is used before names of languages, except after the verb **parler** or the preposition **en**.

Au lycée, j'étudie le latin et l'anglais ; le latin est difficile, mais l'anglais est facile.
Notre professeur parle anglais, mais il nous parle en français.

Pratique et conversation

A. Une soirée inoubliable. Remplissez les blancs avec l'article défini, indéfini ou partitif. Justifiez votre choix.

Hier soir, je voulais aller _____ restaurant. D'abord, je suis allé « Chez Jenny », mais c'est fermé le lundi. Alors, j'ai essayé _____ nouveau restaurant du quartier, « Au signe du coq électrique ». Ce restaurant est connu pour sa cuisine originale. Quel mauvais repas et quelle mauvaise soirée ! D'abord, j'ai commandé _____ soupe aux carottes, mais le serveur m'a dit qu'il n'y en avait pas. J'ai demandé quelles soupes ils avaient, et il m'a répondu qu'ils n'avaient plus _____ soupes. Alors, j'ai commandé _____ pâté. Comme viande, je voulais _____ filet (*m.*) de bœuf, mais je ne savais pas quel vin commander. Le serveur m'a dit : « _____ vin rouge va très bien avec _____ bœuf. » Alors, j'ai commandé une bouteille _____ vin rouge. Il était imbuvable. Et le bœuf était dur comme une semelle. Comme dessert, j'ai pris _____ mousse au chocolat qui ressemblait à _____ eau salée. Et _____ service était mauvais ! J'étais furieux et j'ai dit au serveur : « Je vois que _____ efficacité et _____ rapidité n'ont pas beaucoup d'importance dans votre établissement. » Comme il n'a pas répondu, j'ai continué : « Vous ne comprenez pas _____ français ? Apportez-moi _____ addition ! »

B. Goûts et préférences. Interviewez votre partenaire sur son régime alimentaire. Ensuite, décrivez-le aux autres : est-ce un régime sain ? Y a-t-il trop de gras, de cholestérol, de sucre, de caféine ? Est-il/elle végétarien/ne ? Quels changements lui conseillez-vous ?

Demandez-lui

1. ce qu'il/elle aime prendre d'habitude au petit déjeuner / déjeuner / dîner.
2. s'il/si elle aime les fruits et les légumes ; lesquels° ?   *which ones*
3. combien de tasses de café / thé / autres boissons caféinées il/elle prend par jour.
4. s'il/si elle prend souvent un dessert.
5. s'il/si elle mange beaucoup de viande ; quelle sorte préfère-t-il/elle ?

C. Généralisations. Quelles généralisations est-ce qu'on emploie pour caractériser les Français ? et les Américains ? Formulez-en cinq et ensuite, dites si vous êtes d'accord ou pas d'accord.

Modèle : Les Français aiment la bonne cuisine.
Vous : Les Américains préfèrent le fast-food.

Étude de vocabulaire

La négation ne... que

The expression **ne... que** means *only*. In both simple and compound tenses, **ne** precedes the verb, whereas **que** precedes the expression that is being restricted.

Nous n'avons que des billets de cent euros.	*We have only 100 euro notes.*
Il ne veut acheter qu'une bouteille de vin.	*He wants to buy only a bottle of wine.*
Quand tu étais à Paris, tu n'as vu que la tour Eiffel ? C'est incroyable !	*When you were in Paris, you saw only the Eiffel Tower? That's incredible!*

Pratique et conversation

Répondez. Répondez aux questions suivantes en utilisant **ne... que**.

1. Avez-vous cinq cents dollars dans votre poche ?
2. Buvez-vous dix tasses de café pendant la journée ?
3. Prenez-vous trois salades au dîner ?
4. Y a-t-il six mois de vacances à l'université ?
5. Suivez-vous trois cours de français ?

Notions de culture

Questions

1. Qu'est-ce qu'on voit sur les photos de la brochure « *The French Experience* » ?
2. Imaginez un voyage en France. Qu'est-ce que vous voulez faire et voir ?
3. Qu'est-ce qu'on voit sur les photos de la brochure Camino ?
4. Imaginez un voyage aux États-Unis pour des touristes français. Qu'est-ce qu'ils doivent voir et faire ?

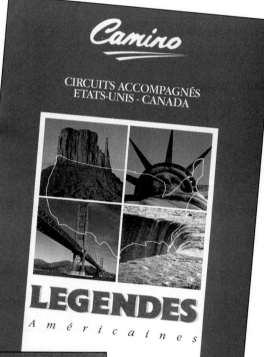

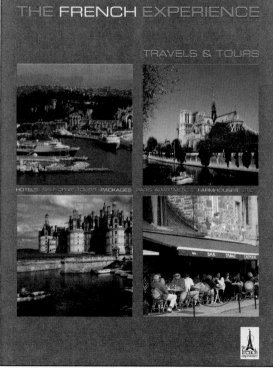

Discussion

1. Pourquoi la France intéresse-t-elle les touristes américains ?
2. Comment sont les États-Unis pour les Français ? Donnez quelques adjectifs.
3. Pour un premier voyage aux États-Unis, la plupart des Français n'ont pas envie de visiter des bâtiments historiques ou les villages pittoresques de la Nouvelle-Angleterre. Pourquoi ?
4. Quelles sont les « légendes » mentionnées dans la publicité ? Comment les Français connaissent-ils les USA et ces légendes, à votre avis ?

À la loupe

Le pain joue un rôle primordial dans les repas français. Au cours des siècles, il est devenu un symbole culturel important. Analysez le document ci-dessous : quelles qualités caractérisent le bon pain ?

LE PAIN DE TRADITION FRANÇAISE

C'est tout simplement l'excellence...

Halte aux additifs et à la surgelation !
Selon la réglementation de 1993
– ce pain ne doit renfermer aucun additif,
– ne doit subir aucune opération de surgélation.

Vive la qualité !
La conservation de ce pain ou baguette est bonne.
Les arômes obtenus par une lente fermentation en font un produit de grande qualité.

Nous, on a une réputation à tenir !
On peut dire qu'avec ce type de pain, la France a gagné sa réputation à l'étranger.

DES PAINS BIZARRES

Tu sais en France,
il y a beaucoup de pains différents.
Bien sûr, tout le monde
connaît la baguette.

le célèbre pain fabriqué avec :
de la farine de blé ;
de l'eau ;
du sel ;
et de la levure.
Mais ceux-là, les connaissez-vous ?

La couronne
Sa région d'origine : Bordeaux

Le bretzel
Sa région d'origine : l'Alsace

La fougasse
Sa région d'origine : la Provence

Le fer à cheval
Sa région d'origine : le Doubs

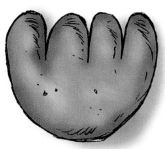

La main
Sa région d'origine : Nice

Le porte-manteau
Sa région d'origine : le Tarn

Le pain varie selon les régions, comme le document ci-dessus l'explique :
1. Est-ce qu'il y a un pain qui est plus ou moins universel dans votre pays, comme la baguette en France ? Décrivez ce pain : ses ingrédients ; sa texture ; son prix.
2. Existe-t-il des pains régionaux dans votre pays ?
3. Quelle est l'importance du pain dans votre vie ? Est-ce qu'il y a d'autres aliments qui sont significatifs dans votre culture ?

Grammaire

Grammaire de base

6.1 Adjectives change form depending on the gender and number of the persons or things being described.

6.2 Adjectives can be classified according to the sound and spelling of the masculine and the feminine singular forms.

Group I: Masculine and feminine sound alike and are spelled alike.

masculin	féminin
sympathique	sympathique

Similar to **sympathique** are: **sociable, mince, agréable, aimable, responsable, difficile, facile, timide, jeune, riche**.

Group II: Masculine and feminine sound alike but have different spellings. The feminine is formed by adding an **-e** to the masculine.

masculin	féminin
joli	jolie

Similar to **joli** are: **poli, impoli, fatigué**.

Group III: Masculine and feminine sound different and have different spellings. The feminine is formed by adding an **-e** to the masculine, sometimes involving a change of the final consonant. The final consonant is pronounced only in the feminine.

masculin	féminin
grand	grande
heureux	heureuse

Similar to **grand** are: **blond, laid, court, content, charmant, froid, patient, intéressant, intelligent**.
Similar to **grand** but with changes are:

gros   grosse   gentil   gentille   long   longue

Similar to **heureux** are: **curieux, mystérieux, généreux, paresseux**.

6.3   To form the plural of adjectives, add an **-s** to the singular, except where the singular already ends in an **-s** or **-x**. The plural **-s** is pronounced only in **liaison**.

groupe	masculin singulier	féminin singulier	masculin pluriel	féminin pluriel
I	sympathique	sympathique	sympathiques	sympathiques
II	poli	polie	polis	polies
	grand	grande	grands	grandes
III	gros	grosse	gros	grosses
	heureux	heureuse	heureux	heureuses

6.4   The adjectives **beau** and **bon** are unlike the preceding adjectives. (See also *Structure IV*.) When **beau** precedes a masculine singular noun beginning with a vowel or a mute **h**, use the form **bel**.

	singulier	pluriel
masculin	beau, bel	beaux
féminin	belle	belles
masculin	bon	bons
féminin	bonne	bonnes

6.5   The question **Comment est... ?/Comment sont... ?** asks for a description.

Comment est ta meilleure amie ?
Elle est patiente, intelligente, généreuse...

6.6   Most adjectives follow the noun they describe. Exceptions are discussed later in the chapter.

6.7   To compare adjectives, use the following expressions:

Ce restaurant est **plus** cher que « Chez Jenny ».
La soupe aux carottes est **aussi** saleé que la soupe aux lentilles.
Cette mousse au chocolat est **moins** sucrée que cette tarte aux fraises.

Note the irregular comparative of **bon**.

Ce restaurant est **meilleur** que « Chez Jenny ».[6]
La soupe aux lentilles est **meilleure** que la soupe aux carottes.

6.8   To indicate the superlative, add the definite noun marker to the comparative. Note that in the second and third examples below, the definite article appears twice, once to indicate the specific restaurant or customers, and the second time to introduce the superlative. Note too that the group or context you are using as your framework for comparison is introduced by the preposition **de**.

Cette caféteria est la moins chère de tous les restaurants.	*This cafeteria is the least expensive among all the restaurants.*
C'est le restaurant le plus cher de la ville.	*This is the most expensive restaurant in the city.*
Ce sont les clients les plus exigeants de la saison.	*These are the most demanding customers of the season.*

---

[6] After **que**, use emphatic pronouns in comparisons: **je → moi; tu → toi; il → lui; ils → eux.** For example: **Tu es plus travailleur que lui.**

Structure *III*

Pour décrire : La forme des adjectifs
(Grammaire de base 6.1–6.8)

a. In French, most adjectives change in spelling and pronunciation according to the number and gender of the noun they modify. Refer to the **Grammaire de base** to review the formation of adjectives.

b. Here are some other classes of adjectives.

masculin singulier	féminin singulier	masculin pluriel	féminin pluriel	d'autres exemples
premier	première	premiers	premières	dernier
actif	active	actifs	actives	naïf, sportif
intérieur	intérieure	intérieurs	intérieures	supérieur, extérieur, inférieur
public	publique	publics	publiques	turc
blanc	blanche	blancs	blanches	franc
menteur	menteuse	menteurs	menteuses	
conservateur	conservatrice	conservateurs	conservatrices	
fou	folle	fous	folles	
frais	fraîche	frais	fraîches	
long	longue	longs	longues	
faux	fausse	faux	fausses	
doux	douce	doux	douces	
inquiet	inquiète	inquiets	inquiètes	

c. Note that **premier** and **dernier** generally precede the noun they modify.[7]

As-tu vu le dernier film d'Almodóvar ?
Son premier film ne vaut pas la peine d'être vu.

d. A few adjectives are invariable: They have only one form for masculine and feminine, singular and plural. These include **chic**, **snob**, and **bon marché**.

Ces vêtements sont vraiment bon marché !
Je n'aime pas cette femme : elle est très snob.

e. Color adjectives that are derived from names of fruits and gems are invariable. The most common of these are **châtain**, **noisette**, **orange**, **marron**, and **émeraude**.

La femme aux yeux marron porte des chaussures orange.

f. When color adjectives are modified by **clair°** or **foncé°**, they become invariable.   *light / dark*

Il porte une cravate bleu foncé.

---

[7] See page 57 for a full explanation of their placement.

Pratique et conversation

A. Le courrier du cœur. Complétez les paragraphes suivants en mettant la forme correcte de l'adjectif entre parenthèses.

Chère Mimi,

J'ai un grand problème. Toutes les filles de mon âge sont très _____ (snob) et se moquent de moi parce que je ne suis pas très _____ (beau) ni très _____ (chic). Elles disent aussi que je suis _____ (naïf). Qu'est-ce que je pourrais faire pour devenir plus _____ (attirant) et _____ (élégant) ?

Claudie, 13 ans

Chère Claudie,

N'écoute pas tes _____ (petit) copines _____ (méchant). Cultive tes qualités _____ (intérieur) et ta beauté _____ (extérieur) suivra.

B. Conseiller/ère de mode. En mettant l'adjectif à la forme correcte, dites si les couleurs et les motifs vont bien ensemble.

> **Modèle :** un pantalon (gris) / une veste (bleu marine)
>
> **Vous :** Un pantalon gris irait très bien avec une veste bleu marine.

1. des chaussettes (orange) / des chaussures (rouge foncé)
2. une cravate (vert) / une chemise (blanc)
3. une jupe (noir) / une blouse (rose)
4. une veste (bleu clair) / une chemise (violet)

C. Interview. Demandez à votre partenaire...

1. s'il/si elle est créateur/créatrice. Demandez-lui de vous donner des exemples !
2. s'il/si elle était inquiet/inquiète quand il/elle a commencé ses études.
3. s'il/si elle est sportif/sportive.
4. qui est plus franc, lui/elle ou son/sa camarade de chambre.
5. s'il/si elle a beaucoup d'amis snob.

D. Jeu de rôle. Vous voulez vous marier et vous avez essayé tous les moyens. Finalement, vous allez à l'agence matrimoniale « Mariage-Éclair ». L'employé(e), joué(e) par votre partenaire, vous pose des questions sur votre personnalité, vos préférences chez un homme/une femme, etc. Jouez la scène.

E. Difficultés. Vous vous disputez constamment avec votre mari/femme : questions de goûts, personnalités, habitudes... Finalement, vous décidez d'aller chez un(e) conseiller/ère matrimonial(e). Expliquez-lui le(s) problème(s) et il/elle vous conseillera.

Structure IV

Pour décrire : La forme et la position des adjectifs
(Grammaire de base 6.1–6.8)

a. In French, most adjectives follow the noun they modify.

   Un businessman américain est assis dans un café parisien.
   Il porte un costume élégant. Il commande un thé nature.

b. A small group of adjectives precedes the noun. These adjectives include:

petit	grand
jeune	vieux
bon	mauvais
nouveau	joli
autre	beau

   Comment va-t-on éduquer les petits enfants ?
   Je viens d'acheter un nouveau guide touristique.
   Les Américains ont la réputation d'être de grands enfants.

c. **Nouveau, beau,** and **vieux** have special forms that are used only before a masculine singular noun that begins with a vowel or vowel sound.

   Son nouvel appartement n'est pas très grand.
   Ce vieil artiste ne travaille plus.
   C'est un bel homme.

d. With adjectives that precede the noun, the superlative construction will also appear before the noun:

   C'est le plus vieux restaurant de la ville.
   C'est le meilleur vin de l'année.

e. Some adjectives can precede or follow the noun. Their meaning is different depending on their position.

	preceding	**following**
ancien	un ancien collègue	un bâtiment ancien
	a former colleague	*an old building*
cher	cher ami	un restaurant cher
	dear friend	*an expensive restaurant*
dernier	le dernier train	l'année dernière
	the last train (in a series)	*last year (preceding)*
même	la même chose	la chose même
	the same thing	*the very thing*
pauvre	le pauvre enfant	la femme pauvre
	the unfortunate (poor) child	*the poor (≠ rich) woman*
prochain	le prochain avion	l'année prochaine
	the next plane (in a series)	*next year (following)*
propre	ma propre voiture	ma voiture propre
	my own car	*my clean car*
seul	la seule chose	l'homme seul
	the only thing	*the lonely man*

Pratique et conversation

A. Une publicité. Voici une publicité pour un nouveau produit. Mettez l'adjectif entre parenthèses devant ou après le substantif, selon le sens de la phrase.

_____ amis _____ (cher) ! Le _____ insecticide _____ (nouveau) « Débarra-Cafard », c'est le _____ produit _____ (seul) anti-cafard (*cockroach*) destiné aux _____ bâtiments _____ (ancien) où les cafards sont difficiles à tuer. Vous pouvez passer toute la journée à nettoyer et vous ne vous débarrasserez pas de ces _____ bêtes _____ (petit). Même les _____ appartements _____ (le plus propre) peuvent en être infestés. Les _____ insecticides _____ (autre) sont lents à agir. « Débarra-Cafard » tue en un clin d'œil ! La _____ famille _____ (pauvre) qui n'aura pas découvert « Débarra-Cafard » ! Madame, la _____ fois _____ (prochain) que vous allez au magasin, demandez « Débarra-Cafard » !

B. Comment sont... ? Comment sont les objets suivants ? Employez les adjectifs présentés dans cette leçon pour les décrire.

> **Modèle :** un restaurant où un repas coûte $200
>
> **Vous :** C'est un restaurant cher.

century
1. un monument qui date du XIIème siècle°
2. un professeur qui n'a pas beaucoup d'argent

that belongs to you
3. un ordinateur qui vous appartient°
4. une amie que vous aimez beaucoup

boss
5. une femme qui était votre patronne° dans le passé, mais qui ne l'est plus
6. un verre que vous venez de laver

C. Interview. Demandez à votre partenaire...

1. s'il/si elle préfère les bâtiments anciens ou modernes.
2. s'il/si elle reste en contact avec ses anciens amis de lycée.
3. s'il/si elle s'est fait de nouveaux amis récemment.
4. s'il/si elle va voyager l'été prochain.
5. s'il/si elle a sa propre voiture.

D. La dernière fois... et la prochaine. Racontez la dernière fois que vous avez fait les activités suivantes. Et quelle sera la prochaine fois ?

> **Modèle :** La dernière fois que j'ai fait la lessive était jeudi dernier. La prochaine fois sera jeudi prochain.

1. aller au cinéma
2. aller au restaurant
3. visiter New York / Paris / ? ? ?
4. faire de la gymnastique
5. danser

Lecture

Le texte que vous allez lire est composé d'extraits d'un guide touristique écrit pour les Français qui veulent visiter les États-Unis. Les passages choisis identifient certains plats et boissons trouvés aux États-Unis ; les auteurs conservent quelques expressions américaines dans le texte.

Avant de lire

A. Prédictions. Avant de lire le texte, essayez d'imaginer son contenu en répondant aux questions suivantes.

1. En général, quelles sortes de conseils est-ce que les guides touristiques donnent ?
2. Nommez deux contrastes entre le petit déjeuner français et le petit déjeuner américain.
3. Qu'est-ce que les Français aiment boire ? Quand ? Quelles différences existent entre la boisson en France et la boisson aux États-Unis ? Est-ce que la consommation de boissons alcoolisées est contrôlée en France ?
4. Pensez-vous que le ton de ce texte sera critique, neutre ou favorable ? Pourquoi ?

B. Les mots apparentés. Employez vos connaissances des mots apparentés en italique pour répondre aux questions.

1. « Vous serez frappé à New York par le nombre de gens cachant leur cannette° de bière dans des *sachets* en papier. » Dans quoi met-on une cannette de bière pour la cacher ?   *can*
2. « ... on peut *s'attaquer* à un T-bone... » Quel verbe anglais est-ce que vous voyez dans le verbe *s'attaquer* ? A-t-il un sens littéral ou figuré dans le texte ?
3. « Si vous achetez du pop-corn, *précisez* si vous le voulez avec du sucre... » À quel mot anglais est-ce que ce verbe français vous fait penser ? Quel verbe anglais pouvez-vous employer pour en donner le sens ?

C. Le contexte. Regardez le contexte pour déterminer le sens des mots en italique.

1. « ... pour éviter que le *jaune* de votre œuf ne soit trop cuit, demandez-le easy over [sic] (légèrement)... »
2. « On peut aussi demander du pop-corn avec du beurre *fondu*. »
3. Les petits *restes* : « demandez un sachet plastique pour emporter le reste de vos plats. » (N.B. : **Reste** est un nom dérivé du verbe **rester**.)

D. Les suffixes et les préfixes. Le préfixe **dé-** (**dés-** ou **des-** devant une voyelle) transforme souvent un verbe en son contraire.

faire : *to do*	défaire : *to undo*
servir : *to serve*	desservir : *to clear (the table)*

Que veulent dire les mots suivants ?

1. [bouteilles] décapsulées (capsulés = *capped off, closed*)
2. déconseillé (conseillé = *advised*)
3. déconcerté (concerté = *well-planned, certain, clear*)

Le préfixe **re-** (**ré-**, **r-**) peut signifier « encore une fois ».

chauffer : *to heat*	réchauffer : *to reheat*
lire : *to read*	relire : *to reread, proofread*

Que veut dire le verbe **renouveler** ?

Le Guide du Routard : États-Unis

LA NOURRITURE

Si vous commandez un œuf, la serveuse vous demandera comment vous le désirez. **Brouillé** ou **sur le plat**. Sur le plat, il peut être **ordinaire** ou retourné et **cuit des deux côtés** comme une crêpe. Dans ce cas, pour **éviter** que le jaune ne **soit** trop cuit, demandez-le *easy over* (légèrement). On peut aussi y **ajouter** du jambon, du bacon, des saucisses, beaucoup de ketchup, quelques *buttered toasts*, des *French fries* [sic] (frites françaises !).

brouillé *scrambled* / **sur le plat** *sunny-side up* / **ordinaire** *common, ordinary* / **cuit des deux côtés** *cooked on both sides* / **éviter** *to avoid* / **soit** *will be* / **ajouter** *to add*

La viande de bœuf est **de premier ordre**. Comme les animaux sont de plus petite **taille** que **les nivernais** ou **les charolais**, on peut s'attaquer à un *T-bone*, c'est-à-dire la double **entrecôte** avec **l'os** en « T ». Quand on **souhaite** un steak « bien cuit », on le demande *well-done*. Par contre *medium* signifie normal, et saignant se dit *rare*. Enfin, ça c'est la traduction littérale car, en fait, les Américains **cuisent** beaucoup plus la viande que les Français : souvent *well-done* signifie carbonisé et *rare* très cuit. Si vous aimez la viande saignante, insistez **lourdement** sur *rare*, ou mieux encore, demandez l'animal vivant [...]. On trouve du pain qui a la consistance du *marshmallow*, mais on peut acheter du **pain d'orge, complet ou de seigle** [...]. Choisir son pain quand on vous propose un sandwich est du domaine du possible. Les *submarines* sont des sandwiches un peu plus élaborés que les autres [...]. Si vous achetez du *popcorn*, précisez si vous le voulez avec du sucre, sinon ils vous le serviront salé. On peut aussi le demander avec du beurre fondu. Enfin, dernière spécialité américaine : le *peanut butter* ; beurre de cacahuètes. Le **Nutella** des petits Américains, des grands aussi [...].

Les Petits Restes

Si dans un restaurant vos yeux ont vu plus grand que votre estomac, **n'ayez pas de scrupule** à demander un sachet plastique pour **emporter** le reste de vos plats. **Jadis** on disait **pudiquement** « c'est pour mon chien », et il était alors question de *doggy-bag*. Aujourd'hui n'hésitez pas à demander : « *Would you wrap this up for me ?* » [...].

La Boisson

D'abord, il est strictement **interdit** de boire de l'alcool (de la bière en particulier) dans la rue. Vous serez frappé à New York par le nombre de gens cachant leur cannette de bière dans des sachets en papier. Il est fortement déconseillé d'avoir des bouteilles décapsulées en voiture en cas de contrôle par **les flics**. Dans les bars, on ne vous servira pas d'alcool si vous n'êtes pas **majeur**. Le *drinking age* est 21 ans. Mais il suffit que vous ne compreniez pas très bien lorsqu'on vous demande votre âge et on vous servira normalement. Certains bistrots **exigeront** votre carte d'identité [...]. Si vous voulez faire une expérience intéressante, goûtez de la *rootbeer*, vous verrez qu'il y a moyen de faire pas mal de choses avec un goût de chewing-gum. Oui, c'est une expérience culturelle à ne pas manquer, à condition de ne pas la renouveler souvent. Ce sinistre breuvage est adoré des *kids* américains. **Exercez-vous** longtemps pour prononcer le mot (dire bien « rout bir »), sinon le visage profondément déconcerté de la serveuse vous fera **reporter votre choix sur** un coke banal [...] bon, si vous voulez prendre un **Coca**, demandez-le sans glace. En effet, il est servi **à la pression** : il sera tout aussi frais et il y en aura plus.

---

de premier ordre *of the highest quality* / **taille** *size* / **les nivernais, les charolais** *types of cattle typical of Europe* / **entrecôte** *meat chop* / **l'os** *the bone* / **souhaite** *wish* / **cuisent** *cook* / **lourdement** *heavily* / **pain d'orge, complet ou de seigle** *barley, whole wheat, or rye bread* / **Nutella** *a hazelnut and chocolate spread popular with European children* / **n'ayez pas de scrupule** *don't be embarrassed* / **emporter** *to take out* / **Jadis** *Formerly* / **pudiquement** *discreetly* / **interdit** *forbidden* / **les flics** *the police (informal)* / **majeur** *of legal age* / **exigeront** *will demand* / **Exercez-vous** *Practice* / **reporter votre choix sur** *change your selection to* / **Coca** *Coke* / **à la pression** *on tap, from a fountain*

Après la lecture

A. Le bilan. Faites un résumé du texte en remplissant la grille suivante.

	description	différence France / États-Unis	opinion du Guide	l'opinion du Guide est juste	l'opinion du Guide n'est pas juste	recomman-dations du Guide
Les œufs						
La viande						
Le pain						
Les sandwiches						
Le pop-corn						
Le beurre de cacahuètes						
Les boissons alcoolisées						
La rootbeer						
Le coca						

B. Synthèse. Remplissez les tirets par la forme correcte de l'article approprié ou par le vocabulaire tiré de la partie « Pour parler des repas » dans *Autrement dit* (page 35).

_____ cuisine américaine est variée. _____ viande est de premier ordre, mais elle est toujours *well done* car _____ Américains préfèrent _____ viande _____ et non pas _____ comme _____ Français.

Si vous aimez _____ viande saignante, insistez lourdement sur *rare*, ou mieux encore, demandez _____ animal vivant.

Si vous commandez _____ œuf, la serveuse vous demandera comment vous le désirez. Sur le plat, il peut être retourné et cuit des deux côtés comme _____ crêpe. On peut ajouter _____ jambon, _____ bacon, _____ saucisses, beaucoup _____ ketchup, et / ou _____ frites.

On trouve _____ pain qui a la consistance du *marshmallow* mais on peut acheter _____ pain d'orge, complet ou de seigle.

Si vous achetez _____ pop-corn, précisez si vous le voulez avec _____

sucre, sinon ils vous le serviront _____ . On peut aussi le demander

avec _____ beurre fondu.

Attention ! Il est strictement interdit de boire _____ alcool (_____

bière en particulier) dans _____ rue. Dans _____ bars, on ne vous servira

pas _____ alcool si vous n'êtes pas majeur.

C. Lecture critique. Donnez votre opinion en répondant aux questions
suivantes.

1. Qu'est-ce qu'il y a de suprenant dans le texte ?
2. Quelles observations du texte sont justes à votre avis ? Est-ce qu'il y a des erreurs ?
3. Breuvage : En France, ce terme peut désigner une boisson d'une composition spéciale ou ayant une vertu particulière. Pourquoi est-ce qu'on emploie « breuvage » et non pas « boisson » pour décrire la rootbeer ?

D. Analyse. En petits groupes, trouvez trois différences culturelles implicites
dans le texte entre les Français et les Américains. Ensuite, présentez votre liste à la
classe et discutez des différences que vous avez trouvées.

Compréhension auditive

Qu'est-ce que l'Amérique représente pour les Français ? Dans les interviews
suivantes, on a demandé à deux Français d'exprimer leurs opinions sur les
États-Unis.

Consulter le site Web **www.wiley.com/college/siskin** puis sélectionner Book
Companion Site pour écouter le texte sonore.

Faites la **Compréhension auditive** pour **le Chapitre 2** dans votre cahier
d'exercices.

Vocabulaire

Pour parler des repas

ail (*m.*)	*garlic*
alcool (*m.*)	*alcohol; spirits*
apéritif (*m.*)	*before-dinner drink*
beurre (*m.*)	*butter*
bière *(brune/blonde)* (*f.*)	*beer (dark/light)*
bœuf (*m.*)	*beef*
boisson (*f.*)	*drink*
café (*m.*)	*coffee*
carotte (*f.*)	*carrot*
champignon (*m.*)	*mushroom*
choucroute (*f.*)	*sauerkraut*
courgettes (*f.*)	*zucchini*
couscous (*m.*)	*a North African dish*
crabe (*m.*)	*crab*
crème (*f.*)	*cream*
eau minérale (*f.*)	*mineral water*
gourmandise (*f.*)	*over indulgence*
jambon (*m.*)	*ham*
kir (*m.*)	*white wine with cassis liquor*
liqueur (*f.*)	*liqueur*
martini (*m.*)	*vermouth*
merguez (*f.*)	*a spicy sausage*
navet (*m.*)	*turnip*
œuf (*m.*)	*egg*
oignon (*m.*)	*onion*
pâte (*f.*)	*crust; pastry; dough; pasta*
piment (*m.*)	*hot pepper*
poivre (*m.*)	*pepper*
pomme (*f.*)	*apple*
porc (*m.*)	*pork*
repas (*m.*)	*meal*
riz (*m.*)	*rice*
saucisse (*f.*)	*sausage*
sel (*m.*)	*salt*
semoule (*f.*)	*semolina*
soupe (*f.*)	*soup*
thé (*m.*)	*tea*
tisane (*f.*)	*herbal tea*
tomate (*f.*)	*tomato*
veau (*m.*)	*veal*
viande (*f.*)	*meat*
vin (*m.*)	*wine*

Adjectifs

à point	*medium (meat)*
assaisonné	*seasoned*
bien cuite	*well done (meat)*
brûlé	*burned*
carbonisé	*charred; burned to a cinder*
dur (comme de la semelle)	*hard; tough (like shoe leather)*
frais (fraîche)	*fresh*
léger (légère)	*light*
moelleux	*smooth; mellow*
raffiné	*refined*
saignant(e)	*rare (meat)*
salé	*salted*
sec (sèche)	*dry*
tiède	*lukewarm*

Les expressions de quantité

assez de	*enough*
beaucoup de	*a lot; many*
certains	*some*
grande majorité des (la)	*the great majority of*
peu de / un peu de	*few/a little, a few*
plupart des (la)	*most*
trop de	*too many*

Pour comparer

aussi … que	*as … as*
autant de	*as much/as many*
meilleur	*better*
moins … que	*less … than*
moins de	*less*
plus … que	*more … than*
plus de	*more*

Pour décrire les personnes

barbe (*f.*)	*beard*
cheveux (*m.*)	*hair*
couleur (*f.*)	*color;*
(de quelle couleur est / sont ?)	*what color is/are … ?*
œil ; *pl.* yeux (*m.*)	*eye*
bleu	*blue*
blond	*blond*
brun	*brown; dark-haired*
châtain	*brown*
clair	*light*
Comment est… ? /	*What is … like?*
Comment sont… ?	*What are … like?*
foncé	*dark*
gris	*gray*
marron	*brown (eyes)*
moustachu	*moustached*
noir	*black*

noisette	*hazel (eyes)*
roux (rousse)	*red-headed*

Pour décrire le caractère

agressif (agressive)	*aggressive*
arrogant	*arrogant*
conservateur (conservatrice)	*conservative*
efficace	*efficient*
égoïste	*selfish*
extraverti	*extroverted*
froid	*cold*
hypocrite	*hypocritical*
intellectuel (intellectuelle)	*intellectual*
introverti	*introverted*
matérialiste	*materialist*
menteur (menteuse)	*lying; liar*
pratique	*pratical*
sentimental	*sentimental*
snob	*snob*
travailleur (travailleuse)	*hard-working*

Les adjectifs

actif (active)	*active*
ancien (ancienne)	*former; old*
blanc (blanche)	*white*
bon marché	*cheap*
cher (chère)	*dear; expensive*
dernier (dernière)	*last; preceding*
doux (douce)	*sweet; soft*
extérieur	*exterior*
faux (fausse)	*false*
fou (folle)	*crazy*
inquiet (inquiète)	*worried*
intérieur	*interior*
long (longue)	*long*
même	*same; very*
naïf (naïve)	*naive*
pauvre	*unfortunate; poor*
premier (première)	*first*
prochain	*next; following*
propre	*own; clean*
public (publique)	*public*
seul	*only; lonely*
sportif (sportive)	*athletic*
supérieur	*superior*

Autres expressions

avoir mal au cœur	
avoir une crise de foie	*to have an upset stomach; indigestion*
ne... que	

Articles

L'ARTICLE INDÉFINI
un, une, des	*a, an, some (may not be translated)*

L'ARTICLE DÉFINI
le, la, les	*the (may not be translated)*

L'ARTICLE PARTITIF
du, de la, de l'	*some, any (may not be translated)*

Expressions de quantité

(un) kilo de	*(one) kilo of*
(un) peu de	*(a) little of*
(un) verre de	*(a/one) glass of*
(une) boîte de	*(a/one) can / box of*
(une) bouteille de	*(a/one) bottle of*
(une) part de	*(a/one) slice, portion of (cake, tarte, pizza)*
(une) tasse de	*(a/one) cup of*
(une) tranche de	*(a/one) slice of (meat, bread, cheese)*
assez de	*enough of*
beaucoup de	*a lot of, many*
trop de	*too much of*

Verbes

acheter	*to buy*
appeler	*to call*
apprendre	*to learn*
balayer	*to sweep*
boire	*to drink*
comprendre	*to understand*
essayer	*to try*
jeter	*to throw*
payer	*to pay*
préférer	*to prefer*
prendre	*to take, to eat [a meal], to drink*
renvoyer	*to send back*
répéter	*to repeat*
suggérer	*to suggest*

CHAPITRE 3

Accès à la formation de l'esprit
L'enseignement

Objectifs

Communication

Talk about studies and university life

Practice additional ways of asking questions

Create cohesion at the sentence level

Express impatience and exasperation

Narrate events in past time

Comparisons

Compare French and North American university systems

Cultures

Examine the concept of *laïcité* and its consequences for public education in France

Connections

Discuss educational practice in Martinique during the colonial period

Communities

Explore the role of education and cultural identity within society

Un lycée célèbre, au Quartier Latin à Paris

Mise en train

Voici le bulletin de notes de Stéphanie, une jeune fille française de 15 ans.

LYCÉE DESCARTES	Échelle des notes de 0 à 20		Mésil	Classe		PENS.
	Note de l'élève	Moyenne de la classe	Stéphanie	630	☑	1/2 PENS.
	Note la plus haute	Note la plus basse		SÉRIE S	☐	EXT.
					☐	REDOUBLANT

1er TRIMESTRE
DISCIPLINES
Noms des professeurs

APPRÉCIATIONS DES PROFESSEURS
Connaissance de base – Application – Initiative – Expression orale

DISCIPLINES	Note la plus haute	Note la plus basse	APPRÉCIATIONS
MATHÉMATIQUES Mme Deschamps	16 / 16,5	10,8 / 4,5	Bon trimestre à l'écrit comme à l'oral.
SCIENCES PHYSIQUES M. Longet	17,5 / 17,5	11,8 / 11,8	Très bonne élève avec une bonne attitude en classe.
SCIENCES NATURELLES M. Bodin	17,1 / 17,1	12 / 8	Appliquée. Travail sérieux. Très bien. Continuez.
HISTOIRE-GÉOGRAPHIE M. ___	13,3 / 16,6	12,4 / 9	L'ensemble est satisfaisant.
INITIATION ÉCONOMIQUE M. ___			
FRANÇAIS-PHILOSOPHIE M. Calvin	12,5 / 14	11,1 / 8,5	Résultats convenables. J'attends mieux cependant.
LANGUE I-Angl.-All.-Esp M. Luisetto	13,5 / 16	11 / 7	Bonne élève qui participe activement à l'oral.
LANGUE II-Angl.-All.-Esp M. Corsetti	12,5 / 15,5	11,8 / 7,5	Élève sérieuse. Résultats satisfaisants.
ÉDUCATION PHYSIQUE M. Dupont	16	12,5	Bons résultats. Continuez.
LANGUE III-All.-Esp.-Latin-Grec M. ___			
ARTS PLASTIQUES M. ___			
OPTION M. ___			

Prendre rendez-vous avec les professeurs en cas de difficultés scolaires.

SYNTHÈSE DU CONSEIL DE CLASSE

Résultats tout à fait satisfaisants. Poursuivez vos efforts, en particulier en français.

A mérité pour ce trimestre
Les félicitations .... ☑
Les encouragements .... ☐
A encouru un avertissement .... ☐
(travail insuffisant - discipline) ....

Ce bulletin doit être conservé par les familles. Il ne sera établi ni copie ni photocopie par l'établissement.

Les notes peuvent aller de « 0 » à « 20 ». Mais on dit quelquefois que « 20 est pour le Bon Dieu et 19 pour ses anges ». Une note de « 10 » est passable.

- Stéphanie a-t-elle de bons résultats ?
- Dans quelles matières Stéphanie a-t-elle la meilleure note de la classe ?
- Regardez les « moyennes de la classe ». Y a-t-il des matières où la note de Stéphanie est plus basse que la moyenne de la classe ?
- Lisez les commentaires des professeurs. Sont-ils gentils, critiques, encourageants, décourageants ?
- Quel conseil les professeurs donnent-ils à Stéphanie ? (*Ils lui conseillent de…*)
- Comparez ce bulletin de notes avec un *report card* américain.

Dans ce chapitre nous verrons que deux cultures peuvent avoir des conceptions assez différentes de l'école et de l'enseignement.

Paris, à la Sorbonne

Interaction

Olivier et Céline se rencontrent en ville à Bordeaux. Ils étaient ensemble au lycée, mais ils ne se sont pas vus depuis un an.

Olivier	Tiens, Céline ! Comment vas-tu ?
	Ils s'embrassent.
Céline	Qu'est-ce que tu fais là. Je te croyais à Paris.
Olivier	Oh, j'ai décidé en fin de compte de ne pas tenter la prépa°. J'ai vu comment ça a marché avec mon cousin et ça ne m'a pas encouragé.
Céline	Alors, tu as fait quoi cette année ?
Olivier	Je me suis inscrit en fac. Je fais des études de psychologie.
Céline	Tu es fou. Il n'y a plus de débouchés°. Remarque, moi, c'est pareil. Je fais histoire-géo, mais je commence à penser à d'autres filières.
Olivier	Auxquelles ?
Céline	Je ne sais pas, le droit ou sciences-po°. Et tu as vu Jérémie ? Qu'est-ce qu'il devient ?
Olivier	Alors, là, ce n'est pas fameux. Il a d'abord pensé faire des études de chimie.
Céline	Et il s'en est sorti° ?

intensive year of preparation for entry exams to a small number of elite schools

jobs

political science (sciences politiques)

Did he do well?

Olivier	Non, pas très bien. Il n'a pas été reçu aux examens au mois de juin.
Céline	Pourtant, sa mère m'a dit qu'il avait travaillé comme un fou !
Olivier	Oh, pas vraiment. Il passait la journée au café la plupart du temps.
Céline	J'ai l'impression que ce sont les études qui le poursuivent°.
Olivier	Ça ne l'empêche pas de rêver ! Il a décidé de se présenter au concours° de contrôleur des impôts°.
Céline	C'est incroyable !
Olivier	C'est parce que ça fait bien°. Mais s'il n'a pas envie de travailler...

pursuing

competitive entrance exam for a school or job / taxes
it looks good

Observez

1. Pourquoi Olivier n'a-t-il pas tenté la classe préparatoire ?
2. Qu'est-ce qu'Olivier fait cette année ? Selon Céline, est-ce que c'est une bonne idée ?
3. Pourquoi Céline pense-t-elle à d'autres filières ?
4. Qu'est-ce qui est arrivé à Jérémie ? Comment est-ce qu'Olivier explique son échec° ?

failure

5. Selon Olivier, est-ce que Jérémie a pris la bonne décision en se présentant au concours de contrôleur des impôts ?

Réfléchissez

1. Quelle est l'importance des examens dans la vie de ces étudiants ?
2. Est-ce que les examens et les concours ont autant d'importance dans votre pays ?
3. Pourquoi Céline trouve-t-elle la décision de Jérémie « incroyable » ?
4. Quels facteurs ont influencé votre choix de spécialisation ? L'intérêt personnel ? le prestige ? le salaire éventuel ? les débouchés ?
5. Est-ce qu'il y aura beaucoup de débouchés dans votre domaine de spécialisation après l'obtention de votre diplôme ? Est-ce que ce facteur a influencé votre choix de cursus ?

Autrement dit

Pour parler des études

Tu { vas à / fréquentes / fais tes études à } quelle université ?

Tu es en quelle année à l'université ?	*What year are you in?*
Tu te spécialises en quoi ? Quelle est ta spécialisation ?	*What is your major?*
Tu suis quels cours ?	*What courses are you taking?*
Ce sont des cours obligatoires ou facultatifs ?	*Are they required or elective courses ?*
Quel est ton programme d'études ?	
Quelle matière / discipline est-ce que tu préfères ?	
Tu aimes ton prof ?	
Quand vas-tu obtenir ton diplôme ?	*When are you going to graduate?*

La vie des étudiants

Aujourd'hui,

je dois	rendre	{ un devoir. *(a paper)* un mémoire°.
	faire	{ un exposé oral°. *(an oral presentation)* une communication. une présentation. des lectures.
	assister à	une conférence°. *(to attend a lecture)*

a paper — un mémoire°
an oral presentation — un exposé oral°
to attend a lecture — une conférence°

Hier, j'avais trop de travail.

to skip — Alors, j'ai décidé de sécher° / manquer° } mon cours d'anglais.

Les facultés et les matières

À la Faculté des Lettres et Sciences Humaines, on étudie … l'histoire, la géographie (◊ la géo), la littérature, les langues étrangères, la philosophie (◊ la philo) et la sociologie.

À la Faculté des Sciences, on étudie … la biologie, la chimie, la géologie, les mathématiques (◊ les maths) et la physique.

law — À la Faculté de Droit et Sciences Économiques, on étudie … le droit°, les relations internationales, les sciences économiques et les sciences politiques (◊ sciences po).

À l'École de Commerce, on étudie… l'administration des affaires, le commerce, la gestion°, le marketing et la publicité.

management — la gestion°

Pour parler des épreuves

(re)take — Quand vas-tu (re)passer° l'examen ?
competition — te présenter au concours° ?

memorized *at his fingertips* *studied hard*

Mon cousin m'a dit qu'il avait vraiment { travaillé préparé tout appris par cœur° tout sur le bout des doigts° révisé ◊ bûché° ◊ bossé° }

he failed — … mais quand même, { il a échoué°. il n'a pas été reçu°. il s'est fait coller°. il a été recalé°. }

to pass *to get good grades* *to win first prize*

Allons, tu ne vas pas échouer, tu vas { réussir°. être reçu(e)°. recevoir / obtenir de bonnes notes°. gagner le premier prix°. }

**Un cours à l'université
en France**

Les expressions temporelles°

units of time

Pour parler du calendrier scolaire, vous aurez besoin de ces expressions :

Aujourd'hui, c'est le 23 août. C'est le jour où je dois m'inscrire aux cours.
Hier, j'ai parlé à mon conseiller académique.
Demain, je dois payer mes frais d'inscription.
La semaine dernière, les étudiants ont participé à une orientation générale.
La semaine prochaine, les cours commencent.
Quels cours est-ce que vous allez suivre **l'année prochaine (l'an prochain)** ?
Quels cours avez-vous suivis **l'année dernière (l'an dernier)** ?

Pratique et conversation

A. Complétez. Complétez la phrase d'une façon logique.

1. À la Faculté de Commerce, on étudie _____ et

_____ .

2. — Je suis vraiment nerveuse ; demain, je _____ mon
examen de chimie.

3. — Ne sois pas nerveuse ! Tu vas sûrement _____ à ton examen.

4. Moi, je me spécialise en histoire. Et toi, quelle est ta

_____ ?

5. À la Faculté des Lettres, on étudie _____ et

_____ .

6. Est-ce que le français est un cours obligatoire ou un cours

_____ ?

7. À la bibliothèque, je _____ et je _____ .

B. Quels cours ? Quels cours est-ce que les étudiants ci-dessous devraient choisir ?

1. Jean-Marc : il aimerait travailler dans une grande société d'ordinateurs avec des filiales aux États-Unis.
2. Annick : elle aimerait devenir professeur de littérature comparée.
3. Judith : elle veut devenir avocate.
4. Christophe : il adore la poésie et l'art.
5. Lise : elle s'intéresse plutôt à la politique.

C. Le jeu des signatures. Votre professeur va distribuer une feuille qui ressemble à celle qui suit. Pour chaque qualité ou caractéristique recherchée, circulez dans la classe et posez une question à vos camarades pour trouver la personne qui pourra donner une réponse affirmative. Quand vous aurez trouvé cette personne, elle signera dans la deuxième colonne. Faites la même chose pour les questions qui suivent. Le premier à obtenir cinq signatures a gagné.

Trouvez une personne qui...	Signature
1. se spécialise en français.	
2. est en troisième année.	
3. obtient de bonnes notes en français.	
4. vient de faire une présentation.	
5. a séché un cours hier.	

D. Interview. Demandez à un(e) partenaire...

1. quand il/elle va obtenir son diplôme.
2. quelle est sa spécialisation.
3. où il/elle étudie.
4. quand il/elle va passer un examen.
5. s'il/si elle va réussir cet examen.

La bureaucratie

S'inscrire aux cours n'est pas toujours évident. Lesquelles des démarches suivantes faut-il effectuer dans votre université ?

paperwork
regulations

Pour m'inscrire, j'ai dû me battre avec 〔 la paperasserie° les règlements° la bureaucratie les formalités 〕 de l'administration

to fill out forms
to pay registration fees
to have a picture taken in order
to get an identification card

et j'ai dû 〔 remplir des formulaires°. payer les frais d'inscription°. me faire prendre en photo pour obtenir une carte d'identité°.

Pratique et conversation

Questions. Répondez aux questions suivantes.

1. Qu'est-ce qu'il faut faire pour s'inscrire aux cours dans votre université ?
2. D'habitude, est-ce que vous pouvez vous inscrire aux cours qui vous intéressent ?
3. Regrettez-vous vos années au lycée ? Pourquoi ou pourquoi pas ?
4. Est-ce que vous avez déjà dû vous battre avec l'administration ? Racontez.
5. Quelles démarches faut-il faire pour obtenir une carte d'étudiant(e) dans votre université ?

Pour manifester l'impatience

Parfois, on perd patience avec toute la paperasserie universitaire ! Pour manifester votre impatience, vous pouvez utiliser les expressions suivantes :

Mais qu'est-ce qui se passe ? Qu'est-ce qu'il y a ?	*But what's going on?*
Vous ne pourriez pas vous dépêcher, Monsieur/Madame ?	*Could you please hurry up?*
Je suis pressé(e) / C'est (extrêmement) important / urgent.	*I'm in a hurry.*
Ça ne peut pas attendre.	*It can't wait.*

Pour exprimer l'exaspération

C'est
- insupportable°.
- inadmissible.
- inacceptable.
- incroyable°.
- scandaleux.

unbearable

unbelievable

Ce n'est pas
- vrai.
- croyable.

Pratique et conversation

A. Situations. Quelle expression présentée dans la section *Autrement dit* emploieriez-vous dans les situations suivantes ?

1. Vous faites la queue° depuis une demi-heure pour vous faire prendre en photo pour votre carte d'étudiant(e). Vous avez rendez-vous dans cinq minutes. Qu'est-ce que vous dites au photographe ?   *stand in line*
2. On annonce au dernier moment que l'université va augmenter ses frais d'inscription de 30 %.
3. Vous venez de passer quarante-cinq minutes à remplir des formulaires. Puis, l'employé vous dit qu'il vous avait donné ceux de l'année dernière et vous donne cinq nouveaux formulaires à remplir.
4. L'administration a perdu le relevé de notes° de votre ami. Il ne sait pas s'il pourra obtenir son diplôme en juin.   *transcript*

B. À l'inscription. Vous essayez de vous inscrire à un cours de philosophie. Les autres membres du groupe jouent le rôle des fonctionnaires qui vous placent devant des obstacles (des formulaires à remplir, une photo à prendre, etc.) et vous envoient dans un autre endroit. Vous vous impatientez, vous exprimez votre exaspération et vous vous plaignez de la bureaucratie.

Étude de vocabulaire

Pour parler du temps : La distinction entre matin/matinée ; soir/soirée ; jour/journée ; an/année

units of time

a. Les mots **matin**, **soir**, **jour** et **an** représentent des unités temporelles°. Ils font référence à un moment précis et peuvent être comptés.

Je l'ai rencontré il y a deux jours.	*I met him two days ago.*
Ce soir, je vais bûcher.	*I'm going to study hard this evening.*
Elle a passé cinq ans à faire ses études universitaires.	*It took her five years to do her studies at the university.*

b. Pour souligner la durée d'une action, on emploie les mots **matinée**, **soirée**, **journée** et **année**. Ces mots sont souvent précédés par l'adjectif **tout**, les nombres ordinaux (**première**, **deuxième...**) ou des expressions indéfinies telles que **quelques**.

J'ai passé toute la journée à réviser.	*I spent the whole day reviewing.*
Elle est dans sa troisième année à l'université.	*She's in her third year (a junior) at the university.*
Il y a quelques années, le bac était beaucoup plus difficile.	*Several years ago, the* bac *was a lot more difficult.*

Pratique et conversation

A. Complétez. Complétez la phrase en choisissant l'expression qui convient.

1. Je viens de passer un jour / une journée atroce ! J'étais tellement occupé(e) que je n'ai même pas eu le temps de déjeuner.
2. Le paresseux ! Il a regardé la télé tout le jour / toute la journée.
3. Ce matin / cette matinée, j'ai révisé avec des amis.
4. Il étudie la philosophie depuis trois ans / trois années.
5. Qu'est-ce que vous allez faire ce soir / cette soirée ?

B. Interview. Demandez à un(e) partenaire...

1. comment il/elle va passer la soirée.
2. comment il/elle a passé la matinée hier.
3. depuis combien de temps il/elle étudie le français.
4. ce qu'il/elle aime faire le samedi matin.
5. quels cours il/elle va suivre l'année prochaine.
6. quelles sortes d'épreuves il/elle a ce semestre / trimestre.

Grammaire

Grammaire de base

1.1 Review the forms of the following irregular verbs in the present tense.

dire *(to say, to tell)*			
je	dis	nous	disons
tu	dis	vous	dites
il/elle/on	dit	ils/elles	disent

lire *(to read)*			
je	lis	nous	lisons
tu	lis	vous	lisez
il/elle/on	lit	ils/elles	lisent

écrire *(to write)*			
j'	écris	nous	écrivons
tu	écris	vous	écrivez
il/elle/on	écrit	ils/elles	écrivent

mettre *(to place, to put)*			
je	mets	nous	mettons
tu	mets	vous	mettez
il/elle/on	met	ils/elles	mettent

recevoir *(to receive)*			
je	reçois	nous	recevons
tu	reçois	vous	recevez
il/elle/on	reçoit	ils/elles	reçoivent

1.2 The verb **s'inscrire (à / pour)** is conjugated like **écrire**.

2.1 The **passé composé** has two parts: an auxiliary verb and a past participle.

2.2 For most verbs, the auxiliary is the present tense of the verb **avoir**.

2.3 The following verbs use the present tense of the verb **être** as their auxiliary when they are not followed by a direct object.

aller	mourir[1]	retourner
arriver	naître[2]	revenir
descendre	partir	sortir
devenir	passer	tomber
entrer	rentrer	venir
monter	rester	

2.4 The past participle of regular verbs is formed according to the following model:

fermer ⟶ fermé   finir ⟶ fini   répondre ⟶ répondu

2.5 Review the following irregular past participles.

Infinitive	Past participle
boire	bu
connaître	connu
découvrir	découvert
dire	dit
écrire	écrit
faire	fait
lire	lu
mettre	mis
offrir	offert
ouvrir	ouvert
pouvoir	pu
prendre	pris
recevoir	reçu
venir	venu
vouloir	voulu

3.1 Review the position of the negative elements in compound tenses.

Negation: Compound Tenses					
	ne	auxiliary	second term	past participle	
Je	n'	ai	pas	préparé	mon cours.
Je	ne	suis	jamais	allé(e)	à Québec.

---

[1] The full conjugation of the verb **mourir** is presented in the appendix.
[2] The full conjugation of the verb **naître** is presented in the appendix.

Structure I

Pour narrer au passé : L'emploi du passé composé
(Grammaire de base : 2.1–2.5)

a. Use the **passé composé** to state what happened in the past, that is, to talk about a completed past event.

Regarde ce qui est arrivé à mon cousin Robert l'année dernière.	*Look what happened to my cousin Robert last year.*
Il a échoué à tous ses cours.	*He failed all his courses.*
Il n'a rien fait pendant toute l'année.	*He didn't do anything all year.*

b. As the first and third examples above illustrate, with time expressions that define the beginning and/or end of an action, the **passé composé** must be used to indicate a completed past action. Here is another example:

Hier, il a révisé et ce matin, il a passé son bac.	*Yesterday, he reviewed and this morning he took his baccalaureate exam.*

c. In a narration, a series of events are reported in the **passé composé**, advancing the story by telling what happened next.

Il a commencé ses études universitaires à l'âge de 18 ans. Après quatre ans, il a reçu son diplôme. Il a décidé de voyager un peu avant de commencer à chercher du travail. Il est allé partout en Europe, puis il est retourné aux États-Unis.

d. To express the idea of time gone by, use the structure **il y a** + time expression + verb in the **passé composé**. This is translated as *ago.*

Il a commencé à étudier la philosophie il y a trois ans.	*He began to study philosophy three years ago.*
J'ai passé mon examen il y a deux jours.	*I took my exam two days ago.*

e. You have learned that the verbs **passer**, **sortir**, **monter**, and **descendre**, when used without an object, are conjugated with the auxiliary **être** in the **passé composé**. However, these verbs can be followed by a direct object, with a resultant change in meaning. They are then conjugated with **avoir** in the **passé composé**.

présent	passé composé
Je sors ce soir. *I'm going out tonight.* Je sors la poubelle. *I'm taking out the garbage (can).*	Hier soir, je suis sorti(e). *Last night, I went out.* J'ai sorti la poubelle. *I took out the garbage (can).*
Tu montes ? *Are you going up?* Est-ce que tu montes ma valise ? *Are you taking up my suitcase?*	Tu es monté(e) ? *Did you go up?* Est-ce que tu as monté ma valise ? *Did you take up my suitcase?*
Je descends. *I'm coming down.* Tu descends l'escalier ? *Are you coming down the stairs?*	Je suis descendu(e). *I came down.* Tu as descendu l'escalier ? *Did you come down the stairs?*
Je passe devant sa maison tous les jours. *I pass by his/her house every day.* Je passe trois examens aujourd'hui. *I'm taking three tests today.*	Je suis passé(e) devant sa maison il y a deux jours. *I passed by his/her house two days ago.* J'ai passé trois examens hier. *I took three tests yesterday.*

f. The placement of the negations **ne… personne** and **ne… ni… ni** differs from that of the negation **ne… pas** and others in the **passé composé (Grammaire de base 3.1)**. The second part of **ne… personne** follows the past participle, taking the place of a noun object.

Je n'ai pas vu leurs amis au café.   Je n'ai vu personne.
Nous n'avons pas parlé à Charles.   Nous n'avons parlé à personne.

In the negation **ne… ni… ni**, **ni** follows the past participle and directly precedes the noun objects it qualifies.

Il n'est allé au cinéma ni avec Marie, ni avec Jean.
Je n'ai parlé ni au serveur ni au gérant.

g. The following rules govern the agreement of the past participle in compound tenses.

Verbs conjugated with avoir
The past participle agrees with a preceding direct object. This direct object can take the form of an object pronoun, a relative clause, or a noun modified by **quel**:

Je <u>les</u>	ai	<u>vus</u> au cinéma.
d.o. (m. pl.)		*m. pl.*
<u>Les photos</u>	qu'il a	<u>faites</u> sont très réussies.
d.o. (f. pl.)		*f. pl.*
<u>Quelles robes</u>	as-tu	<u>achetées</u> ?
d.o. (f. pl.)		*f. pl.*

Verbs conjugated with être
The past participle agrees with the subject of the sentence. Rules for past participle agreement with reflexive verbs are presented in **Chapitre 7**.

<u>Elles</u> sont	<u>venues</u> en retard.
f. pl.	*f. pl.*
<u>Nous</u> sommes	<u>sortis</u> vers neuf heures.
m. pl.	*m. pl.*

Pratique et conversation

A. L'inspecteur Maigret. On a découvert le corps d'une femme morte. On n'a trouvé aucune trace du meurtrier sur les lieux, sauf des empreintes digitales° sur un verre. Complétez l'histoire suivante en mettant les verbes entre parenthèses au passé composé.

fingerprints

L'inspecteur	Racontez-moi vos actions le jour du crime.
Le suspect	Je ne me souviens pas très bien…
L'inspecteur	Allons, un petit effort…
Le suspect	Ah, je me rappelle maintenant. Voici ce qui _____ (arriver). Je _____ (décider) de rendre visite à ma copine, et on _____ (aller) au café du coin. On _____ (prendre) un cognac… non, je me trompe, nous _____ (boire) un petit rouge et puis nous _____ (monter) chez elle…

L'inspecteur	Vous _____ (passer) la nuit chez elle ?
Le suspect	Monsieur, vous me posez une question très indiscrète.
L'inspecteur	La vérité est plus importante que la discrétion. Continuez…
Le suspect	Elle m'_____ (embrasser) et je _____ (partir).
L'inspecteur	C'est tout ?
Le suspect	Non, je _____ (oublier) un détail. Avant mon départ, elle m'_____ (offrir) un verre d'eau …
L'inspecteur	Arrêtez cet homme tout de suite.

Un roman policier de l'écrivain belge Georges Simenon

B. Démarches. Vous souvenez-vous de votre décision de saire vos études à cette université ? Quelles démarches avez-vous suivies ? Transformez les phrases suivantes au passé composé et indiquez ensuite lesquelles reflètent votre propre expérience.

1. Un an à l'avance, j'écris aux universités pour obtenir une demande d'inscription.
2. Je téléphone aux universités pour parler aux représentants.
3. Je considère les programmes d'études dans toutes ces universités.
4. Je choisis deux ou trois universités.
5. Je remplis les formulaires et j'envoie mes demandes d'inscription.
6. Mes parents et moi, nous visitons ces universités.
7. Nous arrivons et je vais à quelques cours.
8. Nous y restons deux jours et puis nous partons.
9. J'attends quelques mois et enfin je reçois la réponse à mes demandes.
10. Je sors la lettre de l'enveloppe et je lis les réponses.
11. Je réfléchis et je prends une décision.

C. Une journée à l'université. Pensez à une journée récente à l'université. Dites...

1. à quelle heure vous êtes descendu(e) de votre chambre.
2. à quels cours vous êtes allé(e).
3. trois choses que vous avez faites dans ces cours.
4. une chose que vous avez faite que vous avez beaucoup aimée / que vous n'avez pas du tout aimée.
5. si vous êtes sorti(e) le soir.

D. Qu'est-ce qui s'est passé ? Prenez le rôle de chaque personne interpellée et expliquez ce qui s'est passé.

1. « Sylvie, qu'est-ce que tu as fait dans ma cuisine ? Il y a de l'eau partout ! »
2. « Chéri, quelle est cette tache° rouge sur le col de ta chemise ? »

stain

3. « Philippe, ta mère m'a dit que tu étais rentré à trois heures du matin. Qu'est-ce qui s'est passé ? On t'a bien dit de rentrer avant minuit. »
4. « Catherine, tu n'as pas rappelé. Pourquoi ? Je voulais aller au cinéma avec toi hier soir. »
5. « Dupont, tu m'as promis ce rapport avant midi. Il est où ? »

E. Préparatifs. Quelles questions est-ce que vous poseriez aux personnes suivantes pour vérifier si elles sont bien préparées ?

Modèle : un pilote avant un vol
Vous : Est-ce que vous avez vérifié les instruments ?
Est-ce que vous avez déjà fait ce voyage ?
Est-ce que les mécaniciens ont fait leur travail ?
Est-ce qu'on a inspecté l'avion ? etc.

1. un athlète avant une compétition
2. un(e) étudiant(e) avant un examen
3. un médecin avant une intervention chirurgicale
4. une actrice avant une pièce

F. Ma semaine. Posez une question à votre partenaire qui répondra en utilisant **il y a** et le *passé composé*. Demandez-lui...

1. quand il/elle est allé(e) au cinéma.
2. quand il/elle a téléphoné à son/sa meilleur(e) ami(e).
3. quand il/elle a révisé les verbes irréguliers au passé composé.
4. quand il/elle a fait un voyage.
5. quand il/elle est rentré(e) chez lui/elle.

G. La semaine dernière. Racontez à votre partenaire ce que vous avez fait dans vos cours la semaine dernière. Indiquez quels devoirs vous avez rendus, quels examens vous avez passés, etc. Votre partenaire vous posera des questions et ensuite vous décrira sa semaine.

Structure II

Pour narrer au passé : Le plus-que-parfait

a. The **plus-que-parfait** is formed by conjugating the auxiliary verb (**avoir** or **être**) in the imperfect and adding the past participle.

j'	avais fini		nous	avions fini
tu	avais fini		vous	aviez fini
il/elle/on	avait fini		ils/elles	avaient fini

j'	étais allé(e)		nous	étions allé(e)s
tu	étais allé(e)		vous	étiez allé(e)(s)
il/elle/on	était allé(e)		ils/elles	étaient allé(e)s

b. The **plus-que-parfait** is used to relate a past event that occurred before another past event.

| Quand il est arrivé, le film avait déjà commencé. | *When he arrived, the film had already begun.* |

c. Although the **plus-que-parfait** may be translated by the past tense in English, you must use the **plus-que-parfait** in French whenever you are relating an action that occurs before another past action.

| Avant de passer son bac, il avait beaucoup bûché. | *Before taking the bac, he (had) studied very hard.* |
| Il m'a dit qu'il avait travaillé, mais ce n'était pas vrai du tout. | *He told me that he (had) worked, but it wasn't at all true.* |

d. The same rules you have learned for the **passé composé** regarding past participle agreement, negation, and placement of adverbs apply to the **plus-que-parfait** as well.

Quand Thomas a téléphoné, nous étions déjà sortis.
Deux jours avant de partir, il n'avait pas encore réservé.

Pratique et conversation

A. Quelle organisation ! Vous êtes très bien organisé(e). Avant de faire les activités suivantes, vous aviez déjà fait vos préparatifs. Lesquels° ? Suivez le modèle.

which ones

> **Modèle :** Avant de partir en vacances…
> **Vous :** Avant de partir en vacances, j'étais déjà allé(e) à la banque, j'avais déjà réservé…

1. Avant de passer l'examen de français…
2. Avant de rendre visite à un ami malade…
3. Avant de recevoir° mes amis chez moi…
4. Avant d'acheter un cadeau pour mon cousin…
5. Avant de sortir ce matin…

entertain

B. Seule à Paris. Une jeune fille à Paris doit être très prudente. Complétez l'histoire suivante en mettant les verbes entre parenthèses au passé composé ou au plus-que-parfait, selon le contexte.

to suspect

Avant mon départ, on m'_____ (dire) de me méfier° de tout. On m'_____ (conseiller) de ne pas sortir le soir, de ne pas prendre le métro, et d'éviter certains quartiers. Quand je _____ (arriver) à Paris, je _____ (découvrir) qu'il fallait être prudente, comme dans toutes les grandes villes, mais que les conseils qu'on m'_____ (donner) étaient exagérés. Un soir, cependant, je _____ (rentrer) à mon appartement assez tard. En longeant le couloir, je _____ (remarquer) une lumière dans mon appartement. Est-ce que je _____ (oublier) d'éteindre la lampe avant de partir ? Est-ce que quelqu'un _____ (entrer) pendant mon absence ? Peut-être qu'on m'_____ (bien conseiller) après tout ! Je n'aurais jamais dû° quitter mon appartement ! Et tout d'un coup, je _____ (entendre) des pas°. On a _____ (ouvrir) la porte… et j'_____ (reconnaître) mon voisin, à qui j'_____ (donner) une clé, en lui demandant d'allumer une lumière chez moi si je _____ (ne… pas rentrer) avant dix heures.

I should never have

footsteps

C. Interview. Demandez à votre partenaire…

1. s'il/si elle avait bien révisé avant le dernier examen.
2. s'il/si elle avait préparé la leçon avant de venir en classe aujourd'hui.
3. s'il/si elle est allé(e) en France récemment, et s'il/si elle y était déjà allé(e) avant.
4. s'il/si elle avait déjà étudié le français à l'université avant de suivre ce cours.
5. s'il/si elle avait prévenu° le professeur avant sa dernière absence.

notified

Notions de culture

La laïcité° est un des grands principes de la République française, et c'est le principe de base de l'Éducation nationale.

    En 1900, l'Église jouait encore un grand rôle dans l'éducation des jeunes Français. Mais en 1905 a eu lieu° la séparation officielle de l'Église et de l'État. C'était un processus très difficile. Dans certains villages, il y avait deux cafés, un fréquenté par les partisans du prêtre° et l'autre par ceux de l'instituteur°.

secularism

took place

priest
elementary school teacher

Les habitants du village de Cominac défendent leur église contre les représentants de l'État (1906).

Les Français considèrent que la laïcité

- garantit la liberté de pensée et la liberté d'expression.
- garantit l'égalité de tous les enfants.

La laïcité, pour les Français, est beaucoup plus que la tolérance. Ce n'est pas exactement la neutralité : c'est le refus catégorique de la religion dans les affaires qui concernent tous les citoyens.

Donc, par principe, la religion doit rester à l'extérieur de l'école.

L'école de la République doit essayer d'effacer les différences pour donner les mêmes chances à tout le monde. Pendant très longtemps à l'école, tout le monde *a smock* portait un tablier° spéciale pour cacher les différences sociales. Personne ne devait porter de signes religieux.

Récemment la France a connu de nouveaux débats liés aux vêtements des Musulmanes, comme le voile.

La loi du 15 mars 2004 : « …dans les écoles, les collèges et les lycées publics, le port de signes ou tenues par lesquels les élèves manifestent ostensiblement une appartenance religieuse est interdit. »

Questions

1. Quelle est la religion de la jeune fille à gauche ? Qu'est-ce qui est ostentatoire° dans sa tenue ?

large or showy

2. Les signes ostentatoires chez le jeune homme, où se trouvent-ils ?
3. Quels signes sont plus ostentatoires, ceux de la jeune fille ou ceux du jeune homme ?
4. Quel est le point de vue du dessinateur vis-à-vis de la loi qui interdit le port des signes religieux ostentatoires ?

À la loupe

Voici une photo du contenu d'un cartable il y a un siècle.

Réfléchissez

1. Identifiez les objets et classez-les selon leur fonction.

   Vocabulaire utile :

   toupie   *top*
   billes   *marbles*

recreational

Éducatif	**Ludique°**

2. Selon vous, quel âge (approximativement) aurait l'élève qui porterait ce cartable ?
3. Qu'est-ce qu'on trouverait dans le cartable d'un élève du même âge aujourd'hui ?
4. Y aurait-il des objets ludiques dans le cartable d'un élève de nos jours ?
5. Lesquels de ces objets ont complètement disparu da la vie quotidienne ? Lesquels ont changé de forme ? Lesquels ont moins d'importance grâce à la technologie moderne ?

Grammaire

Grammaire de base

4.1   Review the forms of the following irregular verbs.

croire (to believe)			
je	crois	nous	croyons
tu	crois	vous	croyez
il/elle/on	croit	ils/elles	croient
participe passé : cru			

devoir (*must, to have to; to owe*)	
je dois	nous devons
tu dois	vous devez
il/elle/on doit	ils/elles doivent
participe passé : dû	

savoir (*to know a fact; to know how to do something*)	
je sais	nous savons
tu sais	vous savez
il/elle/on sait	ils/elles savent
participe passé : su	

suivre (*to follow; to take [a course]*)	
je suis	nous suivons
tu suis	vous suivez
il/elle/on suit	ils/elles suivent
participe passé : suivi	

4.2 When expressing either necessity or probability, the **passé composé** of the verb **devoir** can be translated as either *had to* or *must have*, depending on context.

Il a dû choisir d'autres cours.	*He had to choose other courses.* *He must have chosen other courses.*
J'ai dû laisser mon devoir à à la maison.	*I must have left my assignment at home.* *I had to leave my assignment at home.*

4.3 Contrast the meaning of **savoir** with that of **connaître**[3], *to be acquainted with (a person, a place)*:

Je ne connais pas bien ce quartier, mais je sais qu'il habite tout près d'ici.	*I don't know (am not acquainted with) this neighborhood very well, but I know he lives close by.*
Tu connais Élizabeth ? Elle sait faire le bon pain français.	*Do you know (are you acquainted with) Elizabeth? She knows how to make a good French bread.*

---

[3] Presented in **Chapitre 1**.

Structure III

Pour lier les éléments de la phrase : verbe + infinitif

a. The verb form following a conjugated verb will always be the infinitive. For many verbs, this infinitive will follow the conjugated verb directly.

Je préférerais repasser le bac avant de refaire tout ça.
J'ai dû assister à une conférence.

b. Some verbs introduce a following infinitive with the preposition **à**.

Elle a hésité à continuer ses études.
Est-ce que vous avez réussi à trouver un autre cours ?

c. Other verbs introduce a following infinitive with the preposition **de**.

J'ai décidé de suivre un cours d'informatique.
Il a essayé de s'inscrire sans succès.

d. The following chart classifies verbs according to how a following infinitive is introduced. The only way to learn to use these verbs correctly is through practice and memorization.

Verbs that do not use a preposition before an infinitive

aimer	devoir	penser
aller	écouter	pouvoir
croire	espérer	préférer
désirer	faire	savoir
détester	falloir (il faut)	vouloir

Verbs that introduce an infinitive with the preposition *à*

aider à	encourager à	inviter à
commencer à	hésiter à	réussir à
continuer à		

Verbs that introduce an infinitive with the preposition *de*

avoir besoin de	décider de	parler de
avoir envie de	empêcher de°	refuser de
avoir l'intention de	essayer de	regretter de
avoir peur de	finir de	venir de°
choisir de	oublier de	

to prevent

to have just

Pratique et conversation

A. Une histoire. Remplissez les blancs avec la préposition qui convient ou mettez un X si une préposition n'est pas utilisée.

Hier, j'ai essayé _____ m'inscrire à l'université. Quel cauchemar ! D'abord, j'avais oublié _____ remplir un formulaire. J'avais l'intention _____ le faire, mais comme je déteste _____ remplir les formulaires, je l'avais mis de côté. Ensuite, j'ai dû _____ payer mes frais d'inscription, alors, il fallait _____ aller chez l'intendant. Mais, l'employé a oublié _____ me donner un reçu° et quand je me suis présenté pour m'inscrire, on a refusé _____ accepter mon explication et j'ai dû _____ retourner chez l'intendant chercher un reçu. L'employé m'a dit qu'il regrettait vraiment _____ m'avoir causé tous ces problèmes. Avec le reçu, j'ai pu _____ m'inscrire, et j'ai même réussi _____ obtenir tous les cours que je voulais _____ suivre.

receipt

B. Formulez une phrase. Formulez des phrases en utilisant les éléments ci-dessous.

Je	détester	faire mes devoirs…
Les étudiants	réussir	obtenir mon diplôme…
Mon/Ma meilleur(e) ami(e)	oublier	s'inscrire au cours de français…
	essayer	trouver un emploi d'été…
	hésiter	téléphoner à ses parents…
	venir	payer les factures°…
	avoir envie	rendre visite à…
	commencer	se battre avec l'administration
	avoir besoin	

bills

C. Interview. Posez des questions à votre partenaire. Demandez-lui…

1. s'il/si elle va réussir à obtenir son diplôme.
2. s'il/si elle a envie de continuer ses études après son diplôme.
3. ce qu'il/elle a besoin de faire pendant le week-end.
4. quand il/elle a commencé à étudier le français.
5. ce qu'il/elle doit faire aujourd'hui.

D. Vérité ou mensonge ? Préparez des questions à poser à votre professeur en employant les verbes présentés à la page 88. Votre professeur dit la vérité ou un mensonge. Après sa réponse, vous devez décider si sa réponse est la vérité ou non. Si le professeur réussit à tromper la classe, il/elle reçoit un point. Si la classe devine bien, elle reçoit le point. Qui est le plus fin, le professeur ou la classe ? N.B. : Le professeur reçoit automatiquement un point pour chaque question posée avec la mauvaise préposition.

Structure **IV**

Pour poser une question : L'adjectif interrogatif **quel** *et le pronom interrogatif* **lequel**

a. A question with the interrogative adjective **quel** asks for a specific item or items selected from a larger group of similar items. Review the forms of **quel**.

Quel cours est-ce que tu préfères ?
Tu es en **quelle** année à l'université ?
Quels cours vas-tu suivre l'année prochaine ?
Quelles matières est-ce que tu trouves les plus difficiles ?

b. As the preceding examples indicate, questions with **quel** follow the same patterns as other questions you have learned.

c. **Quel(s) est / sont** corresponds to the English question *What is/are . . . ?* In this question, **quel** agrees in gender and number with the noun following **être**. When forming questions using **quel** and the verb **être**, the usual structure is **quel + être +** noun with **quel** preceding the verb.

Quelle est ta spécialisation ?
Quelles sont les dates de l'inscription ?

d. If a verb introduces its object with a preposition, that preposition will precede **quel**.

s'inscrire à / pour : À / pour quels cours est-ce que tu t'inscris ?
penser à : À quelle conférence penses-tu ?

e. **Lequel** is an interrogative pronoun meaning *which one/ones?* It is used in place of a noun modified by **quel** and agrees in gender and number with the noun to which it refers and that it replaces.

Il y a tant de **cours de philosophie**.	*There are so many philosophy courses.*
Quel cours vas-tu suivre ?	*Which course are you going to take?*
Lequel vas-tu suivre ?	*Which one are you going to take?*
Quels cours vas-tu suivre ?	*Which courses are you going to take?*
Lesquels vas-tu suivre ?	*Which ones are you going to take?*
Il y a beaucoup d'**universités** aux États-Unis.	*There are many universities in the United States.*
Quelle université est la meilleure ?	*Which university is the best?*
Laquelle est la meilleure ?	
Quelles universités sont les meilleures ?	*Which universities are the best?*
Lesquelles sont les meilleures ?	*Which ones are the best?*

Use the question patterns you have already learned to form questions with **lequel**.

f. If a verb introduces its object with a preposition, that preposition will precede **lequel**. Note that **lequel** contracts with **à** and **de** in the same fashion as the definite article.

parler à : Elle parle à un de ses professeurs.
  Auquel est-ce qu'elle parle ?

felt-tip pen avoir besoin de : —Tu as un feutre° ?
  —En voilà de toutes les couleurs. **Duquel** as-tu besoin ?

Pratique et conversation

La sortie de l'école, à Saint-Martin (Antilles)

A. Pour s'inscrire. Vous voulez vous inscrire aux cours à l'université. Formulez des questions avec l'adjectif interrogatif **quel**, en utilisant les éléments donnés. Un(e) autre étudiant(e) essaiera d'y répondre.

> **Modèle :** quel / bâtiment / devoir / aller ?
> **Vous :** À quel bâtiment doit-on aller ?

1. quel / conseiller / devoir / parler ?
2. quel / formulaires / il est nécessaire de / remplir ?
3. quel / règlements / falloir / suivre ?
4. quel / horaire des cours / devoir / consulter ?
5. quel / brochure / falloir / lire ?
6. quel / numéro de téléphone / il est nécessaire de / appeler ?

B. Recommandations personnelles. Vous allez commencer des études à l'université et vous demandez des conseils à une amie. Elle vous fait des recommandations ; ensuite, vous lui demandez de préciser. Suivez le modèle.

> **Modèle :** Il faut suivre un cours de langues / des cours de langues.
> **Vous :** Lequel ? (OU Lesquels ?)

1. Il faut adhérer° à un club.   *to join*
2. Il faut habiter dans les résidences.
3. Il faut aller aux matchs.
4. Il faut prendre des repas dans les cafétérias.
5. Il faut bien choisir les professeurs.
6. Il faut aller en boîte en ville.

C. Entre amis. Complétez le dialogue suivant par la forme appropriée du pronom **lequel**.

Didier	Oh, là, là. J'ai un boulot monstre cette semaine. J'ai trois examens à passer et je suis sûr que je vais en rater un.
Marie	_____ vas-tu rater ?
Didier	Mon examen de géo, c'est sûr. La prof est si dure !
Marie	Moi aussi j'ai une prof exigeante.
Didier	_____ ?
Marie	Celle de français. Elle nous donne plein de devoirs à faire.
Didier	Ah, là, là, qu'est-ce que la vie d'un lycéen est dure ! Tu veux aller au café avec moi ?
Marie	D'accord. _____ veux-tu aller ? Au Café Bleu ou au Café de la Place ?
Didier	Allons au Café Bleu, nous y verrons certainement ma copine.
Marie	_____ parles-tu ?
Didier	De Nathalie, voyons ! Tu sais bien que je sors avec elle depuis quelques mois.
Marie	Mais hier je t'ai vu avec un groupe de filles. En fait, tu semblais très intéressé par l'une d'elles !
Didier	_____ ?
Marie	La blonde, je crois qu'elle s'appelle Isabelle.
Didier	Isabelle ! ? Tu es folle, c'est la copine de Bruno.

D. Préférences. Votre camarade de chambre est très snob. Il/elle n'aime pas vos choix. Formulez une question selon le modèle.

Modèle :	Je n'aime pas ce vin.
Vous :	Alors, lequel aimes-tu ?

1. Je déteste cette voiture.
2. Je ne veux pas ces chaussures.
3. Je n'aime pas ce parfum.
4. Je n'ai pas envie d'aller à cette exposition.
5. Ces romans sont nuls.

E. Un tour du campus. Vous faites un tour de votre campus avec un groupe de lycéens qui vont y étudier en automne. Indiquez les bâtiments principaux et où se trouvent les différentes facultés. Les étudiants vous posent des questions sur vos études et sur le campus et vous demandent ce que vous pensez de l'université.

Lecture

Joseph Zobel est né à Rivière-Salée, dans le Sud de la Martinique, en 1915. Son roman La Rue cases-nègres *évoque l'enfance de l'auteur dans le cadre de la société martiniquaise des années trente. Le roman a connu un grand succès, renforcé trente ans plus tard quand la réalisatrice Euzhan Palcy en a tiré un film du même nom.*

À cette époque, la Martinique avait le statut d'une colonie française. Le français était la langue de l'administration coloniale et de l'enseignement, bien que le créole martiniquais soit la langue parlée en famille et dans la rue. La maîtrise du français signifiait un niveau social supérieur.

Dans l'extrait que vous allez lire, José parle de ses études au lycée. Comment est-ce que l'éducation du jeune José va changer sa situation sociale et culturelle ?

Avant de lire

A. La scolarité. Indiquez quel mot dans la colonne de gauche correspond à la définition dans la colonne de droite.

a. première	1. examen qu'on passe à la fin du lycée
b. baccalauréat	2. un étudiant qui n'est pas appliqué
c. une discipline	3. une classe supérieure au lycée
d. bourse	4. une matière
e. cancre	5. somme d'argent qui subventionne les études
f. piocheur	6. un étudiant qui travaille dur

Le langage figuré

Dans cet extrait, l'auteur se sert de plusieurs types de langage figuré. **La comparaison** réunit deux éléments comparés en utilisant un outil comparatif. Parmi les outils comparatifs, c'est-à-dire les mots qui introduisent une comparaison, le plus fréquemment utilisé est l'adverbe *comme* :

Le baccalauréat nous apparaît **comme une porte étroite** au-delà de laquelle (*beyond which*) existe l'immensité offerte.

Dans cet exemple, l'image de la porte étroite suggère la difficulté de l'examen : relativement peu de candidats vont pouvoir passer par ce petit espace.

Les verbes et les adjectifs peuvent aussi s'employer au sens figuré pour évoquer une comparaison :

[…] rien de tout cela n'arrive à **m'enflammer**.

Au sens propre, s'enflammer signifie « prendre feu ». Au figuré, ce verbe évoque les « flammes » de la passion, c'est-à-dire, « passioner ». En lisant le texte, faites bien attention à cet outil stylistique qui rend le texte plus imagé.

La Rue Cases-Nègres

Joseph Zobel, La Rue Cases Nègres. Paris / Dakar : Présence africaine, 1974. pp. 266-268

J'entre en première.

Le baccalauréat nous apparaît comme une porte étroite **au-delà de laquelle** existe l'immensité offerte.

Je constate avec peine parfois que je ne suis pas un élève pareil aux autres.

au-delà de laquelle *beyond which* / **je constate** *I notice*

Les théorèmes de géométrie, les lois de la physique, les opinions autorisées sur les œuvres littéraires, rien de tout cela n'arrive à m'enflammer, à polariser mon énergie, à engendrer en moi cette ardeur intellectuelle **avec laquelle** mes camarades discutent sans fin de questions qui me paraissent futiles.

Je ne partage pas non plus l'émotion avec laquelle chacun **suppute** ses chances de succès.

Les diciplines enseignées au lycée n'éveille en moi aucun enthousiasme. Je travaille avec le cœur sec. **Je les subis.**

Il m'a suffi jusqu'ici de changer de classes sans examen et de voir ma bourse augmenter jusqu'à devenir complète à présent.

Je demeure dans **un clair-obscur** d'où je regarde d'un même œil, ceux qui brillent **de faux éclats**, les cancres, les **piocheurs**. Il y a toujours eu pourtant dans chaque classe un ou deux élèves que je considère comme de réelles valeurs.

Je ne suis d'aucune catégorie. Je passe pour être fort en anglais. Cependant, je n'y déploie pas d'efforts particuliers. Je suis plutôt moyen que faible en mathématiques, parce que cela ne me coûte rien d'apprendre mes leçons, et que je le fais par sympathie pour le professeur qui, lui, enseigne avec tant de **foi**.

Notre professeur d'Histoire et de Géographie parle trop, et **d'une voix aigrelette et filiforme** qui évoque une pluie fine et incessante. Alors, comme lorsqu'il pleut, pendant qu'il fait son cours, je rêvasse, les yeux dans le vide.

En français, je suis parmi les derniers, mais **peu me chaut.**

Rien ne m'a jamais paru aussi bien conçu pour dégoûter de toute étude, de toute lecture même, que ces petites brochures intitulées : *Le Cid*, *Le Misanthrope*, *Athalie*[4].

Un jour, le professeur dit :
— Nous allons étudier Corneille. Avez-vous **vos Corneille** ?

Certains, oui ; d'autres, non.
—Le Cid, acte I, scène II.

Tantôt il lit lui-même, **tantôt** il fait lire un élève à qui un autre donne la réplique. Si l'on peut dire. **Car que ce soit** le professeur ou les élèves qui lisent, c'est si **platement**, si confusément **ânonné**, **bafouillé**, que nous voilà tous plongés dans une sinistre torpeur.

À la fin de la classe, M. Jean-Henri, le professeur, nous dicte un texte de devoir sur « le héros cornélien ». À la classe suivante, *Horace* ou *L'Avare*[5]. De la même façon.

---

avec laquelle *with which* / **suppute** *weigh* / **Je les subis.** *I put up with them.* / **Il m'a suffi** *All I had to do* / **un clair-obscur** *twilight* / **de faux éclats** *with false brilliance* / **piocheurs** *hardworking students* / **foi** *faith* / **d'une voix aigrelette et filiforme** *with a shrill and weak voice* / **peu me chaut** *it matters little to me* / **vos Corneille** *your copies of Corneille* / **tantôt … tantôt** *sometimes … sometimes* / **car que ce soit** *because whether it be* / **platement** *flatly* / **ânonné** *droned* / **bafouillé** *mumbled*

---

[4] *Le Cid*, tragédie du dramaturge Pierre Corneille (1606–1684).
Le Misanthrope, comédie de Molière (1622–1673).
Athalie, tragédie du dramaturge Jean Racine (1639–1699).
[5] *Horace*, œuvre de Pierre Corneille. *L'Avare*, comédie de Molière.

Après La Lecture

A. Au lycée. Analysez le caractère de José et ses expériences académiques en répondant aux questions suivantes.

1. Dans cet extrait, José constate qu'il n'est pas pareil aux autres étudiants. Pourquoi ?
2. Quelles critiques José fait-il vis-à-vis

   - des professeurs ?
   - des autres étudiants ?
   - des matières enseignées ?

3. Décrivez le caractère de José. Est-il cynique ? anti-intellectuel ? Est-ce un cancre ?
4. Selon vous, qu'est-ce qui manque dans les cours de José ? Qu'est-ce que les professeurs pourraient faire pour éveiller son intérêt ?

B. Comparaisons. Relevez des exemples des comparaisons, y compris des expressions employées au sens figuré. Expliquez l'image évoquée.

C. Réfléchissez. Qu'est-ce que ces études vont apporter à José ? De quoi José restera-t-il ignorant ? Est-ce que son identité culturelle sera renforcée ou affaiblie ?

D. Et vous ? En vous inspirant de cet extrait, évoquez des souvenirs de vos études au lycée. Parlez de vos impressions des matières, des professeurs et de vos camarades de classe. Faites des jugements sur la pédagogie pratiquée. Discutez de vos expériences avec votre groupe et / ou faites une présentation à la classe.

Compréhension auditive

Avant l'âge de la scolarité obligatoire (six ans en France), l'enfant peut aller dans une école maternelle. Dans cette école facultative, les enfants de deux à six ans font des activités « d'éveil » qui les préparent à l'école primaire. Dans la première interview, Mlle Fourtier va parler de son école. Dans la deuxième interview, une lycéenne va parler du système universitaire français.

Consulter le site Web **www.wiley.com/college/siskin** puis sélectionner Book Companion Site pour écouter le texte sonore.

Faites la **Compréhension auditive** pour **le Chapitre 3** dans votre cahier d'exercices.

Vocabulaire

Pour parler des études

administration des affaires (f.)	business administration
année (f.)	year (of study)
biologie (f.)	biology
chimie (f.)	chemistry
commerce (m.)	business
communication (f.)	oral presentation
concours (m.)	competitive exam
conférence (f.)	lecture
diplôme (m.)	diploma
discipline (f.)	subject matter
droit (m.)	law
exposé oral (m.)	oral report
géographie (géo) (f.)	geography
géologie (f.)	geology
gestion (f.)	management
histoire (f.)	history
langue (étrangère) (f.)	language (foreign)
littérature (f.)	literature
marketing (m.)	marketing
mathématiques (maths)	math
matière (f.)	subject matter
mémoire (m.)	paper
note (f.)	grade
philosophie (philo) (f.)	philosophy
physique (f.)	physics
présentation (f.)	presentation
prix (m.)	price
programme d'études (m.)	course load
publicité (f.)	advertising
relations internationales (f.)	international relations
sciences économiques (f.)	economics
sciences politiques (sciences po) (f.)	political science
sociologie (f.)	sociology
specialisation (f.)	major

Verbes

apprendre par cœur	to memorize
assister à	to attend
bosser	to study hard
bûcher	to study hard
collé : être collé (à un examen)	to fail (an exam)
coller : se faire coller (à un examen)	to fail (an exam)
échouer (à)	to fail
faire ses études	to do one's studies; to attend
fréquenter (une université)	to attend (a university)
gagner	to win
manquer (un cours)	to miss (a class)
obtenir un dîplome	to graduate
obtenir (de bonnes notes)	to get (good grades)
passer (un examen)	to take (an exam)
préparer (un examen)	to study for (a test)
présenter (se) (à un concours)	to take (a competitive exam)
recevoir (de bonnes notes)	to get (good grades)
reçu : être reçu (à un examen)	to pass (an exam)
rendre (un devoir)	to turn in (a homework assignment)
réussir (à un examen)	to pass (an exam)
réviser	to review
sécher (un cours)	to skip (a class)
se spécialiser (en)	to major (in)
suivre	to take (a course)
facultatif	elective (course)
obligatoire	required (course)
sur le bout des doigts	on the tips of his fingers

CHAPITRE 4

Perspectives sur l'exil
L'immigration et l'assimilation

À l'aéroport Montréal-Trudeau

Objectifs

Communication

Describe lodging

Explore social issues

Avoid repetition by using direct and indirect objects pronouns and the pro-complements *y* and *en*

Describe in past time

Express habitual or on-going actions in the past

Talk about what you have using possessive pronouns

Comparisons

Compare social issues confronting communities in France and North America

Cultures

Discuss immigrant aspirations and concerns in France

Connections

Identify historical, social, and economic conditions that motivate immigration to France

Learn about French Canadian immigration to the US during the 19th and 20th centuries

Communities

Discuss questions of immigrant identity and assimilation

Mise en train

Au début du XXe siècle, l'industrie américaine avait besoin d'ouvriers. Entre 1840 et 1930, plus de 900 000 personnes ont quitté le Québec pour les États-Unis. Elles se sont installées dans les petites villes industrielles du Nord-Est, surtout en Nouvelle-Angleterre, dans des quartiers qui s'appelaient les « Petits Canadas ». Là, les nouveaux arrivants ont contribué à la prospérité industrielle de la région.

Plus tard, quand ils ont voulu s'installer dans des quartiers « Yankee », ils ont souffert de la discrimination. Le Ku Klux Klan a organisé des manifestations dans certaines villes contre les Juifs et les « Francos ».

THE MANCHESTER PRINT WORKS, AT MANCHESTER, N. H.

Manchester, NH au début du XXe siècle

À votre avis, lesquels des facteurs suivants ont joué un rôle important dans cette immigration québécoise ?

- l'oppression politique
- la pauvreté, l'absence de possibilités chez eux
- le sens de l'aventure
- le désir de s'enrichir
- l'oppression religieuse
- le désir de posséder des terres

Aujourd'hui, la moitié de la population de la Nouvelle-Angleterre est d'origine québécoise. Mais la langue française a presque disparu. Une Franco-Américaine a dit : « *C'est quelque chose qui est presque mort. Pareil comme une personne, les dernières...* the last breaths, *comment on dit ça ?* ». Dans ce chapitre, nous examinerons le phénomène de l'immigration.

Drapeau des Franco-Américains de la Nouvelle-Angleterre

Interaction

Bulent Erim, un jeune Alsacien d'origine turque, s'occupe du magasin d'alimentation de son père dans le petit village d'Avolsheim. Pierre Schneider, son voisin, vient acheter des légumes.

Pierre   Oh, vous avez fait des transformations° !   *you've remodeled*

Bulent   Bonjour, Monsieur Schneider. Eh bien, oui. On se trouvait un peu à l'étroit, et le magasin était un peu sombre. Ça va aujourd'hui ? Et votre fils ?

Pierre   Ça va, mais Philippe a l'air de vouloir s'installer à Strasbourg. Moi, je ne pourrais pas... avec la délinquance... la pollution et tout ça. C'est épouvantable ! Et puis il n'a toujours pas trouvé de logement. C'est dur pour les jeunes aujourd'hui.

Bulent   Ah, vous savez, Madame Winkler est passée ce matin pendant qu'elle faisait ses courses. Elle m'a parlé d'un studio dans le quartier de la gare.

Pierre   Je vais lui en parler. Au fond, j'aimerais mieux qu'il revienne vivre ici.

Bulent   Il faut le laisser faire.° Quelquefois on doit quitter la maison pour comprendre ce qu'on a.   *You have to leave him alone*

Pierre   Vous, vous avez bien réussi en France. Quand je pense que le village n'avait même pas de magasin quand votre père est arrivé ! En quinze ans, il l'a transformé.

Bulent   Sa vie n'était pas facile au début. Il est parti tout seul de Turquie et il a travaillé très dur. Et il a économisé pendant cinq ans avant de nous faire venir.

Pierre   Vous n'avez jamais envie de repartir en Turquie ? Moi j'ai toute ma famille autour de moi ici, mais la vôtre est loin.

Bulent   C'est très beau là-bas, mais vous savez, c'est la campagne... De toute façon, j'ai mes amis ici, et mes cousins sont en Allemagne. On est habitué à l'Alsace maintenant. On va y rester.

Observez

1. Quels problèmes est-ce que Philippe va trouver à Strasbourg ?
2. Comment est-ce que la famille Erim a transformé le village ?
3. Pourquoi la famille Erim ne veut-elle pas retourner en Turquie ?

Réfléchissez

1. À votre avis, pourquoi Philippe, le fils de Pierre, veut-il quitter le village pour habiter à Strasbourg ?
2. Quels conflits est-ce qu'il peut y avoir dans les sentiments d'un immigré quand il pense à son pays d'origine et son pays d'adoption ?
3. Dans votre pays, est-ce que les immigrés peuvent s'intégrer plus facilement dans un village ou dans une grande ville ? Pourquoi ?
4. Quels sont les groupes d'immigrés les plus nombreux dans votre région ?

Autrement dit

Questions de societé

le crime	un(e) criminel(le)
l'agression°	un agresseur°
le vol°	un(e) voleur/euse°
le meurtre	un(e) meurtrier/ière
la toxicomanie°	un(e) toxicomane
la drogue	un(e) drogué(e)
le racisme	un(e) raciste
la délinquance	un(e) délinquant(e)
la pauvreté	un(e) pauvre; un(e) sans-abri, un(e) SDF (sans domicile fixe)
l'alcoolisme	un(e) alcoolique
l'ivresse au volant°	
l'ivresse publique	
la pollution	un pollueur de l'eau, de l'air, de l'environnement
la maladie (le SIDA°, la tuberculose, le cancer, les épidémies)	un(e) séropositif/ive, un(e) sidéen(ne)
le chômage	un(e) chômeur/euse

mugging / mugger — l'agression° / un agresseur°
theft / thief — le vol° / un(e) voleur/euse°
drug addiction — la toxicomanie°
drunk driving — l'ivresse au volant°
AIDS — le SIDA°

Les immigrés en France

groupe	pays d'origine	
les Algériens	l'Algérie	
les Marocains	le Maroc	le Maghreb°
les Tunisiens	la Tunisie	
les Espagnols	l'Espagne	
les Portugais	le Portugal	
les Ivoiriens	la Côte-d'Ivoire	
les Zaïro-Congolais	la République démocratique du Congo	
les Sénégalais	le Sénégal	
les Vietnamiens	le Viêt-nam	

« l'ouest » du monde musulman : le Maroc, l'Algérie, la Tunisie

**La clientèle multiculturelle
d'un marché parisien**

Pratique et conversation

A. Repérez. Repérez les pays identifiés dans la liste précédente sur les cartes au
début du livre. Précisez où ils se trouvent ; quels sont les pays voisins ; quel est le
statut du français (ou : quelle est la langue officielle).

> **Modèle :** le Portugal
> **Vous :** Le Portugal est un pays de l'Europe du sud. L'Espagne se
> trouve à l'est et au nord. Le Portugal est bordé par l'océan
> Atlantique. La langue officielle est le portugais.

B. Pourquoi sont-ils en France ? Pourquoi est-ce que les personnes des
nationalités suivantes se trouvent en France ? Pour en apprendre davantage°,   *to learn more*
consultez le Répertoire géographique à la fin du livre. Ensuite, choisissez parmi
les raisons données et ajoutez des détails basés sur vos connaissances historiques /
politiques. Votre professeur vous demandera peut-être de faire des recherches plus
approfondies.

1. les Maghrébins   a. réfugiés / habitants des anciennes colonies
   françaises
2. les Vietnamiens   b. conditions économiques difficiles dans le pays
   d'origine
3. les Portugais   c. guerre civile dans le pays d'origine
4. les Ivoiriens   d. discrimination dans le pays d'origine
5. les Espagnols

C. Un sondage. Voici les résultats d'un sondage fait auprès des jeunes français.

Parmi les grandes questions suivantes pour la société française, quelles sont celles qui vous inquiètent le plus ?	Mars 2001	Mars 2002
– Le chômage	38 %	44 %
– L'insécurité	16	36
– Le racisme	36	28
– La pollution	21	22
– Le SIDA	23	20
– La drogue	17	17
– La pauvreté	13	13
– L'intégrisme religieux	7	8
– La sécurité alimentaire	17	5
– L'immigration	3	3

1. Quel est le problème social le plus souvent cité par les jeunes en 2001 ? et en 2002 ?
2. Quelle question devient moins importante entre 2001 et 2002 ?
3. Quelles statistiques restent stables ?
4. Quel problème s'est aggravé le plus entre 2001 et 2002 ?
5. Quelles trois questions vous concernent le plus personnellement ? Comparez vos réponses à celles des autres étudiants dans la classe. Est-ce que vous remarquez des tendances ?

D. Et vous ? Maintenant, parlez un peu de votre famille et de votre communauté.

1. Quand et pourquoi est-ce que votre famille (vos parents, vos grands-parents) est venue dans ce pays ?
2. Est-ce que vous avez des parents dans d'autres pays du monde ?
3. Est-ce qu'il y a une population importante d'immigrés dans votre ville ? De quel(s) pays viennent-ils ? Discutez de leurs contributions à la communauté.

Pour décrire le logement

Une des premières choses que les immigrés doivent faire, c'est de trouver un logement. Voici quelques expressions qui sont utiles pour réaliser ce but.

qualités positives	qualités négatives
bien situé	mal situé
calme	bruyant
grand	petit
spacieux	exigu
clair	sombre
propre	sale

Les logements

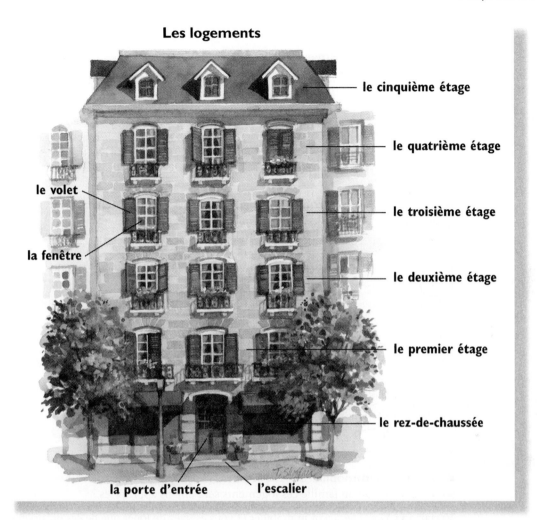

- le cinquième étage
- le quatrième étage
- le troisième étage
- le deuxième étage
- le premier étage
- le rez-de-chaussée
- le volet
- la fenêtre
- la porte d'entrée
- l'escalier

Les pièces et les aménagements

Je cherche

un studio un deux-pièces (= avec une chambre)	charges comprises chauffé meublé	avec	une cuisine / un coin-cuisine / une kitchenette une salle de séjour

un trois-pièces
(= avec deux
chambres)
	à louer
	à acheter
			une salle de bains
			une douche
			des placards
			des penderies
			une machine à laver
			  / un lave-linge
			un sous-sol / une
			cave
			un grenier
			un séchoir / un
			  séche-linge
			un lave-vaisselle

Pour parler de l'excès

Notre premier appartement était

+	−
fabuleux	lamentable
extraordinaire	épouvantable
fantastique	affreux
merveilleux	vilain
extra	minable
super	moche

Pratique et conversation

A. Deux appartements bien différents. Décrivez les appartements suivants. Lequel préféreriez-vous louer ? Expliquez.

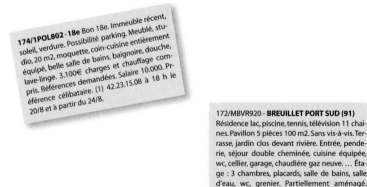

B. Annonces immobilières. Regardez les trois annonces suivantes. Pour quelle sorte de personne ou famille ces logements seraient-ils appropriés ?

Variation : Vous êtes agent immobilier et vous essayez de louer une de ces propriétés à un(e) client(e). Il/Elle est très exigeant(e) et vous pose beaucoup de questions.

174/1POL802 - 18e Bon 18e. Immeuble récent, soleil, verdure. Possibilité parking. Meublé, studio, 20 m2, moquette, coin-cuisine entièrement équipé, belle salle de bains, baignoire, douche, lave-linge. 3.100€ charges et chauffage compris. Références demandées. Salaire 10.000. Préférence célibataire. (1) 42.23.15.08 à 18 h le 20/8 et à partir du 24/8.

172/DSO758 - GUADELOUPE À partir de septembre, à 35 km de Pointe-à-Pitre. Loue en meublé. Rez-de-chaussée de villa, face mer à 50 m. 3 pièces, 54 m2, terrasse privée, cuisine toute équipée, téléphone privé, télévision, radio-cassettes. Toilette avec douche. Pour 4 personnes. (19) 590.28.49.92 ou écrire : Mme GOUBIN, Plage de Rifflet, 97126 Deshaies.

172/MBVR920 - BREUILLET PORT SUD (91)
Résidence lac, piscine, tennis, télévision 11 chaines. Pavillon 5 pièces 100 m2. Sans vis-à-vis. Terrasse, jardin clos devant rivière. Entrée, penderie, séjour double cheminée, cuisine équipée, wc, cellier, garage, chaudiére gaz neuve. ... Étage : 3 chambres, placards, salle de bains, salle d'eau, wc, grenier. Partiellement aménagé. 7 mn RER C. 980.000€. Libre rapidement. (1) 64.58.50.36 ou (1) 40.65.49.59 bureau.

C. Un appartement à louer. Vous serez en vacances pendant l'été et vous voulez louer votre appartement. Décrivez-le à un(e) partenaire qui vous posera des questions.

Étude de vocabulaire

Sortir, partir, quitter et laisser

Les quatre verbes **sortir, partir, quitter** et **laisser** signifient en général *to leave*, mais ils s'emploient chacun de façon différente.

a. Le verbe **sortir** signifie *to go out of*. C'est le contraire du verbe **entrer (dans)**. Il s'emploie seul, ou accompagné d'une préposition.

Il sort de son appartement.
Si seulement je pouvais sortir de cette prison !
Tu sors ? Ferme la porte derrière toi !

b. Le verbe **sortir (avec)** signifie aussi *to go out socially, on a date*.

Où vas-tu, Nicole ? Je sors avec Henri ce soir.
Tu es sorti(e) hier soir ? Oui, je suis allé(e) au restaurant.

c. Le verbe **partir** signifie *to leave (from, for)*. Il s'emploie seul ou suivi de la préposition **de** ou **pour**. Le contraire de **partir de** est **arriver à** ; le contraire de **partir pour** est **arriver de**.

Tu pars maintenant ? Attends, je t'accompagne.
Le train part à douze heures trente.
Je pars pour New York. (≠ J'arrive de New York.)
Nous sommes partis de Paris.[1] (≠ Nous sommes arrivés à Paris.)

d. Le verbe **quitter**, *to leave a person or a place*, s'emploie toujours avec un complément d'objet direct.

Elle quitte son mari.
J'ai quitté l'appartement à trois heures de l'après-midi.
Je quitte Paris pour Lyon.

e. Le verbe **laisser** signifie *to leave behind*.

J'ai laissé mes affaires à la maison.

Pratique et conversation

Remplissez. Remplissez le blanc avec le verbe **sortir, partir, quitter** ou **laisser**. Attention : parfois, il y a plus d'une réponse correcte.

1. Philippe vient d'appeler. On va _____ ce soir.
2. « Où est le patron ? » « Il est déjà _____. »
3. À quelle heure _____ avion pour Chicago ?
4. Il a _____ son poste d'administrateur pour devenir professeur.
5. La pauvre ! Son mari l'a _____ pour une autre femme.
6. Elle est _____ de son bureau vers 17 h 00.
7. Je n'ai pas du tout aimé le film. Alors, je suis _____.
8. Tu n'as pas ton parapluie ? Où l'as-tu _____ ?

---

[1] Les verbes **sortir** et **partir** se conjuguent avec **être** aux temps composés ; les verbes **quitter** et **laisser** se conjuguent avec **avoir**.

Grammaire de base

1.1 You have learned that some verbs introduce their object by means of a preposition. Review the following tables.

Verbs that introduce an object with the preposition *à*

téléphoner	à qqn[2]	Je téléphone à mes parents le week-end.
obéir à	} qqn / qqch[3]	Nous obéissons à notre professeur.
penser à		Elle pense souvent à son pays.
dire		
donner		
expliquer	} qqch à qqn	Le professeur donne des devoirs aux étudiants.
raconter		
rendre		
servir		

Verbs that introduce an object with the preposition *de*

avoir besoin	}	Je travaille parce que j'ai besoin d'argent.
avoir peur		Il a peur des araignées°.
être amoureux	de	Cet homme est très amoureux de sa femme.
parler		Est-ce que tu parles de ton voisin?

spiders

Verbs that introduce an object with other prepositions

compter	sur	Je compte sur mon professeur pour réussir.
travailler	sur, avec	Est-ce que vous travaillez sur un rapport ?
danser	} avec	Il veut danser avec sa petite amie.
se marier		Elle va se marier avec son fiancé.

---

[2] **qqn** signifie **quelqu'un**
[3] **qqch** signifie **quelque chose**

Verbs that take a direct object in French but whose English equivalent may require a preposition

regarder		
écouter	qqn / qqch	J'ai payé la facture.
chercher		*I paid the bill.*
payer		J'ai payé les billets
		I paid for the tickets.

Structure I

Pour faire référence à un élément du discours déjà mentionné : Les compléments d'objet direct et indirect
(Grammaire de base 1.1)

Study the following short dialogue between a recent immigrant and a government employee, paying attention to the object pronouns in italics. Can you identify to whom or what they refer?

> —J'ai reçu un papier. On me demande mon certificat de mariage. Je crois que je *l'*ai déjà envoyé.
> —Si vous avez été convoqué, c'est que nous ne *l'*avons pas.
> —Mais, je *vous* jure que si. Je *vous* ai envoyé une photocopie.
> —Je *vous* dis que nous ne *l'*avons pas.
> —Voilà l'original. Vous pouvez me *le* rendre assez vite ?

a. Direct object pronouns refer to or replace direct object nouns that represent people or things. The direct object pronoun precedes the verb of which it is the object. The negation surrounds the conjugated verb and the pronoun that precedes it. Further examples follow.

direct object pronouns

Il **me** regarde.	Il faut venir **nous** voir.
Je ne **t'**aime pas.	Elle **vous** cherche.
Je vais **le** voir demain.	Il ne **les** achète pas.
Je **la** vois.	

b. Indirect object pronouns replace the phrase **à** + noun when the noun refers to a person. Study the forms of the indirect object pronouns.[4]

indirect object pronouns

Il **me** parle.	Tu **nous** rends le livre.
Je **te** dis la vérité.	Elle **vous** explique la leçon.
Je ne **lui** fais pas confiance.	Il va **leur** acheter un cadeau.

---

[4] Exceptionally, indirect object pronouns are not used with the verb **penser à** and **rêver à** when referring to people. Rather, **à** + stressed pronoun is used: **Je pense à mon père. Je pense à lui.** See page 109.

Note again the position of the pronoun: The negation surrounds the conjugated verb and the pronoun that precedes it.

c. In the affirmative imperative, object pronouns follow the verb form. Note that after the verb, **me** becomes **moi** and **te** becomes **toi**. One uses a hyphen between the verb and the pronoun.

Regardez-le !   Téléphone-moi ce soir !

d. In the negative imperative, the object pronoun precedes the verb form of which it is the object.

Ne le regardez pas ! Ne me téléphonez pas ce soir.

e. In compound tenses, the object pronoun precedes the auxiliary. The negation **ne... pas** surrounds the object pronoun and auxiliary.

Il m'a servi un bon repas.
Nous ne l'avons pas trouvé(e).

f. In compound tenses, the past participle agrees in gender and number with a preceding direct object pronoun.

J'ai acheté la lampe. Je l'ai achetée.
                    f.s.   *f.s.*

Pratique et conversation

A. Pour obtenir un visa de travail. Vous voulez travailler dans un pays étranger. Qu'est-ce qu'il faut faire pour obtenir un visa de travail ? Refaites les phrases suivantes en remplaçant les mots en italique par des pronoms.

required
1. Il faut remplir les *formulaires requis°*.
2. Parfois, on demande *la signature* de votre employeur prospectif.
3. Vous envoyez ces formulaires *à un fonctionnaire* de l'État.
4. Quelquefois, on attend longtemps *la réponse*.
5. En cas de réponse positive, communiquez la nouvelle *à l'employeur prospectif*.
6. N'oubliez pas de régler toutes vos affaires avant de partir : donnez votre nouvelle adresse *à vos amis*.
7. Prévenez la banque ; écrivez *à votre propriétaire*.
8. Maintenant, vous êtes prêt(e) à faire *vos valises* !

B. Jeu de rôle. Vous êtes reporter pour un journal français. Vous interviewez un jeune homme qui vient d'immigrer en France. Posez-lui des questions sur ses expériences à son arrivée dans son nouveau pays. Essayez d'employer des pronoms dans vos questions et vos réponses.

welcomed
Modèle : Est-ce qu'on vous a bien accueilli° ? Est-ce qu'on vous a menacé d'expulsion ? Est-ce qu'on vous comprenait quand vous parliez français ?

C. Interview. Interviewez votre partenaire au sujet de l'immigration. Il/Elle répondra aux questions en utilisant un pronom complément d'objet direct ou indirect, si possible. Demandez-lui...

1. s'il faut limiter l'immigration dans notre pays.
2. si on devrait accorder° la nationalité américaine / canadienne aux immigrants clandestins déjà installés dans le pays.
3. si on devrait instruire les enfants des immigrés en anglais ou dans leur langue maternelle.
4. si les immigrants prennent le travail des autres citoyens.
5. quels avantages l'immigration donne aux habitants d'un pays.

should grant

Après avoir répondu à ces questions, choisissez un des thèmes sur lequel vous et votre partenaire êtes d'accord. Ensuite, faites une liste d'arguments pour justifier votre point de vue.

Structure II

Pour faire référence à un élément du discours déjà mentionné : Les pronoms y, en ; les pronoms toniques après les prépositions
(Grammaire de base 1.1)

a. Use the pronoun **y** to replace **à** + noun when the noun refers to a thing.

Elle a répondu à la question. → Elle y a répondu.
Nous obéissons aux lois. → Nous y obéissons.

b. Use the pronoun **en** to replace **de** + noun, when the noun refers to a thing.

Nous avons besoin d'un nouvel appartement. → Nous en avons besoin.
Vous parlez de votre maison. → Vous en parlez.

c. Review the forms of the stressed pronouns.

je	→	moi	nous	→	nous
tu	→	toi	vous	→	vous
il	→	lui	ils	→	eux
elle	→	elle	elles	→	elles

d. These stressed pronouns are used to replace a noun that refers to a person after **de** and all prepositions other than **à**. Remember that **à** + person is usually replaced by an indirect object pronoun.

J'ai besoin de mon père. → J'ai besoin de lui.
Nous comptons sur nos collègues. → Nous comptons sur eux.
Tu danses avec Annick ? → Tu danses avec elle ?

e. Exceptionally, the verb **penser à** uses stressed pronouns to replace human complements.

Je pense à M. Ahmed. Je pense à lui.

Pratique et conversation

A. Les immigrés. Que savez-vous de la vie des immigrés ? Répondez aux questions suivantes en employant un pronom.

1. Est-ce que les immigrés ont besoin de logement ?
2. Est-ce qu'ils obéissent à leurs traditions ?
3. Est-ce qu'ils ont peur du racisme ?
4. Est-ce qu'ils comptent beaucoup sur leurs compatriotes ?
5. Est-ce qu'ils ont besoin d'emploi ?
6. Est-ce que les immigrés ont peur de la politique américaine / canadienne de l'immigration ?
7. À votre avis, est-ce que les Américains / Canadiens profitent de l'immigration ?
8. Est-ce qu'il y a beaucoup d'immigrés en Californie / Colombie Britannique ?
9. Est-ce qu'il existe des groupes racistes aux États-Unis / Canada ?

B. Une interview. Complétez l'interview par les pronoms personnels appropriés.

La journaliste Bonjour. Vous êtes marocaine, mais vous vivez aux États-Unis depuis une dizaine d'années. Est-ce que vous pensez souvent à votre pays ?

Layla Oui, j(e) _____ pense souvent.

La journaliste Est-ce que vous voyez souvent vos parents ?

Layla Oui, bien sûr, j(e) _____ vois tout le temps puisqu'ils habitent aux États-Unis.

La journaliste Est-ce qu'ils habitent chez vous ?

Layla Oui, ils habitent chez _____.

La journaliste Est-ce qu'ils sont fiers de vous ?

Layla Au début, c'était difficile pour _____ (les parents de Layla) mais maintenant ils sont fiers d(e) _____.

C. Le bonheur. De quoi / De qui est-ce que vous avez besoin pour être heureux/euse ? De quoi êtes-vous fier/fière ? De quoi n'êtes-vous pas satisfait(e) ? Posez des questions à votre partenaire qui va répondre en utilisant le pronom **en**. Comparez vos réponses à celles de votre partenaire. Êtes-vous d'accord tous les deux ? Sur quels points est-ce que vous n'êtes pas d'accord ?

Modèle : As-tu besoin d'une grande maison pour être heureux/euse ?
Votre partenaire : Oui, j'en ai besoin. (*ou :* Non, je n'en ai pas besoin, un appartement modeste est suffisant.)

Vocabulaire utile

progrès dans ses études
avancement dans sa carrière
la vie sentimentale
des accomplissements personnels / professionnels
les amitiés

Notions de culture

France Culture

50 **SOCIÉTÉ** A propos des rencontres d'Averroès, les 8 et 9 novembre, avec

Ici, tous les peuples tentent de cohabiter. On s'entend, même si on ne s'aime pas à la folie

> Pascal Dupont, avec Laurent Straboni

Une ruelle en pente, une porte entrebâillée sans inscription, puis un couloir éclairé au néon. Trois coups, et une autre porte s'ouvre sur Kader, sa peau tannée et ses grosses moustaches. La salle est comble, les filles sont jolies et le J & B coule à flots. Des *chebs*, à peine débarqués du bateau et du bled, balancent leur raï comme au karaoké. Dans ce semi-clandé, ils danseront jusqu'à l'aube pour fêter leur arrivée.

Marseille ne cesse d'être une ville d'exilés. De gens qui ont fui la guerre, la violence, la misère : Arméniens rescapés des massacres de 1915, Grecs, républicains espagnols, chrétiens et juifs expulsés d'Egypte après 1956, rapatriés... Dans ses murs, ses passages sombres, ses mystères, la ville condense la Méditerranée. A la fois lumineuse et trouble, cosmopolite et fermée, c'est une ligne de feu. Le meurtre du jeune Français d'origine comorienne Ibrahim Ali par des colleurs d'affiches du Front national, en février 1995, et celui de Nicolas Bourgat par Khtab, un beur de 15 ans, en septembre dernier, forcent à relativiser l'idéologie candide de l'entente cordiale

Marseille en black, blanc, beur°

Reportage photo :
Daniel Lainé/Cosmos/pour l'Express

L'EXPRESS

enfant d'immigrés maghrébins, né en France (*this expression originated in the slang known as* verlan, *as a transformation of the word* arabe)

Marseille est une vieille ville méditerranéenne. Fondée par les Grecs, elle a toujours été cosmopolite.

Dans l'article, un Marseillais dit « La richesse de Marseille c'est cette identité métissée... Aujourd'hui encore, celui qui débarque d'Italie ou du Maghreb n'est pas dépaysé°. » Depuis les années 60, les immigrés qui viennent du Maghreb sont les plus nombreux.

feeling out of place

L'immigration est un grand sujet de débats politiques en France depuis trente ans. Dans les années 80 :

- Montée d'un sentiment anti-étranger, et surtout anti-arabe.
- Montée du Front National, un parti politique d'extrême droite, qui veut limiter l'immigration et renvoyer certains immigrés dans leur pays d'origine.

Dans les années 90 :

- Nouvelles lois pour réduire l'immigration, surtout l'immigration clandestine.
- La situation des « sans-papiers » devient difficile en France.
- Expansion de groupes comme *SOS Racisme*, qui essaient de réconcilier les Français avec les immigrés.

Aujourd'hui, une nouvelle source d'immigration clandestine est ouverte :

L'Union européenne

Les nouveaux immigrés viennent de l'Europe de l'Est, des pays qui ne font pas partie de l'Union européenne. La Roumanie, par exemple, est un pays francophile et francophone (le français y est la première langue étrangère parlée). La Roumanie est un pays pauvre. La situation est particulièrement grave pour les Roms — les Tziganes°.

les Tziganes = les Roms = les gens du voyage : gypsies

Le problème :

- Des réseaux organisés amènent des jeunes en France pour devenir prostituées.
- Ces réseaux amènent aussi des handicapés pour mendier° en France.

to beg

Questions

1. À quelles autres villes est-ce que Marseille ressemble, d'après la photographie ?
2. Que veut dire « métissée » ? Donnez un exemple.
3. Nommez trois pays d'Europe de l'Est qui sont à l'extérieur de l'Union européenne.
4. Pourquoi les habitants de ces pays immigrent-ils clandestinement vers la France ?

Discussion

1. Pourquoi la cohabitation de la population traditionnelle avec les immigrés est-elle souvent difficile ?
2. En France, certains disent que la différence de religion rend les Maghrébins indésirables. On disait la même chose des Franco-Américains au début du XXe siècle. Qu'en pensez-vous ?
3. Pourquoi existe-t-il des réseaux organisés qui font la promotion de l'immigration clandestine ? Quels problèmes en résultent ?
4. La notion d'identité métissée est difficile à accepter pour beaucoup d'Européens. Pourquoi ?
5. Est-ce qu'il y a des groupes d'immigrés chez nous qui suscitent la xénophobie chez certains ?

À la loupe

Le Québec attire beaucoup d'immigrants français. Quelles images du Québec est-ce que cette affiche met en valeur ? Quels avantages un Français pourrait-il trouver au Québec ? Quelles difficultés aura-t-il ?

Source: http://www.mri.gouv.qc.ca/paris/vous_souhaitez/immigrer/index.asp

Grammaire de base

2.1 To form the imperfect of any verb except **être**, drop the **-ons** of the **nous** form in the present tense and add the imperfect endings:

The Imperfect			stem	ending
J'	avais	l'air timide.	av–	ais
Tu	avais	peur.	av–	ais
Il/Elle/On	avait	besoin de conseils.	av–	ait
Nous	avions	soif.	av–	ions
Vous	aviez	l'air relax.	av–	iez
Ils/Elles	avaient	chaud.	av–	aient

2.2 Note the forms of stem-changing verbs in the imperfect.
> Je préférais...
> Je payais...
> J'achetais...

2.3 **Être** has an irregular stem in the imperfect, **ét-**, to which the regular imperfect endings are added: **j'étais, tu étais**, etc.

2.4 In the conjugations of **manger** and **commencer**, the final consonant of the stem is modified before endings that begin with **a**, to keep the same pronunciation throughout.

Je mangeais...	Tu commençais...
Ils mangeaient...	Elle commençait...
but:	
Nous mangions...	Nous commencions...
Vous mangiez...	Vous commenciez...

3.1 Review the forms of the possessive adjectives.

possessor	possessive adjective
je	mon/ma/mes
tu	ton/ta/tes
il/elle/on	son/sa/ses
nous	notre/nos
vous	votre/vos
ils/elles	leur/leurs

3.2 The forms **mon, ton**, and **son** are used before a feminine singular noun that begins with a vowel sound: **mon amie**, *my friend* (*f.*).

Structure *III*

Pour décrire au passé : L'Imparfait
(Grammaire de base 2.1–2.4)

a. The imperfect is used to describe people and places in the past.

> Au début, ce magasin répondait parfaitement à nos besoins, mais finalement, nous avons trouvé qu'il n'y avait pas assez d'espace.

> *At the beginning, this store filled our needs perfectly, but after a while, we found that we didn't have enough space.*

b. Not only is the imperfect used for physical descriptions, but it is used also to describe states of mind in the past.

> Nous avions raison de vouloir immigrer en France.

> *We were right to immigrate to France.*

c. Another use of the imperfect is to tell how things used to be, or what you used to do in the past.

> Ah oui, sa vie n'était pas facile au début.
> Avant l'arrivée de votre famille, je faisais mes courses dans un autre village.

d. The imperfect is frequently used with adverbs that suggest habitual past action, such as **autrefois, toujours, souvent, tout le temps,** and **fréquemment**.

> Vous savez, autrefois, les habitants du village achetaient leurs provisions ailleurs.

> *You know, in the past, the residents of the village used to buy their groceries elsewhere.*

e. The imperfect is also used to talk about actions in progress in past time, that is, what was happening.

> Ah, vous savez, Madame Winkler est passée ce matin pendant qu'elle faisait ses courses.

> *Oh, you know, Madame Winkler passed by this morning while she was doing her errands.*

f. Here is a summary of the uses of the imperfect you have seen so far.

- Descriptions of people, places, and states of mind in the past—what was the state of affairs, the state of mind
- Habitual past action—what used to happen
- Ongoing past action—what was happening

g. The verb **devoir** in the imperfect can mean *supposed to* or *was to*.

> Nous devions retourner en Turquie cet été.

> *We were supposed to go back to Turkey this summer.*

Pratique et conversation

A. Les débuts d'un immigré. Un immigré raconte sa vie depuis son arrivée dans son pays d'accueil. Complétez les phrases en conjuguant les verbes à l'imparfait.

1. La plupart des gens / se montrer / accueillants et être / prêts à nous aider
2. Mais nous / avoir pas mal de difficultés
3. Je / sortir / tous les jours pour trouver du travail
4. Ma femme / rester / à la maison et soigner / les enfants
5. Mes parents / m'écrire régulièrement. Ils / vouloir / savoir si nous / avoir / la nostalgie de notre pays

B. Autrefois. En utilisant un élément de chaque colonne, formulez des phrases pour parler de votre jeunesse. N'oubliez pas d'employer l'imparfait pour décrire au passé, ou pour parler des actions habituelles.

> **Modèle :** Quand j'étais jeune, mes parents étaient très sévères.

I	II
il	y avoir
les gens	faire
mes parents	être
mes amis et moi	prendre
je	regarder
notre maison	pouvoir
	jouer
	avoir besoin

C. Interview : Étapes de la vie. Demandez à votre partenaire...

1. s'il/si elle était heureux/euse à l'âge de dix ans.
2. ce qu'il/elle aimait faire quand il/elle était au lycée.
3. s'il/si elle avait beaucoup d'ennuis pendant son adolescence.
4. si ses parents étaient très sévères avec lui/elle quand il/elle avait seize ans.
5. s'il/si elle était plus actif/ive quand il/elle avait dix-huit ans.

D. Une vie simple. Daniel raconte ses étés passés chez ses grands-parents à la campagne. Complétez son récit en mettant les verbes entre parenthèses à l'imparfait.

Je _____ [1] (repenser) à mon oncle et à ma tante ces derniers jours. Ils _____ [2] (vivre) à la campagne. Ils _____ [3] (cultiver) leur petit jardin. La famille _____ [4] (avoir) besoin de cette excellente production pour survivre. Je les _____ [5] (voir) heureux de vivre ; plus heureux que mes parents qui, dans les affaires, « _____ [6] (gagner) de l'argent » à la ville…

Ma sœur et moi, nous _____ [7] (passer) une partie des vacances d'été chez eux. Nous n'_____ [8] (être) aussi heureux que ces quelques (rares !) étés là. Mon oncle nous _____ [9] (apprendre) des choses élémentaires de la nature, comment on _____ [10] (planter) et _____ [11] (récolter). Que je regrette cette vie simple !

Structure IV

Pour exprimer la possession : Les pronoms possessifs

a. Possessive pronouns replace a possessive adjective and the noun it modifies.

En quinze ans, votre père a transformé le village avec son épicerie et votre oncle avec la sienne.	*In fifteen years, your father transformed the village with his grocery store and your uncle with his.*

b. Study the forms of the possessive pronouns.

possessor	possessive pronoun	
je	le mien / la mienne / les miens / les miennes	*mine*
tu	le tien / la tienne / les tiens / les tiennes	*yours*
il/elle/on	le sien / la sienne / les siens / les siennes	*his/hers/one's*
nous	le nôtre / la nôtre / les nôtres	*ours*
vous	le vôtre / la vôtre / les vôtres	*yours*
ils/elles	le leur / la leur / les leurs	*theirs*

c. Choose the form of the possessive pronoun according to the gender and number of the noun that is referred to.

Mon appartement est très spacieux. Est-ce que le tien [= ton appartement : (m.s.)] est spacieux aussi ?

Ma famille est d'origine marocaine. La sienne [= sa famille] est d'origine espagnole.

d. The first element of the masculine and the plural forms will contract with the prepositions **de** and **à**.

Je n'ai pas mon stylo. Avez-vous besoin du vôtre ?

Je vais répondre à ses commentaires, et aux tiens aussi.

e. Note the use of possessive pronouns to refer to one's family.

Vous n'avez pas envie de repartir en Turquie un jour pour être parmi les vôtres ?

Pratique et conversation

A. Camarades de chambre. Vous avez un nouveau/une nouvelle camarade de chambre et vous lui parlez de ses responsabilités. Remplacez les mots en italique par un pronom possessif.

> **Modèle :**   Toi, tu nourris ton chat et moi, je nourris *mon chat.*
> **Vous :**   Toi, tu nourris ton chat et moi, je nourris le mien.

1. Tu fais ton lit et je fais *mon lit.*
2. J'arrose mes plantes et tu arroses *tes plantes.*
3. Les voisins sont en vacances. Quand tu nourris ton chat, est-ce que tu pourrais nourrir *le chat des voisins* aussi ?
4. Si tu laves ma voiture cette semaine, je laverai *ta voiture* la semaine prochaine.
5. Je répondrai à ton coup de téléphone si tu réponds à *mon coup de téléphone.*
6. J'invite mes parents à dîner. Tu peux inviter *tes parents* aussi !

B. Les immigrés. Remplacez les mots en italique par un pronom possessif.

1. Mon père a immigré d'Algérie ; *son père* a immigré de Tunisie.
2. Cette HLM ne répond plus à mes besoins ; elle ne répond pas *à vos besoins* non plus.
3. Ma génération n'a pas confiance en l'avenir ; *leur génération* avait plus de confiance en l'avenir.
4. Je ne réussis pas dans mes études ; tu ne réussis pas dans *tes études* non plus.
5. Vous obéissez à vos traditions ; nous obéissons à *nos traditions*.
6. Tu as besoin de mon aide ; j'ai besoin *de ton aide* aussi.

C. Opinions. Donnez votre opinion en employant un pronom possessif.

> **Modèle :** Est-ce que votre maison est plus grande que la maison de vos voisins ?
>
> **Vous :** La mienne est plus grande que la leur. (*ou :* La leur est plus grande que la mienne.)

1. Est-ce que votre voiture est plus chère que la voiture de votre professeur ?
2. Est-ce que votre travail est plus dur que le travail de votre professeur ?
3. Est-ce que vos notes sont meilleures que les notes de vos amis ?
4. Est-ce que notre génération est plus altruiste que la génération de nos parents ?
5. Est-ce que vos goûts sont plus raffinés que les goûts de vos amis ?

Lecture

Eric-Emmanuel Schmitt

Monsieur Ibrahim et les fleurs du Coran

Albin Michel

Vous allez lire un extrait du roman Monsieur Ibrahim et les fleurs du Coran, *d'Eric-Emmanuel Schmitt. L'auteur raconte l'histoire de Momo, un jeune garçon juif habitant dans un quartier de Montmartre pendant les années soixante. Son seul ami est l'épicier musulman Monsieur Ibrahim, qui lui fera découvrir ses secrets du bonheur spirituel.*

Né en 1960, le philosophe et romancier Eric-Emmanuel Schmitt compte parmi les auteurs dramatiques les plus joués actuellement en France et dans le monde.

Avant de lire

A. Narrer dans le passé. Dans ce chapitre, vous avez étudié l'emploi de trois temps du verbe — **le passe composé, l'imparfait** et **le plus-que-parfait**. Voici quelques phrases tirées du texte. Identifiez le temps du verbe et sa fonction.

1. Monsieur Ibrahim *avait* toujours *été* vieux. Unanimement, de mémoire de rue Bleue et de rue du Faubourg-Poissonnière, on *avait* toujours *vu* Monsieur Ibrahim dans son épicerie, de huit heures du matin au milieu de la nuit…
2. Tous les jours, donc, je *faisais* les courses et les repas.
3. *J'ai ramassé* mes commissions et *suis sorti*, groggy, dans la rue.
4. Lorsque *j'ai commencé* à voler mon père pour le punir de m'avoir soupçonné°, *je me suis mis* aussi à voler Monsieur Ibrahim. *J'avais* un peu honte…

for having suspected me

B. Le passé simple. Dans ce passage, vous allez voir un autre temps du verbe, *le passé simple*. Le passé simple s'emploie pour la plupart dans les textes littéraires. Ce temps du verbe est l'équivalent du passé composé[5]. À la première personne du singulier des verbes en **-er**, on utilise la terminaison **-ai** ; à la troisième personne du singulier, le verbe se termine en **-a** :

Passé Composé	**Passé Simple**
J'ai donné	Je donnai
J'ai parlé	Je parlai
Il a donné	Il donna
Elle a parlé	Elle parla

Voici quelques exemples du passé simple tirés du texte. Transformez le verbe au passé composé et traduisez-le.

Le lendemain, *j'ajoutai* en sortant mon porte-monnaie :
—Je ne m'appelle pas Momo, mais Moïse.
Le lendemain, c'est lui qui *ajouta* :
Je sais que tu t'appelles Moïse, c'est bien pour cela que je t'appelle Momo, c'est moins impressionnant.
Le lendemain, en comptant mes centimes, *je demandai* :
— Qu'est-ce que ça peut vous faire à vous ? Moïse, c'est juif, c'est pas arabe.

---

[5] A complete presentation of the forms and uses of the **passé simple** is found in the *Verb Appendix* on page VA2.

C. Le français parlé. Dans cet extrait, on trouve aussi des exemples du français parlé. La suppression du **ne** de la négation est très fréquente dans le langage parlé :

Français parlé	Français « correct »
Après tout c'est qu'un Arabe	Après tout, ce n'est qu'un Arabe.
Moïse, c'est juif, c'est pas arabe	Moïse, c'est juif, ce n'est pas arabe.

Dans l'exemple suivant, on trouve la suppression de la première partie de la négation et un autre phénomène du français parlé. Pouvez-vous l'identifier ?

— Alors pourquoi on dit que vous êtes l'Arabe de la rue, si vous êtes pas arabe ?

D. Voisins. Qu'est-ce que la communauté juive et arabe ont en commun ? Quelles différences sociales peuvent exister entre ces deux communautés ?

Monsieur Ibrahim et les fleurs du Coran

Monsieur Ibrahim avait toujours été vieux. Unanimement, de mémoire de rue Bleue et de rue du Faubourg-Poissonnière, on avait toujours vu Monsieur Ibrahim dans son épicerie, de huit heures du matin au milieu de la nuit, **arc-bouté** entre sa caisse et **les produits d'entretien**, une jambe dans l'allée, l'autre sous les boîtes d'allumettes, une blouse grise sur une chemise blanche, des dents en ivoire sous une moustache sèche, et des yeux en pistaches, verts et marron, plus clairs que sa peau brune **tachée** par la **sagesse**.

Car Monsieur Ibrahim, de l'avis général, **passait pour** un sage. Sans doute parce qu'il était depuis au moins quarante ans l'Arabe d'une rue juive. Sans doute parce qu'il souriait beaucoup et parlait peu. Sans doute parce qu'il semblait échapper à l'agitation ordinaire des mortels, surtout des mortels parisiens, ne bougeant jamais, **telle une branche greffée** sur son **tabouret**, ne rangeant jamais son **étal** devant **qui que ce soit,** et disparaissant on ne sait où entre minuit et huit heures du matin.

Tous les jours, donc, je faisais les courses et les repas. Je n'achetais que des boîtes de conserve. Si je les achetais tous les jours, ce n'était pas pour qu'elles **soient** fraîches, non, mais parce que mon père, il ne me laissait l'argent que pour une journée, et puis c'était plus facile à cuisiner !

Lorsque j'ai commencé à voler mon père pour le punir de m'avoir soupçonné, je me suis mis aussi à voler Monsieur Ibrahim. J'avais un peu honte mais, pour lutter contre ma honte, je pensais très fort, au moment de payer :

Après tout, c'est qu'un Arabe !

Tous les jours, **je fixais** les yeux de Monsieur Ibrahim et ça me donnait du courage.

Après tout c'est qu'un Arabe !

---

arc-bouté *buttressed* / **les produits d'entretien** *cleaning, household products* / **tachée** *marked* / **sagesse** *wisdom* / **passait pour** *was taken for* / **telle une branche greffée** *just like a branch grafted* / **tabouret** *stool* / **étal** *display counter* / **qui que ce soit** *whomever it may be* / **soient** *are* / **je fixais** *I was staring at, focusing on*

— Je ne suis pas arabe, Momo, je viens du Croissant d'Or.

J'ai ramassé mes **commissions** et suis sorti, groggy, dans la rue. Monsieur Ibrahim m'entendait penser ! Donc s'il m'entendait penser, il savait peut-être aussi que **je l'escroquais** ?

Le lendemain, je ne dérobai aucune boîte mais je lui demandai :

— C'est quoi, le Croissant d'Or ?

J'avoue que, toute la nuit, j'avais imaginé Monsieur Ibrahim assis sur la pointe d'un croissant d'or et **volant** dans un ciel étoilé.

— Cela désigne une région qui va de l'Anatolie jusqu'à la Perse, Momo.

Le lendemain, j'ajoutai en sortant mon porte-monnaie :

—Je ne m'appelle pas Momo, mais Moïse.

Le lendemain, c'est lui qui ajouta :

—Je sais que tu t'appelles Moïse, c'est bien pour cela que je t'appelle Momo, c'est moins impressionnant.

Le lendemain, en comptant mes centimes, je demandai :

Une conférence du groupe SOS Racisme

— Qu'est-ce que ça peut vous faire à vous ? Moïse, c'est juif, c'est pas arabe.

— Je ne suis pas arabe, Momo, je suis musulman.

— Alors pourquoi on dit que vous êtes l'Arabe de la rue, si vous êtes pas arabe ?

— Arabe, Momo, ça veut dire « ouvert de huit heures du matin jusqu'à minuit et même le dimanche » dans l'épicerie.

---

commissions *groceries* / **je l'escroquais** *I was stealing from him* / **volant** *flying*

Après la lecture

A. Portraits. D'abord, faites le portrait de Monsieur Ibrahim. Quel âge a-t-il à peu près ? Comment est-il physiquement ? Qu'est-ce qu'on apprend de son caractère ? Quel(s) pouvoir(s) est-ce que Momo lui attribue ?

   Maintenant, faites le portrait de Momo : comment est son caractère ? Comment est le rapport entre Monsieur Ibrahim et Momo ? Qu'est-ce que Momo apprend en parlant avec Monsieur Ibrahim ?

B. L'Arabe de la rue. Qu'est-ce que ce passage révèle vis-à-vis du statut des Arabes, ou des immigrés perçus comme arabes, dans la société des années soixante ?

Compréhension auditive

Quelles sont les attitudes de Français envers les étrangers ? Dans cette interview, vous allez entendre un point de vue.

Consulter le site Web **www.wiley.com/college/siskin** puis sélectionner Book Companion Site pour écouter le texte sonore.

Faites la **Compréhension auditive** pour **le Chapitre 4** dans votre cahier d'exercices.

Vocabulaire

agresseur (*m.*)	mugger	étage (*m.*)	floor
agression (*f.*)	mugging	fenêtre (*f.*)	window
alcoolique (*m./f.*)	alcoholic	four à micro-ondes (*m.*)	microwave oven
alcoolisme (*m.*)	alcoholism	frigo (*m.*)	refrigerator
cancer (*m.*)	cancer	grenier (*m.*)	attic
chômage (*m.*)	unemployment	kitchenette (*f.*)	kitchenette
chômeur/euse (*m./f.*)	unemployed person	lave-linge (*m.*)	washing machine
crime (*m.*)	crime	lave-vaisselle (*m.*)	washing machine
criminel/le (*m./f.*)	criminal	logement (*m.*)	housing
délinquance (*f.*)	delinquency	machine à laver (*f.*)	washing machine
délinquant (*m.*)	delinquent	penderie (*f.*)	walk-in closet
drogue (*f.*)	drug	placard (*m.*)	closet
drogué(e) (*m./f.*)	drug addict	porte d'entrée (*f.*)	main entrance
épidémie (*f.*)	epidemic	salle de bains (*f.*)	bathroom
ivresse au volant (*f.*)	drunk driving	salle de séjour (*f.*)	living room
ivresse publique (*f.*)	public drunkenness	sèche-linge (*m.*)	dryer
maladie (*f.*)	illness	séchoir (*m.*)	dryer
meurtre (*m.*)	murder	sous-sol (*m.*)	basement
meurtrier (*m.*)/		volet (*m.*)	shutter
meurtrière (*f.*)	murderer	studio (*m.*)	studio
pauvre (*m./f.*)	poor person	trois-pièces (*m.*)	two-bedroom
pauvreté (*f.*)	poverty		
pollueur (*m.*) de l'eau, de		à acheter	for sale
l'air de l'environnement	water/air/	à louer	for rent
	environmental		
	polluter	affreux/-euse	ugly
pollution (*f.*)	pollution	bruyant	noisy
racisme (*m.*)	racism	calme	calm
raciste (*m./f.*)	racist	chauffé	heated
sans-abri, (*m./f.*)	homeless person	clair	light
SDF (sans domicile		épouvantable	frightful
fixe) (*m./f.*)	homeless person	étroit	narrow
séropositif (*m.*)	a person who is HIV+	extra	great
SIDA (*m.*)	AIDS	extraordinaire	extraordinary
sidéen (*m.*)	a person who is HIV+	fabuleux/-euse	fabulous
toxicomane (*m./f.*)	drug addict	fantastique	fantastic, great
toxicomanie (*f.*)	drug addiction	grand	big
tuberculose (*f.*)	tuberculosis	lamentable	pitiful
vol (*m.*)	theft	merveilleux/-euse	wonderful
voleur/euse (*m./f.*)	thief	meublé	furnished
		minable	pathetic, lousy
Pour décrire le logement		moche	ugly
cave (*f.*)	basement	petit	small
charges (comprises) (*f. pl.*)	utilities (included)	propre	clean
coin-cuisine (*m.*)	kitchenette	sale	dirty
cuisine (*f.*)	kitchen	situé (bien, mal)	located (well, poorly)
deux-pièces (*m.*)	one-bedroom	sombre	dark
	apartment	spacieux/-euse	spacious
		super	great
douche (*f.*)	shower	vilain	nasty

CHAPITRE 5

Révélations audiovisuelles
Les médias et les valeurs

Guadeloupe (Antilles) : des musiciens

Objectifs

Communication

Practice inviting, accepting, and refusing invitations

Talk about films and music

Review narrating and describing in past time

Elaborate narrations using adverbs

Narrate in present time using pronominal verbs

Ask questions using interrogative pronouns

Comparisons

Compare French and American habits and tastes in entertainment

Cultures

Examine linguistic and cultural variation in Senegalese radio programming

Gain insight into the role of visual media in French culture

Connections

Relate literature to its filmic representation

Communities

Discuss the international reception of French cinema

Mise en train

Avec les médias modernes, la culture devient de plus en plus internationale. Aux États-Unis, par exemple, on écoute la musique africaine, et en Afrique on va voir les films américains.

Regardez le programme de radio Sud-FM (Dakar), une station privée, pour une partie de la journée :

Heures	Musique	Informations
9 h 00		
9 h 30	Musique (sénégalaise et africaine)	Informations brèves en français
10 h 00		
10 h 30		
11 h 00		Xibar Diamono°
11 h 30		
12 h 00	Animation°	Midi Info
12 h 30		
13 h 00		Journal en wolof
13 h 30		
14 h 00	Folklore—Bégal°	
14 h 30		
15 h 00		
15 h 30	Musique (dominante anglo-saxonne)	Informations brèves en français
16 h 00		
16 h 30		Informations brèves en français
17 h 00		
17 h 30	Animation libre (musique anglo-saxonne, rétro, années 60, blues, funk, classique)	Revue de presse en wolof
18 h 00		
18 h 30		

News of the Times (Wolof)

program arranged by the host

Entertainment (Wolof)

1. À quelles heures y a-t-il des émissions d'information en français ?
2. À quelles heures y a-t-il des émissions d'information en wolof ?
3. Quelles sortes de musiques entend-on sur Sud-FM ?
4. Pensez-vous que Sud-FM passe plus de musique « anglo-saxonne » que de musique africaine ?
5. Écoutez-vous une station de radio qui passe différentes sortes de musique, comme Sud-FM ?

Interaction

Katy et Mylène sont étudiantes en Lettres modernes° à l'université de Toulouse-Le Mirail. C'est le week-end.

Katy	Qu'est-ce qu'on fait ce soir ?
Mylène	Je ne sais pas. Il y a le concert de Zebda°, mais je ne suis pas sûre qu'il reste des places. Je me demande s'il n'y a pas les Fabulous Trobadors° aussi en ce moment.
Mylène	Non, ils passent la semaine prochaine. De toute façon, j'ai envie de me détendre. Je crois que j'aimerais mieux aller au cinéma.
Katy	Ça te dirait d'aller voir le dernier film de Zhang Yimou° ? Il passe à l'Impérial.
Katy	C'est le film dont tu m'as parlé hier ? Il est bien ?
Mylène	Oui, il a eu de bonnes critiques. De toute façon, ses films sont toujours un régal pour les yeux.
Katy	Je veux bien. Sinon, à l'ABC il y a le festival de films de John Huston. Qu'est-ce que tu préfères ?
Mylène	J'aimerais bien revoir *Le Faucon maltais* aussi. Ou bien, il y a peut-être autre chose de mieux encore. Si on allait au café voir le journal ?
Katy	D'accord, mais le film chinois commence dans une heure. Et il n'y a qu'une séance ce soir. Il faut décider vite.

Modern Languages and Literature

musical group from Toulouse known for its mixed ethnic makeup and eclectic musical style that shows Occitan, French, Arabic, Spanish, and other Mediterranean influences in its music
one of the best-known Chinese film directors today

Observez

1. Commentez le choix d'activités proposé par les deux étudiantes. Quelles sortes de musique / films semblent les intéresser ? Avez-vous un tel choix dans votre ville ?
2. Qu'est-ce qui plaît dans les films de Zhang Yimou ?
3. Pourquoi vont-elles au café ? Quels autres moyens existe-t-il pour trouver ces renseignements ?

Affiches de films à Meknès, au Maroc

1. Quels facteurs déterminent votre choix de film quand vous allez au cinéma ?
2. Les Français parlent du cinéma comme ils parlent de la littérature (l'auteur et les œuvres). Comment les Nord-Américains voient-ils un film ? Est-ce un événement culturel, un divertissement, de l'art, un passe-temps, un événement social ?
3. Connaissez-vous le cinéma étranger ? Donnez des exemples.

Autrement dit

Pour inviter

avant d'inviter	**l'invitation**	
Tu es libre ce soir ?	Tu veux dîner au restaurant avec moi ?	
Qu'est-ce que tu fais samedi ?	**Ça te dirait d'aller au cinéma ?**	*Would you like to go to the movies?*
Tu fais quelque chose de spécial samedi ?	On va au cinéma ?	
	Si on allait au cinéma demain ?	*How about going to the movies tomorrow?*
	Je t'invite à dîner.	

pour accepter	**pour refuser**
Oui, avec plaisir !	Je regrette, mais je ne peux pas.
Oui, je veux bien.	Je suis désolé(e), mais je ne suis pas libre.
C'est une bonne idée.	C'est gentil, mais j'ai du travail.
D'accord.	Merci, mais ce n'est pas possible.

Pour parler des films

avant le film

Qu'est-ce qu'on fait ce soir ? Si on allait au cinéma ?
Tu préfères quelle sorte / quel genre de film ?

J'adore les films	d'aventure.
	d'amour.
	de science-fiction.
	d'épouvante.
	d'horreur.
	d'espionnage.
	historiques.
	policiers.
Je n'aime pas les	drames (psychologiques).
	comédies (dramatiques / musicales).
	westerns.
	dessins animés.
	films sous-titrés. / films avec sous-titres.

| Je crois que le Régent passe un film chinois | { en version originale (v.o.).
en version française (v.f.) / doublée°. | *dubbed* |

Ça passe où ? / C'est à quel cinéma ?   *What movie theater is it at?*

Tu veux aller à quelle séance ?   *What showing do you want to go to?*

C'est combien la place ?   *How much are the tickets?*

Y a-t-il une réduction / un tarif réduit pour les étudiants ?   *Is there a discount for students?*

pour chômeurs ?   *for the unemployed?*

pour les plus de 65 ans ?   *for senior citizens?*

C'est interdit aux moins de 18 ans.   *Under the age of 18 not admitted.*

pour parler du film

Dans ce film, il s'agit d'° un couple marié et de leurs problèmes...   *it's about*

L'action se déroule° en 1972 à Chicago...   *takes place*

Plusieurs scènes se passent à Paris...

L'intrigue° était intéressante et le dénouement° surtout était génial°.   *The plot / the end / wonderful*

après le film

C'est un acteur/une actrice / un metteur en scène/une metteuse en scène / un réalisateur/une réalisatrice / un(e) cinéaste extraordinaire.

| J'ai adoré : c'était | marrant.
rigolo°.
très bien fait / joué / interprété. | *funny* |

C'est un film à ne pas manquer.   *It's a film you don't want to miss.*

| Je n'ai pas aimé du tout. C'était | ennuyeux.
embêtant.
atroce.
une catastrophe.
un désastre.
un navet°. | *bomb* |

		+	**−**	
La mise en scène La cinématographie Le scénario L'interprétation Le jeu°	était	magnifique. splendide. super. génial(e). passionnant(e).	mal conçu(e)°. mal fait(e). médiocre.	*poorly conceived* *The acting*

Pratique et conversation

A. Des films. Regardez la photo suivante. Avez-vous déjà vu ces films ? Racontez un peu l'intrigue et donnez votre opinion sur le jeu et la cinématographie.

B. Invitations. Invitez votre partenaire à faire les activités suivantes. Il/Elle acceptera ou refusera selon les indications. Invitez-le/la à...

1. aller au cinéma. Il/Elle acceptera.
2. aller en discothèque. Il/Elle refusera, en donnant de bonnes raisons.
3. aller au restaurant. Il/Elle hésitera, mais après beaucoup de persuasion, acceptera.
4. passer un week-end à Paris. Il/Elle est tenté(e), mais il/elle refuse finalement.
5. aller à un concert de musique algérienne. Il/Elle acceptera.

C. Interview. Demandez à votre partenaire...

1. quel genre de film il/elle préfère.
2. quel film il/elle a vu récemment.
3. si ce film lui a plu et pourquoi (pourquoi pas).
4. s'il/si elle aime les films étrangers.
5. s'il/si elle préfère les films doublés ou sous-titrés et pourquoi.

D. Invitation au cinéma. Votre ami(e) vous invite au cinéma. Vous lui posez toutes sortes de questions sur le film qu'il/elle veut voir. Finalement, vous acceptez, et vous convenez° de l'heure et du lieu de votre rendez-vous.

agree on

E. Après le film. Votre ami(e) a adoré le film mais vous ne l'avez pas du tout aimé. Il/Elle va donner ses réactions et vous donnerez une réaction contraire. Convainquez votre ami(e) de la justesse de votre opinion.

F. Un compte rendu°. Faites un petit compte rendu d'un film que vous avez vu récemment. Dites   *A review*

- le genre du film.
- de quoi il s'agissait dans le film.
- qui jouaient les rôles principaux.
- ce que vous avez pensé de l'intrigue / du jeu / de la cinématographie.
- si vous recommanderiez ce film aux autres et pourquoi (pourquoi pas).

Pour parler de musique

Les amateurs° de musique classique adorent les concerts, les récitals et les opéras.   *fans*
Chacun a sa diva, son compositeur ou son orchestre préféré. Certains artistes
(surtout les violonistes, pianistes, ténors et sopranos) ont un véritable culte
d'admirateurs. Pour ceux qui aiment le jazz, c'est l'improvisation, le rythme et la
ligne des divers instruments tels que le saxophone, la clarinette et le clavier° qui   *keyboard*
les attirent. Le rock a ses enthousiastes, surtout parmi les jeunes. Ses détracteurs
critiquent sa monotonie, les paroles insipides des chansons, le volume de la
batterie° et des guitares électriques... mais pour ses amateurs, le rock exprime des   *drums*
sentiments° intenses, puissants° et personnels.   *feelings / powerful*

Pratique et conversation

A. Des annonces. Regardez les annonces qui sont reproduites ici. Identifiez le
genre de musique. Connaissez-vous déjà le compositeur ? Donnez-en votre
opinion. Ensuite, invitez un(e) camarade de classe à vous accompagner à un des
événements. Il/Elle acceptera ou refusera selon ses goûts.

B. Interview. Demandez à votre partenaire...

1. quelle sorte de musique il/elle aime et pourquoi.
2. qui est son chanteur/sa chanteuse préféré(e) et pourquoi.
3. s'il/si elle va souvent aux concerts.
4. s'il/si elle connaît des musiciens africains.
5. quelle sorte de musique / quels artistes il/elle aimait quand il/elle était plus jeune.

C. Un concert. Décrivez un concert auquel vous avez assisté récemment. Racontez tous les détails : avec qui y êtes-vous allé(e) ? Quelle était votre opinion du concert ? Qu'est-ce que vous avez fait après ?

Étude de vocabulaire

borrowings

Les emprunts°

Le français a emprunté beaucoup de mots à l'anglais, parfois avec un léger changement de sens.

Tu as vu son clip ? Elle est drôlement sexy.
En connaissez-vous d'autres ?

Pratique et conversation

Devinez. Devinez le sens du mot en italique en vous basant sur le contexte.

1. Elle nous a dit que ce serait une soirée habillée. J'ai porté ma robe noire, très chic, très élégante, et mon mari, son *smoking*.
2. C'est un écolo ; tu n'as pas lu tous ses *badges* ? Pour la Terre, pour les droits des animaux, contre la pollution.
3. Elle est allée chez le coiffeur pour une coupe et un *brushing*.
4. Mets ta voiture sur le *parking* près du *pressing* et monte vite.
5. À sa *surprise-party*, il va servir des *chips* et du *punch*.

Grammaire

Grammaire de base

1.1 Review the conjugation of the following irregular verbs in the present indicative.

mettre	
je mets	nous mettons
tu mets	vous mettez
il/elle/on met	ils/elles mettent
participe passé : mis	

ouvrir	
j'ouvre	nous ouvrons
tu ouvres	vous ouvrez
il/elle/on ouvre	ils/elles ouvrent
participe passé : ouvert	

tenir	
je tiens	nous tenons
tu tiens	vous tenez
il/elle/on tient	ils/elles tiennent
participe passé : tenu	

1.2 Compounds of these verbs are conjugated in the same way as the simple forms, with the addition of a prefix or an initial consonant. Learn the following compounds:

	mettre		**ouvrir**[1]
admettre	*to admit*	couvrir	*to cover*
commettre	*to commit*	découvrir	*to discover*
omettre	*to omit*		
permettre	*to permit*		
promettre	*to promise*		

	tenir
maintenir	*to maintain*
obtenir	*to get, obtain*
retenir	*to retain*
appartenir à	*to belong to*

2.1 Review the following time expressions:

to express habitual actions	to express a moment in the past	to narrate a sequence of events
d'habitude	hier (matin, après-	d'abord
fréquemment	midi, soir)	au début
toujours	la semaine dernière / l'an dernier	pour commencer
souvent	ce matin-là / cette nuit-là	puis
tout le temps	à ce moment-là	alors
		ensuite
		tout de suite après
		en même temps
		enfin
		finalement
		à la fin

---

[1] The verbs **souffrir** and **offrir** are also conjugated like **ouvrir**.

3.1 Adverbs of frequency tell how often an action is performed. Some common adverbs of frequency are:

toujours	*always*
souvent	*often*
quelquefois } parfois }	*sometimes*
rarement	*rarely*

3.2 The adverbs **toujours, souvent,** and **rarement** usually follow the verb directly. The others may also come at the beginning or the end of a sentence.

> Il arrive toujours à l'heure.
> Elle travaille rarement le samedi.
> Quelquefois, il arrive en retard.
> Je vais souvent au café.

3.3 Adverbs of manner modify a verb or another adverb, and tell how an action is performed. Most adverbs of manner are derived from adjectives by adding the ending **-ment** to the feminine singular form of the adjective.

> sérieux → sérieuse → sérieusement
> lent → lente → lentement
> difficile → (difficile) → difficilement

3.4 If an adjective ends in **-i** or **-u** in the masculine singular, the adverb is derived from this form.

> poli → poliment   vrai → vraiment
> absolu → absolument   résolu → résolument

3.5 If an adjective ends in **-ant** or **-ent**, these endings are dropped and **-amment** or **-emment** is added to form an adverb.

> constant → constamment
> patient → patiemment

3.6 Some adverbs are not derived from adjectives: **bien, mal, très, vite.**

3.7 Many adverbs of time are presented in *Grammaire de base 2.1.*

3.8 You have also seen many adverbs of place: **ici, là-bas, près, loin, devant, derrière,** etc.

3.9 Adverbs are compared like adjectives (see page 54).

> The irregular comparative of **bien** is **mieux**.
> Didier parle mieux anglais que Philippe.

3.10 The definite article **le** is always used in the superlative:

> Hélène chante le mieux de tous les choristes.

Structure I

Pour narrer au passé : Les temps du passé (suite / résumé)

a. You have now practiced three past tenses: the **passé composé**, the imperfect, and the pluperfect. These tenses are all used for talking about past time, but each has different functions. The following chart summarizes these functions.

plus-que-parfait

- Talking about an event that occurred before another event in past time: what had happened.

passé composé

- Talking about a completed past event or series of events: what happened.

imparfait

- Describing in past time: what the state of affairs was.

- Talking about habitual past action: what used to happen.

- Talking about ongoing past action: what was happening.

b. The imperfect is often used in conjunction with the **passé composé** to describe how things were or to relate an action that was in progress (the imperfect) when another action interrupted it (the **passé composé**). In other words, the imperfect sets the scene, whereas the **passé composé** advances the action of the narration.

Nous faisions la queue pour entrer quand il est arrivé.

We were standing in line to go in [ongoing past action: what was happening] when he arrived [event: what happened].

Elle finissait son travail quand il est passé.

She was finishing up her work when he stopped by.

c. Because the **passé composé** and the imperfect are used to talk about different aspects of past time, some verbs may be translated differently, depending on the tense used.

	imparfait	passé composé
	(state of mind)	*(state of affairs, event)*
avoir	j'avais = I had	j'ai eu = I got
devoir	je devais = I was supposed to	j'ai dû = I had to, must have
pouvoir	je pouvais = I could, was able to	j'ai pu = I succeeded in, I managed to
savoir	je savais = I knew	j'ai su = I found out
vouloir	je voulais = I wanted to	j'ai voulu = I tried to
		je n'ai pas voulu = I refused to

d. You have seen that **depuis** + time expression + verb in the present is used for an action that begins in past time and continues into the present. **Depuis** + time expression + verb in the imperfect expresses an action that had been going on for a period of time before another action interrupted it.

Elle s'inquiétait depuis des semaines quand finalement la lettre est arrivée.	*She had been worrying for weeks when the letter finally came.*
Il y travaillait depuis des années quand on l'a viré.	*He had been working there for years when they fired him.*

Pratique et conversation

A. Interruptions. Vous racontez l'intrigue d'un film policier à un(e) ami(e). Inventez un début de phrase en mettant le verbe à l'imparfait. Employez votre imagination !

> **Modèle :** ... quand un ami est passé.
> **Vous :** Il lisait quand un ami est passé.

to bark
1. ... quand son chien a commencé à aboyer°.
2. ... quand un agent de police a frappé à la porte.
3. ... quand soudain, il a entendu un bruit.
4. ... quand finalement, sa complice a téléphoné.
5. ... quand il a commencé à pleuvoir.

B. Encore des interruptions. Hier soir, vous avez essayé d'accomplir beaucoup de choses, mais vous n'avez pas réussi à cause de toutes les interruptions. Formulez des phrases à partir des éléments donnés.

> **Modèle :** faire / mes devoirs / quand...
> **Vous :** Je faisais mes devoirs quand mon ami m'a appelé(e).

1. faire / la lessive / quand...
2. payer / les factures / quand...
garbage can
3. sortir / la poubelle° / quand...
4. faire / mon lit / quand...
5. préparer / le dîner / quand...

C. Interview. Posez les questions suivantes à un(e) camarade de classe. Demandez-lui...

1. s'il/si elle a pu sortir ce week-end.
2. quelle bonne idée il/elle a eue récemment.
3. ce qu'il/elle a dû faire hier soir, et ce qu'il/elle voulait faire.
4. ce qu'il/elle devait faire récemment qu'il/elle n'a pas fait.
5. à quel moment il/elle a su que le père Noël n'existait pas.

D. Une histoire. Complétez l'histoire du film français *Love* en mettant le verbe entre parenthèses au temps convenable.

Deux amis qui _____ (s'appeler) Benoît et Pierre

_____ (tomber) amoureux de la même femme. La

femme, qui _____ (s'appeler) Marie,

_____ (aimer) les deux hommes, mais elle

_____ (choisir) de se marier avec Benoît. Après le

mariage, Pierre _____ (continuer) à professer son

amour pour Marie. Un jour, il _____ (proclamer)

son amour à Marie quand son mari _____

(rentrer). Cet événement _____ (créer) une crise

après laquelle elle _____ (quitter) son mari pour

être avec l'autre homme. Néanmoins, tous les trois

_____ (rester) amis.

E. Blagues. Dans les anecdotes suivantes, mettez le verbe entre parenthèses au temps du passé convenable.

Marius « On me _____ (dire) que tu étais allé voir

un psychiatre. Ça te _____ (faire) du bien ? »

Olive « Drôlement ! Avant, quand le téléphone _____

(sonner), je _____ (avoir) peur de répondre.

Maintenant, je réponds même quand il ne sonne pas ! »

Un prêtre arrive au paradis et constate° qu'on lui _____   *notes*

(donner) une moins bonne place qu'à un chauffeur de taxi. « Je ne comprends

pas, se plaint-il à saint Pierre. Je _____ (sacrifier)

toute ma vie à mes ouailles°. »   *flock, congregation*

« Nous avons pour règle de récompenser les résultats obtenus, lui explique

saint Pierre. Dites-moi, mon père, que _____ (se

passer)-il à chacun de vos sermons ? »

Le bon prêtre reconnaît qu'il y _____ (avoir)

toujours quelques personnes qui _____

(s'endormir). « Exact, reprend saint Pierre. En revanche, quand les gens

_____ (monter) dans le taxi de ce chauffeur, non

seulement ils _____ (ne... pas s'endormir), mais en

plus, ils _____ (faire) leurs prières. »

F. Votre propre anecdote. Racontez une anecdote à la classe. Voici quelques possibilités : une soirée inoubliable (catastrophique, amusante,...) ; un accident ; *mix up* une journée de travail frustrante ; un quiproquo° , etc. Faites attention à l'emploi des expressions temporelles (voir *Grammaire de base 2.1*).

G. Un événement de jeunesse. Racontez une expérience de votre jeunesse qui vous a beaucoup marqué(e) : un événement qui a changé la direction de votre vie, une personne qui a exercé une influence importante sur vous, une révélation, etc.

H. Répondez. Répondez aux questions suivantes en employant **depuis** + imparfait.

1. Depuis combien de temps étiez-vous en classe quand le professeur est entré ?
2. Depuis combien de temps étiez-vous à l'université quand vous êtes rentré(e) chez vous pour la première fois ?
3. Depuis combien de temps aviez-vous votre ancienne voiture quand vous avez décidé d'en acheter une autre ?
4. Depuis combien de temps étudiiez-vous le français quand vous vous êtes inscrit(e) à ce cours ?
5. Depuis combien de temps étiez-vous en cours quand le professeur vous a interrogé(e) la première fois ?

Structure II

Pour narrer : Les adverbes

a. Some adverbs do not follow the rules of formation given in the *Grammaire de base*. You will need to learn these forms.

adjectif	adverbe
précis	précisément
profond	profondément
énorme	énormément
bon	bien
gentil	gentiment
mauvais	mal
meilleur	mieux
petit	peu

b. In the following expressions, an adjective is used as an adverb. Note that in this use, the adjective does not change form.

chanter faux	*to sing off key*
coûter cher	*to be expensive, cost a lot*
sentir bon/mauvais	*to smell good/bad*
travailler dur	*to work hard*
Nous essayons de travailler dur dans le cours de français.	*We try to work hard in French class.*
Ils ont hué la soprano : elle a chanté faux pendant tout l'opéra.	*They booed the soprano: She sang off key during the entire opera.*

c. Sometimes, an adverb in English is expressed by an adverbial phrase in French. Learn the following expressions:

en colère	*angrily*
avec confiance	*confidently*
avec hésitation	*hesitatingly, haltingly*
avec plaisir	*gladly*

—Veux-tu aller au cinéma avec moi ce soir ?
—Avec plaisir !

d. The rules for adverb placement are not hard and fast. However, the following generalizations can be made.

- In simple tenses, adverbs generally follow the verb they modify.

  Tu apprendras facilement si tu t'appliques à la matière.
  Il chante bien s'il n'est pas nerveux.

- Adverbs of time and place, and adverbs such as **heureusement, malheureusement,** and **évidemment** can begin or end a sentence.

  Hier, nous sommes allés écouter un chanteur ivoirien.
  Elle va le faire tout de suite.
  Qu'est-ce qu'ils font là-bas ?
  Malheureusement, il n'a pas compris un seul mot du film.

- In compound tenses, common adverbs such as **bien, mal, trop, déjà, vraiment, certainement, probablement, presque,** and **sûrement** are usually placed between the auxiliary and the past participle.

  Il est sûrement rentré avant minuit.
  J'ai mal compris.
  As-tu vraiment préparé la leçon ?

- Other adverbs follow the past participle.

  Il a répondu sérieusement à la question.
  En attendant, elle a lu patiemment un journal.

- Some adverbs can also be placed between a conjugated verb and a following infinitive.

  J'ai dû constamment corriger son travail.
  Elle peut sûrement venir avec nous.

Pratique et conversation

A. Une publicité. Transformez le mot entre parenthèses en adverbe (si possible) et, ensuite, mettez-le à la place correcte dans la phrase.

1. Un groupe de chercheurs européens vient de découvrir une nouvelle méthode amincissante°. (accidentel) *slimming*
2. Voici les résultats des tests : « Le poids a diminué... » (net)
3. « ... alors que les utilisateurs et utilisatrices n'avaient rien changé à leurs habitudes alimentaires. » (strict)
4. Cette nouvelle formule porte le nom de SVELTALIGNE et est disponible dans toutes les pharmacies. (actuel)

5. Elle permet à votre corps de brûler la graisse que vous avez accumulée et de supprimer l'absorption de calories. (déjà ; immédiat)
6. Vous pouvez perdre jusqu'à 7 kilos dès la première semaine ! (facile)
7. Si jamais, après vos 30 jours d'essai, vous n'étiez pas satisfait(e) des résultats obtenus... (total)
8. ... il vous suffirait de nous retourner votre formule amincissante SVELTALIGNE pour être remboursé(e). (immédiat)

B. Interview. Demandez à un(e) camarade de classe...

1. quelle activité il/elle fait régulièrement.
2. s'il/si elle va souvent aux concerts de musique vocale. Au dernier concert, est-ce qu'on a bien chanté ou est-ce qu'on a chanté faux ?
3. s'il/si elle est déjà allé(e) en Europe et ce qu'il/elle a fait là-bas.
4. s'il/si elle a bien compris l'exercice précédent. Est-il/elle absolument certain(e) de l'avoir compris ?
5. s'il/si elle parle toujours gentiment à ses parents / amis.
6. si les repas à la cafétéria sentent plutôt bon ou mauvais.

C. Je n'aime pas me plaindre... Vous correspondez avec un ami qui se plaint constamment. Voici sa lettre. Ajoutez des adverbes pour la rendre encore plus plaintive ! Voici quelques possibilités, mais vous êtes libre d'en ajouter d'autres : **patiemment, constamment, régulièrement, énormément, souvent, rarement, toujours, malheureusement, ici, presque, soudain, maintenant, ? ? ?**

Cher Marc,
Comment vas-tu ? Je vais plutôt mal. Je suis malade et je dois aller chez le médecin. Il ne sait pas me guérir. Il me conseille de rester au lit et de boire des liquides. Par conséquent, je ne sors que très peu et je n'ai pas de visiteurs. Pour me distraire, je parle au téléphone et je lis. Quand est-ce que j'aurai de tes nouvelles ? Je n'aime pas me plaindre, mais autrefois tu m'écrivais toutes les deux semaines ; je n'ai plus de lettres de toi. J'attends.

D. Chez le médecin. Vous avez des symptômes de stress et vous allez chez le médecin pour des conseils. Il vous pose des questions. Répondez en employant un adverbe.

1. Comment dormez-vous ?
2. Faites-vous de la gymnastique ?
3. Buvez-vous ?
4. Sortez-vous (au cinéma, aux concerts) ?
5. Êtes-vous content(e) de votre vie sentimentale ?
6. Comment travaillez-vous ?

Notions de culture

Pour le nombre de films produits, les industries du cinéma les plus importantes sont :

1. Inde
2. USA
3. Japon
4. Chine
5. France

Les films américains sont vus partout dans le monde. Les films français ont une tradition de grand prestige, particulièrement aux États-Unis.

Nominations de films étrangers pour les Oscars :

32	France
26	Italie
18	Espagne
13	Suède
11	Japon

Quels films considérez-vous comme les meilleurs de tous les temps ? Voici les jugments de deux revues spécialisées.

The Village Voice :

10 meilleurs films du 20ᵉ siècle :

4 sont français
3 sont américains
1 est allemand
1 est russe
1 est japonais

Positif (revue française) :

10 meilleurs films :

3 sont américains
2 sont français
1 est anglo-américain
1 est italien
1 est allemand
1 est anglais
1 est japonais

Les deux films les plus souvent cités dans toutes les listes sont :

Citizen Kane (Orson Welles, USA, 1941)
La Règle du jeu (Jean Renoir, France, 1939)

La Règle du jeu de Jean
Renoir (1939)

Les Césars° 2004	Academy Awards 2004
Meilleur film français de l'année : *Les invasions barbares* (Denys Arcand, Canada)	Best Picture: *The Lord of the Rings: Return of the King* (Peter Jackson, USA/New Zealand)
Meilleur film de l'Union européenne : *Good-Bye Lenin* (Wolfgang Becker, Allemagne)	Best Foreign Language Film: *The Barbarian Invasions* (Denys Arcand, Canada)
Meilleur film étranger : *Mystic River* (Clint Eastwood, USA)	
Les Césars 2003	**Academy Awards 2003**
Meilleur film français de l'année : *Le pianiste* (Roman Polanski, Pologne/France/ UK/Allemagne/Pays-Bas)	Best Picture: *Seabiscuit* (Gary Ross, USA)
Meilleur film de l'Union européenne : *Parle avec elle* (Pedro Almodóvar, Espagne)	Best Foreign Language Film: *Zelary* (Ondrej Trojan, Czech Republic)
Meilleur film étranger : *Bowling for Columbine* (Michael Moore, USA)	

The French equivalent of the Oscars

Questions

1. Beaucoup de films français et italiens ont reçu des nominations pour les Oscars. Est-ce que vous en avez vu ?
2. De quel pays viennent les films qui ont gagné le prix « meilleur film étranger » en 2003 et 2004 ? Et les prix « Best Foreign Language Film » ?
3. Chez les Césars, que signifie « français » dans l'expression « meilleur film français » ?

Discussion

1. À votre avis, pourquoi existe-t-il une catégorie « meilleur film de l'Union européenne » dans les Césars ?
2. C'est sans doute le cinéma américain qui a la plus grande influence culturelle dans le monde. Pourquoi les cinémas indien, japonais et chinois n'ont-ils pas la même influence ?

**Denys Arcand reçoit
l'Oscar du meilleur film
étranger (2004)**

À la loupe

Voici un tableau qui montre l'évolution de la fréquentation des lieux culturels selon les catégories socioprofessionelles. Analysez-le et répondez aux questions qui suivent.

Évolution de la fréquentation des lieux culturels selon la catégorie socioprofessionnelle (en %, au cours des douze derniers mois) :

	Musée			Concert de musique classique			Salle de cinéma		
	1973	1989	1997	1973	1989	1997	1973	1989	1997
Agriculteurs	17	22	23	4	4	3	39	31	32
Patrons de l'industrie et du commerce	28	32	34	7	8	7	76	52	59
Cadres supérieurs et professions libérales	56	61	65	22	31	27	82	82	82
Cadres moyens	48	43	46	12	14	11	90	70	72
Employés	34	30	34	7	7	6	78	62	61
Ouvriers	25	23	24	4	4	4	78	46	44

1. En 1997, quel groupe fréquente les musées le plus ? le moins ?
2. En 1997, quel groupe fréquente les concerts le plus ? le moins ?
3. Pourquoi y a-t-il un plus grand écart entre les groupes qui fréquentent les musées et les groupes qui fréquentent les concerts, selon vous ?
4. Est-ce qu'il existe une corrélation entre le choix d'activité culturelle et le groupe socioprofessionnel ? Y a-t-il des tendances surprenantes, selon vous ?
5. Il y a une chute de fréquentation d'un certain lieu culturel au cours des années dans tous les groupes socioprofessionnels. Comment l'expliquez-vous ?

Source : Francoscopie 2003, p. 415

Grammaire

Grammaire de base

4.1 Review the conjugation of pronominal verbs in the present indicative.

se sentir (*to feel*)		
subject pronoun	**reflexive pronoun**	**verb**
je	me	sens
tu	te	sens
il/elle/on	se	sent
nous	nous	sentons
vous	vous	sentez
ils/elles	se	sentent

4.2 Pronominal verbs are conjugated with the addition of a pronoun known as a reflexive pronoun. This pronoun refers to the subject of the verb and in many cases "reflects back" to it, indicating that the action is performed on the subject.

4.3 The English equivalent of a pronominal verb is not usually translated with a pronoun.

Je me lave.   *I wash/wash up. (NOT: I wash myself.)*
Je m'habille.   *I get dressed. (NOT: I dress myself.)*

4.4 You have learned the following pronominal verbs:

s'amuser	*to have a good time, have fun*
s'appeler	*to be named*
se brosser (les dents)	*to brush (one's teeth)*
se coucher	*to go to bed*
se dépêcher	*to hurry*
s'endormir	*to fall asleep*
s'habiller	*to get dressed*
se laver	*to wash up*
se lever	*to get up (conjugated like **acheter**)*
se passer	*to happen*
se rappeler	*to remember, recall*
se raser	*to shave*
se reposer	*to rest*
se réveiller	*to wake up*
se sentir (bien/mal)	*to feel (well/ill) (conjugated like **partir**)*

4.5 In the affirmative imperative, the reflexive pronoun follows the verb. Note that **te** becomes **toi**.

> Dépêche-toi !
> Dépêchons-nous !
> Dépêchez-vous !

4.6 In the negative imperative, the reflexive pronoun is in its normal position before the verb.

> Ne te dépêche pas.
> Ne nous dépêchons pas.
> Ne vous dépêchez pas.

5.1 Review the forms and functions of the interrogative pronouns.

function	persons	things
subject	qui	qu'est-ce qui
direct object	qui est-ce que	qu'est-ce que
	qui	que

For further details, review *Structure I*, **Chapitre 1**.

Structure III

Pour narrer au présent : Les verbes pronominaux
(Grammaire de base 4.1 → 4.6)

a. Pronominal verbs are defined as all verbs that are conjugated with a pronoun that refers back in some way to the subject. Pronominal verbs fall into different classes, depending on their meaning.

b. With the reflexive class, the action "reflects back" to the subject. Most of the verbs given in the *Grammaire de base* are of the reflexive type.

Nous nous levons à 8 h 00.
Il se rase tous les jours.
Vous vous couchez tard.

c. In addition to those in the *Grammaire de base*, learn the following reflexive verbs:

s'arrêter	*to stop*
se débrouiller	*to manage, get along*
se demander	*to wonder*
se détendre	*to relax*
s'habituer à	*to get used to*
s'inquiéter de	*to worry about (conjugated like* **préférer***)*
s'intéresser à	*to be interested in*
se moquer de	*to make fun of*

d. Reciprocal verbs describe an action that two or more people perform with or for each other. These verbs can be used only in the plural.

Les Français et les Américains ne se comprennent pas parfois.

The French and the Americans do not understand each other at times.

Nous nous écrivons et nous nous téléphonons tous les jours.

We write and we call each other every day.

e. Some verbs change meaning when they become pronominal. These are the idiomatic pronominal verbs. Study the following list:

nonpronominal		pronominal	
aller	*to go*	s'en aller	*to go away*
douter	*to doubt*	se douter de	*to suspect*
ennuyer	*to bother*	s'ennuyer	*to be bored*
entendre	*to hear*	s'entendre (avec)	*to get along (with)*
mettre	*to put, place*	se mettre à	*to begin*
rendre	*to return*	se rendre compte de	*to realize*
servir	*to serve*	se servir de	*to use*
tromper	*to deceive*	se tromper (de)	*to be mistaken (about)*

f. Some verbs are inherently pronominal; they exist only in the pronominal form.

se souvenir de	*to remember*
se spécialiser en	*to major in*

Pratique et conversation

A. Synonymes. Remplacez le verbe en italique par un verbe pronominal.

1. Vous *faites erreur*. Je ne suis pas M. LeGrand.
2. J'*utilise* des cassettes pour apprendre le français.
3. Je dois *partir*. Je suis en retard.
4. Est-ce que tu te *rappelles* ce qu'il a dit ?
5. Elle *commence* à travailler dès le lever du soleil°.

as soon as the sun rises

B. Complétez. Remplissez le blanc avec le verbe pronominal convenable, en vous basant sur le contexte.

1. Lui et son camarade de chambre, ils font beaucoup de choses ensemble. Ce sont de très bons amis et ils ne se disputent jamais. Ils

   _____ très bien.

2. Elle adore l'étude des langues. Après avoir suivi beaucoup de cours de littérature française, elle a finalement décidé de

   _____ en français.

3. Quand il est allé en France, il n'avait ni argent ni logement. Après deux jours, il a trouvé un job et un appartement super ! Il sait

   _____.

4. Son mari est parti à la guerre. Elle n'a pas de ses nouvelles depuis trois semaines. Elle _____ beaucoup.

5. « Qu'est-ce que tu vas faire à la plage ? » « Je vais lire beaucoup de livres, je vais oublier mes soucis et surtout, je vais

   _____. »

C. Interview. Demandez à votre partenaire...

1. de qui il/elle se moque et pourquoi.
2. ce qu'il/elle fait quand il/elle veut se détendre.
3. s'il/si elle se souvient très bien de son enfance.
4. avec qui il/elle s'entend bien / mal et pourquoi.
5. en quoi il/elle se spécialise / va se spécialiser à l'université et pourquoi.

D. Chez le médecin. Vous travaillez trop, vous vous inquiétez beaucoup, vous n'avez jamais l'occasion de vous détendre... Alors, vous décidez d'aller chez le médecin. Vous lui expliquez le problème et il/elle vous pose des questions sur votre routine quotidienne. Finalement, il/elle vous donne des conseils que vous promettez de suivre. Jouez la scène.

E. Un mariage troublé. Vous ne trouvez plus de satisfaction dans votre mariage. Votre mari/femme se moque de vous, vous vous ennuyez, vous êtes très stressé(e). En plus, il y a des lettres et des coups de téléphone mystérieux. Vous *affair* soupçonnez une liaison°. Expliquez vos ennuis à un(e) bon(ne) ami(e) qui vous donnera des conseils.

> **Variation :** Vous et votre mari/femme, vous allez chez un(e) conseiller/ère matrimonial(e) qui vous conseille.

Structure IV

Pour poser une question : Les pronoms interrogatifs (II)
(Grammaire de base 5.1)

a. You have already practiced asking information questions using some forms of the interrogative pronouns. As a brief review, identify the form and function of the interrogative pronouns in the following examples.

Qu'est-ce que tu écoutes ? Je ne connais pas cette musique.
Qui est Eminem ?
Qu'est-ce qui te plaît comme musique ?

b. You have learned that some verbs introduce a complement by means of a preposition (see *Grammaire de base 1.1*, **Chapitre 4**). Some examples of reflexive verbs that use a preposition before a complement are given in *Structure III*, points **c** and **e**.

Je dîne avec un musicien québécois.
Je pense à la chanson rendue célèbre par Piaf, *La vie en rose.*
Je m'intéresse à la musique sénégalaise.

c. To ask questions about these nouns, use the following forms of the interrogative pronoun.

function	person	thing
object of a preposition	*qui*	*quoi*
	Avec qui est-ce que tu dînes ?	De quoi est-ce que tu as besoin ?
	Avec qui dînes-tu ?	De quoi as-tu besoin ?
	De qui est-ce que vous parlez ?	À quoi est-ce que vous vous intéressez ?
	De qui parlez-vous ?	À quoi vous intéressez-vous ?

d. Like other interrogative pronouns, there are two forms for interrogative pronouns serving as the object of a preposition. When using the longer form that contains **est-ce que**, the subject and verb are not inverted. When using the short form, inversion of the subject and verb is required.

e. In French, questions about objects of prepositions always begin with the preposition. Compare this to colloquial English.

De quoi parles-tu ?   *What are you talking about?*

Pratique et conversation

A. Un étudiant étranger. Le journal de l'université a interviewé un(e) étudiant(e) étranger/ère qui fait ses études à votre université. Ses réponses sont données ici. Formulez les questions en remplaçant les éléments en italique par un pronom interrogatif.

Modèle :   Je pense souvent *à ma famille à Dakar*.
Vous :   À qui pensez-vous souvent ?

1. Je me suis difficilement habitué *aux repas servis dans la cafétéria*.
2. Je m'intéresse beaucoup *aux questions de diversité sur le campus*.
3. J'ai besoin *d'un four à micro-ondes pour ma chambre*.
4. À la fin de l'année, j'ai envie *de traverser le pays en voiture*.
5. Je m'associe principalement *avec les autres étudiants étrangers*.
6. On parle *des problèmes posés par les conflits culturels*.
7. J'aimerais faire la connaissance *de plus d'étudiants américains*.

overwhelm him   **B. Révision.**   Le pauvre Philippe ! Ses problèmes l'accablent°. Verra-t-il un jour la vie en rose ? Posez-lui une question sur la partie de la phrase en italique en employant un pronom interrogatif.

ruined

1. *Ma vie* est ratée°.
2. Je vois *un psychologue* tous les deux jours.
3. Il me donne *des conseils*.
4. J'ai besoin *de ma mère*.
5. Je me dispute *avec ma copine*.
6. Je bois *du vin* pour me consoler.
7. *Mes amis* ne m'appellent pas.
8. J'ai perdu *mes amis*.
9. *La vie* est vraiment difficile.

C. Interview.   Formulez des questions avec les éléments suivants et posez-les à un(e) camarade de classe.

1. se spécialiser
2. avoir envie / faire / pendant le congé scolaire
3. parler / souvent / avec ses amis
4. avoir peur / faire
5. s'intéresser / à l'université
6. s'entendre bien avec

D. Un sondage.   Vous préparez un sondage pour mieux connaître les habitudes et les préférences des étudiants sur votre campus. Formulez les questions que vous allez poser en vous servant des verbes suivants et les pronoms interrogatifs de la *Structure IV*.

Modèle :   se servir de
Vous :   De quoi est-ce que tu te sers pour écrire tes mémoires, d'un stylo ou d'un ordinateur ?

s'inquiéter de
s'intéresser à
se moquer de
s'entendre avec
se spécialiser en
se souvenir de

Lecture

Avant de lire

Pierre Boulanger dans une scène de *Monsieur Ibrahim et les fleurs du Coran*

Vous allez lire un compte rendu du film Monsieur Ibrahim et les fleurs du Coran, *sorti à Paris en septembre 2003. Le film est basé sur le livre d'Eric Emmanuel-Schmitt (voir l'extrait dans le* **Chapitre 4**). *Une des stars du film est l'acteur égyptien, Omar Sharif. Connaissez-vous d'autres films dans lesquels il a joué ?*

Voici d'autres noms associés à la production, réalisation et distribution :

Réalisateur :	François Dupeyron
Scénariste :	François Dupeyron
Acteurs :	
Omar Sharif	Monsieur Ibrahim
Pierre Boulanger	Momo
Gilbert Melki	le père de Momo
Isabelle Renauld	la mère de Momo
Isabelle Adjani	la star

A. Avez-vous bonne mémoire ? Quels détails vous rappelez-vous de l'extrait du livre *M. Ibrahim et les fleurs du Coran* présenté dans le **Chapitre 4** ? Voici quelques questions pour vous guider :

1. Qui est Momo ? Quel âge a-t-il ? Dans quel quartier habite-t-il ?
2. Qui est M. Ibrahim ? À peu près quel âge a-t-il ? Quel est son métier ? Décrivez son caractère.

B. Les phrases complexes. L'auteur du compte rendu s'exprime très souvent en phrases complexes, surtout des phrases contenant une proposition introduite par le pronom *qui*. C'est le pronom qui se rapporte à un substantif précédent, et se traduit d'habitude par le pronom « *who* » (pour les personnes) ou « *that/which* » pour les choses[2]. Dans l'exemple suivant, « *qui* » se réfère au père :

Une mère partie depuis longtemps, un père étranger **qui** ne va pas tarder à l'abandonner…	*A mother who has left a long time ago, an estranged father **who** will soon abandon him . . .*
… au milieu d'un décor **qui** ressemble au Paris des années 60…	*. . . in the middle of a setting **that** resembles Paris of the 1960s . . .*

Voici encore des exemples tirés du compte-rendu. À quel substantif le pronom *qui* se réfère-t-il ?

1. un vieil Arabe **qui** cite le Coran et parle de la vie avec une simple sagesse.
2. Duo paradoxal (= Momo et M. Ibrahim) par l'âge et la race, **qui** se trouvera au-delà de° ses origines.
3. Quelque chose d'infime° et d'essentiel **qui** va nouer le destin du vieillard et du jeune garçon.
4. Momo… est moins l'adolescence du monde qu'une enfance perdue **qui** grandit et regarde ce qui° s'offre à lui comme une occasion ou un cadeau.

far beyond

tiny, slim

that, which

---

[2] A thorough explanation of relative pronouns is found in *Chapter 6.*

C. Ne … que. Dans *l'Étude de vocabulaire* du **Chapitre 2**, vous avez étudié l'emploi de l'expression *ne … que*, qui signifie "*only*". Voici quelques exemples de cette expression tirés du compte rendu. Analysez son emploi.

1. Il **ne** lui reste **que** les prostituées de la rue Bleue et l'épicerie de M. Ibrahim … (**N. B.** *Il reste* est une expression impersonnelle qui signifie « *There remains* »)
2. Tout le film **n**'est **que** la rencontre de ces deux innocences perdues et retrouvées.
3. Le vieil Ibrahim, lui, **n**'est plus **que** souvenirs, lassitude° et sagesse. *fatigue*
4. Le film **n**'est fait **que** de ce geste.

Le Figaro, no. 18385 ; Mercredi 17 septembre 2003, p. 23

Monsieur Ibrahim et les fleurs du Coran
Le vieil homme et l'enfant
Dominique BORDE

À treize ans, Momo est presque seul au monde. Une mère partie depuis longtemps, un père étranger qui ne va pas tarder à l'abandonner, il ne lui reste que les prostituées de la rue Bleue et l'épicerie de M. Ibrahim, un vieil Arabe qui cite le Coran et parle de la vie avec une simple sagesse. Bientôt, entre le petit Juif et l'épicier va naître une complicité, **celle** des exclus et des solitaires qui **se raccrochent** à des signes, des habitudes et cette tendresse muette qui console et rassure. Celle-là même qui fera de Momo le fils adoptif d'Ibrahim et accompagnera leur ultime voyage en Turquie.

En s'inspirant de la pièce d'Eric Emmanuel-Schmitt, François Dupeyron a voulu **cerner puis enluminer** ce vieil homme et cet enfant. Duo paradoxal par l'âge et la race, qui se trouvera au-delà de ses origines. Momo [qui n'est pas sans rappeler un autre Momo, plus jeune, ami de la vieille prostituée, Mme Rosa, dans *La Vie devant soi*, d'Emile Ajar, alias Romain Gary] est moins l'adolescence du monde qu'une enfance perdue qui grandit et regarde ce qui s'offre à lui comme une occasion ou un cadeau. Le vieil Ibrahim, lui, n'est plus que souvenirs, lassitude et sagesse, mais il attend encore ce fils impromptu, cet amour de hasard. Tout le film n'est que la rencontre de ces deux innocences perdues et retrouvées. Quelque chose d'infime et d'essentiel qui va **nouer** le destin du vieillard et du jeune garçon au milieu d'un décor qui ressemble au Paris des années 60 et à un bout de quartier populaire et pittoresque.

Rictus fatigué, regard tendre et **apaisant**, Omar Sharif rencontre avec Ibrahim sans doute l'un de ses plus beaux rôles, sorte d'**apothéose** et d'adieu à une carrière inégale et **bousculée**. Il est l'âme et le conteur de cette petite histoire pleine de bons sentiments, traversée par un surprenant Gilbert Melki, une apparition d'Isabelle Adjani à peine déguisée en star, et le jeune débutant Pierre Boulanger.

Guide, témoin et patriarche, M. Ibrahim prend donc l'enfance par la main **au fond de** son antique épicerie pour **lui faire franchir le pas** de l'amour filial. Le film n'est fait que de ce geste. On peut le trouver insuffisant ou juste assez beau pour saluer l'incarnation d'Omar Sharif et la modeste ambition de Dupeyron.

---

celle *the one (composed of)* / **se raccrochent** *cling to* / **cerner puis enluminer** *sketch out, then illuminate* / **nouer** *tie together* / **rictus** *(fixed) grin* / **apaisant** *soothing* / **apothéose** *high point* / **bousculée** *bumpy* / **au fond de** *in the depths of* / **lui faire franchir le pas** *to make him take the plunge*

Après la lecture

A. Appréciations. Réfléchissez et puis répondez aux questions suivantes.

1. Quelles différences y a-t-il entre Momo et M. Ibrahim ? Pourquoi sont-ils un « duo paradoxal » ?

2. Qu'est-ce qui les unit tous les deux ?

3. Selon le critique, comment est le jeu d'Omar Sharif ? Est-ce qu'on a eu la même appréciation dans ses autres rôles ?

4. Comment le critique qualifie-t-il les efforts du metteur en scène ?

5. Tout compte fait, qu'est-ce que le critique pense du film ? En utilisant un barême de 10 (le meilleur) à 1, quel score donnerait-il au film ?

B. D'autres critiques. Voici d'autres appréciations données au film par des spectateurs canadiens. Quel score semblent-ils donner ?

1. Dialogues mauvais, futiles, idiots. Acteurs très moyens. Scénario *Kitsch*. Ce film est rempli de clichés impardonnables. Le réalisateur a voulu faire un chef-d'œuvre (PITOYABLE !), et c'est tout à fait raté. Aucune innovation, pas d'intrigue. Touches d'humour complètement ratées. On ne sent pas l'émotion, on ne voit pas la personnalité des personnages. C'est comme un livre plat.

2. J'attendais beaucoup plus de ce film. Il me semble qu'il n'est pas fini : les réalisateurs ont eu une bonne idée mais n'ont pas su la réaliser. Un film plutôt superficiel...

3. Excellent film. Ne manquez surtout pas d'aller le voir !!

4. Touchant, humain, rafraîchissant. M. Ibrahim est un être attachant, serein, et l'interprétation est très juste. Vaut la peine d'aller le voir.

5. Superbe film ! Pour une fois qu'il y a un film qui véhicule des idées positives sur l'Islam, le véritable Islam où la tolerance et l'amour du prochain existent. Les acteurs excellents, surtout Omar Sharif qui a brillé dans son rôle.

6. Un pur délice ! Un film d'une grande beauté, sans violence, ni bavardages inutiles. Un jeu d'acteurs sublime. La bonté de l'âme dont fait preuve Monsieur Ibrahim nous donne espoir pour des jours meilleurs. Durant la projection, la salle était plongée dans un silence respectueux, chacun voulant savourer ce film à sa juste valeur. Monsieur Sharif est un homme qui possède un charme fou. Et le jeune acteur sera un jour un grand acteur, beau et talentueux. Allez voir ce film, cela vous changera des navets à gros budgets qui ne valent pas grand-chose.

7. Je me faisais une joie d'aller voir ce film. J'ai été déçue, très déçue. L'amitié qui se développe entre le jeune garçon et le vieil homme m'a plu tout au long du film. Après le visionnement j'ai ressenti un grand vide : le dénouement final ne me semble pas plausible. Plus j'y repense, plusieurs autres événements m'apparaissent tout aussi irréalistes.

Source : http://www.cinemamontreal.com/aw/crva.aw/p.cm/r.que/m.Montreal/j.f/i.5719/s.0/ f.Monsieur_Ibrahim_et_les_fleurs_du_Coran.html

Compréhension auditive

Dans cette émission radiophonique, vous allez entendre Hervé Bordier, coordinateur général de la Fête de la Musique, qui expliquera le sens de cette manifestation annuelle.

Consulter le site Web **www.wiley.com/college/siskin** puis sélectionner Book Companion Site pour écouter le texte sonore.

Faites la **Compréhension auditive** pour **le Chapitre 5** dans votre cahier d'exercices.

Vocabulaire

Pour parler des films

acteur/actrice (*m./f.*)	actor / actress
catastrophe (*f.*)	catastrophe
cinéaste (*m./f.*)	director
comédie (musicale) (*f.*)	musical comedy
dénouement (*m.*)	ending
désastre (*m.*)	disaster
dessin animé (*m.*)	cartoon
drame (psychologique) (*m.*)	(psychological) drama
intrigue (*f.*)	plot
metteur/metteuse en scène (*m./f.*)	director
réalisateur/réalisatrice (*m./f.*)	director
western (*m.*)	western

s'agir de	to be about
se dérouler	to take place
se passer	to take place

à ne pas manquer	not to be missed
atroce	horrible
bien fait / joué / interprété	well done/acted/ interpreted
drôle / marrant / rigolo	funny
embêtant	annoying; boring
ennuyeux	boring

LES FILMS …

d'aventure	adventure movies
d'amour	love stories
d'épouvante	horror movies
d'espionnage	spy movies
d'horreur	horror movies
de science-fiction	science fiction movies
historiques	historical movies
policiers	police/mystery movies

doublés	dubbed
en version française	dubbed
en version originale	not dubbed

L'ENTRÉE…

Interdite aux moins de 18 ans.	Under the age of 18 not admitted.
réduction (pour chômeurs) (*f.*)	reduction (for the unemployed)
tarif réduit (*m.*) (pour les plus de 65 ans)	reduced price (for those older than 65)

Pour parler de la musique

amateur/amatrice (*m./f.*)	fan
chanson (*f.*)	song
compositeur/ compositrice (*m./f.*)	composer
concerts (*m.*)	concert
jazz (*m.*)	jazz
ligne (*f.*)	(melodic) line
opéra (*m.*)	opera
orchestre (*m.*)	orchestra
paroles (*f.p.*)	lyrics
récital (*m.*)	recital
rock (*m.*)	rock
rythme (*m.*)	rhythm

Expressions temporelles

à ce moment-là	then
à la fin	at the end, finally
alors	then
au début	at the beginning, first
ce matin-là / cette nuit-là	on that morning/that night
d'abord	first of all
d'habitude	usually
en même temps	at the same time
enfin	finally
ensuite	then
finalement	finally
fréquemment	frequently
hier (matin, après-midi, soir)	yesterday (morning, afternoon, evening)
la semaine dernière / l'an dernier	last week/ last year
pour commencer	first off, to begin with
puis	then
rarement	rarely
souvent	often
toujours	always
tout de suite après	right afterward
tout le temps	all the time

Verbes pronominaux

s'amuser	to have a good time, have fun
s'appeler	to be named
se brosser (les dents)	to brush (one's teeth)
se coucher	to go to bed
se dépêcher	to hurry
s'endormir	to fall asleep
s'habiller	to get dressed
se laver	to wash up
se lever	to get up
se passer	to happen
se rappeler	to remember, recall
se raser	to shave
se reposer	to rest
se réveiller	to wake up
se sentir (bien/mal)	to feel (well/ill)

CHAPITRE 6

Comment peut-on être français ?
Sources culturelles de l'identité

Des hommes d'affaires à Paris

Objectifs

Communication

Talk about personal and cultural identity

Emphasize your point of view

Express uncertainty

Express disgust

Link ideas using relative pronouns

Identify and describe using *c'est* and *il/elle est*

Narrate in future time

Specify time frames

Hypothesize about potential conditions and actions

Comparisons

Compare social and class identities

Cultures

Learn how the French define their identity

Explore the sources of French identity

Discuss how the non-French view the French

Connections

Analyze French and American cultural mythologies

Communities

Identify values that define social and economic classes within the larger community

Mise en train

Voici la caricature d'un Français. Décrivez ce Français en répondant aux questions ci-dessous. Ensuite, essayez de décrire son correspondant américain. Si vous êtes artiste, dessinez une caricature.

Un Français	Un Américain ou une Américaine
Qu'est-ce qu'il porte sur la tête ?	Qu'est-ce qu'il/elle porte sur la tête ?
Qu'est-ce qu'il a sous le bras ?	Qu'est-ce qu'il/elle a sous le bras ?
Qu'est-ce qu'il a à la main ? à la bouche ?	Qu'est-ce qu'il/elle a à la main ? à la bouche ?
Quels vêtements porte-t-il ?	Quels vêtements porte-t-il/elle ?

Est-ce que cette caricature du Français correspond à vos idées ? Donnez quatre mots qui expriment vos impressions des Français :

_____   _____

_____   _____

Dans votre cas, quelles sont les sources de ces idées ?

- un voyage en France
- le cinéma, la télévision
- des rencontres avec des Français chez vous
- des romans
- les informations° politiques

news

Dans ce chapitre, nous allons voir comment les Français se définissent, et quelles sont les sources de ces définitions.

Interaction

Bill, un Américain qui travaille chez Rhône-Poulenc à Grenoble, est invité à prendre l'apéritif chez Martin, un collègue français.

Bill   Il y a une chose que je ne comprends pas : je me demande pourquoi les Français sont obsédés par la cuisine.

Martin   Obsédés ? Peut-être. C'est très important pour un Français. C'est une institution qui fait partie de notre identité. Ça ne changera jamais.

Bill   Pour un Américain, c'est difficile à comprendre. La cuisine ne peut pas être un idéal !

Martin   Mais si !

Bill   Ah, non ! Un idéal c'est... la liberté... la démocratie... la poursuite du bonheur°...   *happiness*

Martin   Ce sont des principes qui sont importants pour nous aussi. Nous sommes fiers d'être le pays de la liberté, l'égalité et la fraternité. Mais on ne s'imagine pas le bonheur sans la bonne cuisine.

Bill   Mais c'est aussi une question de temps. Vous restez à table pendant des heures ! Chez moi je peux dîner en quinze minutes.

Martin   Si c'est vrai, je trouve que c'est dommage. Quand tu auras compris l'importance du repas, tu seras plus heureux.

Observez

1. Qu'est-ce qui surprend Bill en France ?
2. Quels sont les principes de l'identité américaine selon Bill ?
3. Comment les Français voient-ils la bonne cuisine ?

Réfléchissez

1. Bill considère que les Français sont « obsédés » par la cuisine. Pourquoi a-t-il cette réaction ?
2. Bill et Martin ont des conceptions différentes de l'identité nationale. Quelles sont les différences entre les deux conceptions ?
3. Quels sont les principes qu'ils ont en commun ?
4. Comment définissez-vous l'identité nationale américaine ? *(Un Américain croit à l'importance de... Un Américain est quelqu'un qui...)*

Au café à Paris

Autrement dit

Pour parler des valeurs

L'histoire et la culture des peuples façonnent des systèmes de valeurs qui leur sont propres et qui animent la vie individuelle et collective. Voici quelques principes qui pourraient être utiles pour parler de l'identité personnelle et culturelle :

une vie confortable, prospère et aisée

l'ambition, le désir de réussite
une vie passionnante, stimulante et active

l'égalité : opportunités égales pour tous
le bonheur, le contentement, la joie de vivre
l'honnêteté

la liberté, l'indépendance
l'obéissance, le devoir et le respect

la tolérance et l'ouverture d'esprit
la sécurité nationale
un univers en paix, sans guerre ni conflit
l'amitié véritable
la sagesse
la politesse, la courtoisie, les bonnes manières
la responsabilité
la liberté d'expression

Pratique et conversation

A. Famille de mots. Complétez le tableau ci-dessous en choisissant des mots qui viennent de la même famille que le mot donné. Les numéros 1 et 2 vous serviront de modèle.

Verbe	Adjectif	Substantif
1. désirer		*désir*
2. stimuler	*stimulant*	
3.	poli	_____
4.	honnête	_____
5. obéir		_____
6. ouvrir		_____
7.	égal	_____
8.	_____	sagesse

B. Définitions. Expliquez les mots suivants en utilisant une paraphrase ou un exemple.

> **Modèle :** La liberté : la situation d'une personne qui n'est pas sous la dépendance absolue de quelqu'un

1. l'ouverture d'esprit
2. une vie aisée
3. la sagesse
4. la joie de vivre
5. la courtoisie

C. Opinions. Donnez votre opinion sur les sujets suivants :

1. Quels sont les trois principes les plus importants qui expriment vos valeurs personnelles ?
2. Quels principes expriment les valeurs nationales de votre pays ?
3. Qu'est-ce qui est pour vous « l'amitié véritable » ? *true friendship*
4. Comment peut-on acquérir une ouverture d'esprit ?

Pour insister sur le fait qu'on a raison / qu'on est sérieux

Mais	je vous assure je vous jure° je vous garantis je vous dis	que ce n'est pas vrai.	*I swear*

Ce n'est pas une plaisanterie.° — *I'm not joking.*
Je ne plaisante pas.
C'est sérieux.

Pour insister sur une réponse négative

Non,   je vous assure.
      je vous le jure.
      je vous le garantis.
Non, non et non.
J'ai déjà dit non.
Quand je dis « non », c'est non.
Jamais de la vie.° — *Not on your life.*

Pour exprimer du dégoût

Cette idée	me dégoûte. m'écœure.° me répugne.	*makes me sick*
C'est	dégoûtant. détestable. écœurant. répugnant.	

Pour dire qu'on n'est pas sûr

Peut-être.
Peut-être que vous avez raison.
Vous avez peut-être raison.
J'en doute.° — *I doubt it.*
Je n'en suis pas sûr(e) / certain(e).

Pratique et conversation

A. Réactions. En vous servant des expressions de la partie **Autrement dit**, exprimez une réaction appropriée aux situations et opinions suivantes.

1. Sophie, tu es sûre que tu ne veux plus sortir avec moi ?
2. Ce n'est pas vrai ! Le type a dit que les Français manquent d'ouverture d'espirt.
3. Tu es sérieux ? Tu le crois vraiment ?
4. Regardez tout ce désordre !
5. C'est la dernière fois que je vais te demander de me rendre ce service. Quelle est ta réponse ?

B. Jugements. Répondez aux jugements suivants, en utilisant une expression pour indiquer votre incertitude, ou pour exprimer que l'autre a raison ou tort (voir *Autrement dit*, **Chapitre 4**).

1. Les Américains sont obsédés par la poursuite du bonheur.
2. Les Américains se définissent par leur Constitution.
3. Les Français ne parlent que de la bonne cuisine.
4. La Révolution française a eu plus d'influence que la guerre de l'Indépendance américaine.
5. La liberté d'expression n'a pas autant d'importance pour les Français que pour les Américains.

C. Le chauvinisme. Pour le/la chauvin(e), son pays est le meilleur en toutes choses. Pas besoin de voyager, pas besoin d'apprendre une autre langue, il/elle a tout ce dont il/elle a besoin dans son propre pays. Jouez le rôle d'un(e) chauvin(e) extrême [américain(e), français(e), canadienn(e)...] et exprimez vos opinions sur la supériorité de votre pays / culture. Un(e) camarade de classe répondra en essayant de vous persuader d'être plus raisonnable et ouvert(e) aux différences culturelles.

Etude de vocabulaire

Le verbe manquer

Le verbe **manquer** signifie *to miss*. Il s'emploie de plusieurs façons différentes. Étudiez les exemples suivants.

- **manquer** + complément d'objet direct = *to miss (an occasion), fail to meet a goal*

J'ai manqué l'avion.	***I missed** (failed to catch in time) the plane.*
J'ai manqué le cours.	***I missed** (failed to attend) the class.*

- **manquer à** = *to miss the presence, feel the absence of somebody/something; to be missed by*

La France **me manque**.	***I miss** France.*
Mes amis **me manquent**.	***I miss** my friends.*

Remarquez que dans ces exemples, l'objet direct en anglais devient le sujet en français et le sujet en anglais devient l'objet indirect en français.

- **manquer de** = *to be short of something, lack something*

Le professeur **manque de** patience.	*The teacher **lacks** patience.*
Mon frère **manque** toujours **d**'argent.	*My brother **is** always **short of** money.*

Pratique et conversation

A. Manques. Qu'est-ce qui manque aux personnes suivantes ?

> **Modèle :**   aux cadres surchargés
> Il leur manque du temps libre.

1. aux prisonniers
2. aux pauvres
3. aux étudiants
4. aux Français qui viennent en visite aux États-Unis
5. aux Américains qui vont en France

B. Interview. Posez les questions suivantes à un(e) camarade de classe. Demandez-lui...

1. si ses parents lui manquent.
2. ce qui lui manque le plus à l'université.
3. quel cours il/elle a manqué récemment.
4. s'il/si elle manquera l'examen final.
5. s'il/si elle manque souvent d'argent / de temps.

Grammaire

Structure I

Pour relier deux propositions : Les pronoms relatifs

a. Two statements can be combined into a single, complex sentence by means of a relative pronoun.

La liberté est un principe.
(+) Ce principe est à la base de notre politique nationale.
(=) La liberté est un principe **qui** est à la base de notre politique nationale.

C'est un point de vue.
(+) Je n'accepte pas ce point de vue.
(=) C'est un point de vue **que** je n'accepte pas.

b. Relative pronouns link the relative clause to the main clause. The relative pronoun has two roles: It refers back to a word in the main clause and it fills a grammatical slot in the relative clause. The relative pronoun **qui** is used for the subject of a relative clause. The relative pronoun **que** is used for the direct object of a relative clause. Both **qui** and **que** are used for referring to either people or things.[1]

Ce sont des principes **qui** sont importants pour nous aussi.
↑
subject in relative clause, refers to **principes**

Il y a une chose **que** je ne comprends pas.
↑
object in relative clause, refers to **chose**

At this point, you may wish to review how verbs introduce their complements in *Grammaire de base 1.1*, **Chapitre 4**.

c. The past participle agrees with a preceding direct object represented by the pronoun **que**.

La **solution** que vous avez **proposée** n'est pas pratique.
f.s.   *f.s.*

d. When the relative pronoun functions as the object of a preposition in the relative clause and refers to a person, use **qui** after the preposition.

La personnalité politique **à qui** je parle représente l'extrême droite.
Un Algérien **avec qui** je travaille accuse le chef de racisme.

e. When the relative pronoun functions as the object of a preposition in the relative clause and refers to a thing, use **lequel** (*m.s.*), **laquelle** (*f.s.*), **lesquels** (*m.pl.*), or **lesquelles** (*f.pl.*) after the preposition. In the examples that follow, note that these forms contract with the preposition **à**.

L'aide **sur laquelle** je comptais ne m'a pas été donnée.
Le groupe **auquel** il s'adresse ne s'intéresse pas à son message.

---

[1] **Que** becomes **qu'** before another word beginning with a vowel or vowel sound. **Qui** does not change.

f. If the relative pronoun is the object of the preposition **de**, use **dont** for both people and things. Note the translation of **dont** in the following examples.

L'homme **dont** il parle est d'origine portugaise.

*The man **of/about whom** he is speaking is of Portuguese origin.*

Mon père va m'envoyer l'argent **dont** j'ai besoin.

*My father is going to send me the money (**that**) I need.*

La femme **dont** je suis amoureux ne me parle plus !

*The woman **whom** I'm in love **with** no longer speaks to me!*

La pièce **dont** la porte est ouverte est le bureau de M. Ahmed.

*The room **whose** door is open is Mr. Ahmed's office.*

g. Whereas **qui** and **que** refer to specific nouns that precede, the forms **ce qui** and **ce que** refer to previously stated ideas, sentences, or situations. **Ce qui** is used as the subject of the relative clause, **ce que** as the object.

Il ne sait pas **ce qui** est important ! [subject]

*He doesn't know **what** is important.*

Il est allé au marché aux puces. **Ce qu'**il a acheté est inutile. [object]

*He went to the flea market. **What** he bought is useless.*

h. **Ce dont** is used in similar cases where the verb in the relative clause introduces its object with the preposition **de**.

Je ne sais pas **ce dont** j'ai besoin ! Le crime violent ? C'est **ce dont** j'ai peur !

*I don't know **what** I need! Violent crime? That's **what** I'm afraid of!*

Ce dont nous avons besoin, c'est de nouvelles personnalités politiques.

***What** we need are new political figures.*

i. The follow chart summarizes the forms and uses of the relative pronouns.

	subject	object	object of a preposition
People	qui	que	qui / dont*
Things	qui	que	lequel(s)/laquelle(s) / dont*
Ideas, situations	ce qui	ce que	ce dont*

* Used where the verb in the relative clause introduces its object with the preposition **de**.

Pratique et conversation

linking **A. Les débuts d'un immigrant.** Formulez une nouvelle phrase en reliant° les deux propositions.

> **Modèle :** J'ai pris un bateau. Le bateau était plein de gens. Ces gens voulaient immigrer en France.
>
> Le bateau **que** j'ai pris était plein de gens **qui** voulaient immigrer en France.

1. J'ai trouvé un appartement. L'appartement se trouvait dans un H.L.M.
2. J'avais des voisins. Les voisins étaient très sympathiques.
3. Ils m'ont donné des conseils. Les conseils étaient très valables.
4. J'ai trouvé du travail. Le travail était dans une usine.
5. J'avais un patron. Le patron m'a beaucoup aidé.
6. J'ai rencontré ma fiancée. Elle travaillait dans la même usine.

B. Les identités. Remplissez les blancs avec la forme correcte du pronom relatif.

1. —Je ne comprends pas _____ les Québécois veulent. —C'est la langue française et leur histoire particulière _____ comptent pour les Québécois. Beaucoup de Québécois sont impatients parce qu'ils pensent que le gouvernement canadien à Ottawa leur refuse l'autonomie _____ ils ont besoin.

2. Pour les Cajuns, c'est la ville de Lafayette _____ est leur capitale. C'est à leur région _____ ils sont les plus attachés. _____ ils veulent faire, c'est préserver leur langue et leurs traditions.

3. Il y a plusieurs valeurs _____ les Américains et les Français partagent comme la démocratie et la liberté, mais il y a aussi pas mal de différences _____ les séparent. Certaines valeurs _____ les Français estiment et _____ ils parlent beaucoup semblent superficielles aux Américains.

C. Mauvais souvenirs. Vous êtes revenu(e) d'un voyage à l'étranger avec beaucoup de mauvais souvenirs. Rien ne vous a plu ! Racontez votre voyage en parlant des sujets suivants. Utilisez des pronoms relatifs si possible.

> **Modèle :** Les monuments que j'ai vus n'étaient pas impressionnants.

1. les habitants
2. les repas
3. les guides
4. les sites historiques
5. l'hôtel

D. Mauvais souvenirs (suite). Vous continuez à vous plaindre. En utilisant **ce qui, ce que** et **ce dont**, élaborez vos plaintes.

> **Modèle :** (embêter) Ce qui m'a embêté(e), c'était les serveurs.
> (ne... pas plaire) Ce qui ne m'a pas plu, c'était l'hôtel.

1. avoir envie
2. énerver
3. ne... pas comprendre
4. avoir besoin
5. mystifier

Structure II

Identifier et décrire : L'emploi de c'est et de il/elle est

a. You have already used **c'est** to identify people and objects.

Qui est-ce ? **C'est** le sénateur DuPont.
Qu'est-ce que c'est ? **C'est** le journal officiel du gouvernement.

b. You have also used **il/elle est** to describe a person or thing.

Mme Caillaud ? **Elle est** petite, brune...
Le cours de français ? **Il est** difficile !

c. When identifying a person's profession, the indefinite noun marker is not used after the verb **être**.[2] Study the following examples.

—**Vous êtes** professeur ?   *Are you a teacher?*
—Non, **je suis** médecin.   *No, I'm a doctor.*

d. Two patterns are possible in the third person.

Il est architecte./C'est un architecte.
Elles sont journalistes./**Ce sont des** journalistes.

e. Note that the indefinite noun marker must be used when an adjective modifies the noun of profession. Note, too, that with a modifying adjective, the **c'est/ce sont** pattern is the most frequently used in the third person.

Vous êtes **des** journalistes **très expérimentés**.
C'est un agent de voyages **compétent**.

f. These observations also apply to nouns indicating religion, nationality, political beliefs, or family relationships.

Il est déjà père à son âge ? Oui, **c'est** un jeune père, mais un bon père.
Elle n'est pas ivoirienne, **elle est** sénégalaise; et **c'est** une Sénégalaise très fière de sa patrie.

g. With other nouns, the indefinite article must be used; thus, only the pattern **c'est un(e)/ce sont des** can be used in the third person.

Non, je ne participe pas au match. **Je suis un** spectateur.
Ce sont des francophiles.

h. Impersonal **il est** can also introduce an adjectival expression.

il est +	adjectif +	de +	infinitif
Il est	facile	de	bien manger en France.
Il est	conseillé	de	réserver à l'avance.
Il n'est pas	recommandé	d'	arriver en retard.

Note that in these impersonal expressions, the adjective is always masculine.

---

[2] Nor is it used after the verbs **devenir** and **rester**.

i. **C'est** can be used to refer to an idea or topic that was just mentioned or discussed. **C'est + adjectif (+ à + infinitif)**

Trouver un bon restaurant en France ? **C'est** facile (à faire) !
Réserver pour le jour même à la Tour d'Argent ? **C'est** impossible (à faire) !
Préparer une bonne choucroute garnie ? **Ce n'est pas** difficile (à expliquer).

The essential difference between these two expressions is that of presenting versus referring to something mentioned previously.

Il est impossible de résister à une bonne mousse au chocolat. *(What is impossible is presented in the remainder of the sentence.)*
Résister à une bonne mousse au chocolat ? C'est impossible ! *(What is impossible refers to or comments on the previously stated idea.)*

Pratique et conversation

A. Profils. Lisez le profil et identifiez la profession, religion ou nationalité de la personne décrite. Ensuite, nuancez votre description en ajoutant un ou plusieurs adjectifs.

> **Modèle :** M. Chavasse enseigne des cours de littérature. Il adore ses étudiants et il prépare bien ses cours. Il passe beaucoup de temps à discuter avec ses étudiants après le cours.
>
> **Vous :** M. Chavasse est professeur. C'est un professeur sérieux. (ou : C'est un très bon professeur, c'est un professeur dévoué, etc.)

1. M. Piotto travaille dans un restaurant où il sert des repas aux clients. Il est très maladroit ; il laisse tomber des assiettes, il renverse des verres, il insulte la clientèle.
2. Mme Vigne va à la messe tous les jours. Elle ne mange jamais de viande le vendredi. Elle se confesse tous les samedis.
3. Les films de M. Coste sont très connus. D'habitude, il joue le rôle du jeune premier°. Il est très beau et talentueux.
4. Mlle Le Tendre est la fille du feu° roi Edgard II de Corsalis. Elle a hérité de son père et dispose de beaucoup d'argent. Elle est encore plus belle que sa mère, dont la beauté est légendaire.
5. M. Cocan gagne sa vie en faisant des tours de magie. Parfois, il est un peu négligent. Par exemple, une fois, il a fait disparaître sa jolie assistante qui n'a jamais été retrouvée. Mais évidemment, son spectacle est convaincant.

leading man
deceased

B. Témoignages. Voici le texte de quelques publicités à la télévision, où des acheteurs satisfaits témoignent de la qualité extraordinaire de la lessive « Lav'tout ». Complétez la phrase en remplissant les blancs avec l'expression correcte (**il/elle est / c'est un**, etc.).

Oui, j'adore « Lav'tout » ! Mon mari, ＿＿＿＿＿＿＿＿ garagiste, et je vous

assure qu'il rentre très sale et couvert de cambouis°. Mais avec « Lav'tout »,

j'ai confiance ! ＿＿＿＿＿＿＿＿ lessive puissante, mais ＿＿＿＿＿＿＿＿

douce aussi.

axle grease

« Lav'tout » ? _____ excellent produit, je m'en sers tout le
temps. J'ai deux fils. Robert, l'aîné, _____ joueur de foot, et son
frère, Jean-Philippe, _____ amateur de motos. Alors, c'est la
boue, les taches d'herbe, le cambouis… « Lav'tout » me sauve la vie !
_____ efficace, _____ économe. _____
miracle !

C. Descriptions. Faites les descriptions suivantes.

1. Décrivez votre meilleur(e) ami(e). Qui est-ce ? Qu'est-ce qu'il/elle
   fait ? Comment est-il/elle physiquement ? Comment est sa
   personnalité ?
2. Décrivez une personne que vous admirez. Qui est-ce ? Qu'est-ce que cette
   personne fait ? Pourquoi est-ce que vous l'admirez ?
3. Décrivez une personne très influente dans la société ou dans le
   gouvernement. Identifiez-la. Pourquoi est-elle si influente ?

D. Jugements. Formulez quatre phrases avec un élément de chaque liste pour
donner des conseils à un touriste français aux États-Unis.

il est préférable de	se promener seul la nuit
il est facile de	avoir l'air perdu
il est déconseillé de	voyager en voiture
il serait utile de	faire une réservation à l'hôtel
il est recommandé de	visiter la Floride en été
	téléphoner en France

E. Réactions. En utilisant l'expression **c'est** + adjectif (+ **à** + infinitif), complétez
les phrases suivantes.

1. Trouver un bon emploi…
2. Bien manger en France…
3. Réparer une voiture…
4. Se brosser les dents après tous les repas…
5. Fumer dans la salle de classe…

F. Opinions. Qu'est-ce qu'il est conseillé ou déconseillé de faire quand on
voyage dans un pays étranger ? Qu'est-ce qui est permis ou interdit ? Donnez vos
opinions à la classe.

G. Jeu. Faites le « Jeu des Professions ». Un(e) étudiant(e) choisit une profession
ou un métier. Les autres essaient de deviner ce qu'il/elle fait en posant des
questions auxquelles le/la candidat(e) répond par « oui » ou « non ». Vous n'avez
que dix essais pour deviner !

Notions de culture

Dans ce chapitre, nous allons voir comment les Français se définissent, et quelles sont les sources de ces définitions.

Un jeune couple en ville

Un couple d'agriculteurs en Normandie

Voici les mots que les jeunes Français associent à la notion « d'être Français ».

Le Français est

- attaché à la liberté, l'égalité, et la fraternité
- fier de son histoire
- individualiste
- méfiant°   *distrustful*

1. Lesquels de ces mots correspondent à vos idées sur les Français ?
2. Lesquels sont une surprise pour vous ?

La culture populaire peut nous aider à comprendre le caractère national.

Des personnages de fiction (cinéma, bande dessinée, télévision) peuvent représenter une sorte d'idéal dans la culture. Par exemple, certains ont parlé d'un « monomythe américain ». Voici quelques éléments de ce monomythe.

- Une communauté vit dans la paix.
- Un danger menace cette communauté. Les institutions et les dirigeants normaux n'arrivent pas à résoudre le problème.
- C'est une bataille entre le bien et le mal.
- Un personnage anonyme sort de l'obscurité et sauve la communauté grâce à ses capacités exceptionnelles. Il est souvent mystérieux. Ce héros rentre dans l'obscurité.
- La communauté peut continuer à vivre sa vie tranquille.

Un exemple du monomythe américain

Carrie-Anne Moss et Keanu Reeves dans *The Matrix*

Depuis 1959, le personnage d'Astérix captive les Français. Certains pensent qu'il correspond à l'idée que se font les Français de leur caractère national. Voici l'essentiel des histoires d'Astérix :

- Un petit village gaulois° vit dans la paix.
- Tout le reste de la Gaule est occupé par l'armée romaine, et l'empire veut prendre ce dernier village.
- C'est une bataille entre les faibles et les forts.
- Astérix est un habitant normal du village. Il est petit mais malin°. Il aide ses compatriotes à vaincre l'armée romaine, grâce à son intelligence et une potion magique.
- Le village peut continuer à vivre sa vie tranquille.

gaulois = Gaulish (The Gauls were the Celtic inhabitants of the land before the arrival of the Romans.)

clever

Astérix rencontre un légionnaire romain

Questions

1. Connaissez-vous des exemples du monomythe américain ? Lesquels ?
2. Comment les mythes américains et français ressemblent-ils ?
3. Quelles sont les différences entre les deux mythes ?

Discussion

behavior   Ces mythes peuvent-ils influencer le comportement° des Américains et des Français ? Par exemple, les Français se considèrent-ils comme « les petits malins »
powers   qui doivent résister aux grandes puissances° ?

À la loupe

On a interrogé une journaliste suisse sur les relations entre les Français et les Suisses. Que veut dire « être Français » à son avis ?

Radio Suisse Romande

Rosanne Werlé, correspondante à Paris.

the French do not reciprocate

• « Nous avons une relation passionnelle avec la France. C'est un pays que nous voudrions aimer pleinement, mais les Français nous le rendent mal°. Souvent, ils ne nous prennent pas au sérieux, se moquent et nous appellent "les petits Suisses". A côté de ça, il y a les grandes incompréhensions. Par exemple, les Suisses ne comprennent pas le manque de respect des Français dans la vie de tous les jours.

• « Vous savez, quand on arrive à Paris et qu'on s'est pris trois fois la porte du métro dans la figure parce qu'on s'attend tout naturellement à ce que le prédécesseur la retienne, on fait attention … à la quatrième fois !

candor
tolerance

• « Cela dit, tout n'est pas négatif. Les Suisses ont besoin de la culture française, de la beauté des paysages, de votre franc-parler° et de la souplesse de votre société.° »

1. Quels sont les traits positifs des Français, selon cette journaliste ? les traits négatifs ?
2. En critiquant les Français, qu'est-ce qu'elle révèle sur la société suisse ?
3. Selon vous, quelle sorte de relation est-ce que votre pays a avec la France ? passionnelle ? conflictuelle ? ambiguë ? Quels traits est-ce qu'on admire ? Lesquels est-ce qu'on critique ?

Grammaire

Grammaire de base

The Future Tense

1.1 The future tense is formed by adding a special set of endings to a stem, which is the infinitive in most cases. Note that for **-re** verbs, the final **e** of the infinitive is dropped before adding the future endings.

	-er verbs		*-ir* verbs		*-re* verbs	
	stem +	*ending*	*stem +*	*ending*	*stem +*	*ending*
je	parler	ai	je finir	ai	je répondr	ai
tu	parler	as	tu finir	as	tu répondr	as
il/elle/on	parler	a	il/elle/on finir	a	il/elle/on répondr	a
nous	parler	ons	nous finir	ons	nous répondr	ons
vous	parler	ez	vous finir	ez	vous répondr	ez
ils/elles	parler	ont	ils/elles finir	ont	ils/elles répondr	ont

1.2 Following is a list of some verbs that have irregular future stems. The endings, however, are regular.

aller	j'**ir**ai	recevoir	je **recevr**ai
avoir	j'**aur**ai	savoir	je **saur**ai
envoyer	j'**enverr**ai	venir	je **viendr**ai
être	je **ser**ai	voir	je **verr**ai
faire	je **fer**ai	vouloir	je **voudr**ai
pouvoir	je **pourr**ai		

Note that many verbs that are irregular in the present are regular in the future.

boire	je **boir**ai	mettre	je **mettr**ai
connaître	je **connaîtr**ai	ouvrir	j'**ouvrir**ai
dire	je **dir**ai	prendre	je **prendr**ai

1.3 Although **acheter, payer,** and **préférer** have two stems in the present, in the future, they have only one.

Present	Future
j'achète / nous achetons	j'**achèter**ai / nous **achèter**ons
je paie / nous payons	je **paier**ai / nous **paier**ons
je préfère / nous préférons	je **préférer**ai / nous **préférer**ons

1.4 The essential difference between the future tense and the immediate future (**aller** + infinitive) is similar to that between "to be going to" and "will" in English. Thus, whereas **aller** + infinitive indicates intention or immediacy in relation to the moment of speaking, the future tense merely indicates the occurrence of an action sometime in the future.

Je vais faire mes devoirs maintenant.	*I am going to do my homework now. [intention, immediacy]*
Je ferai mes devoirs ce week-end.	*I will do my homework this weekend. [a nonimmediate future action]*

The immediate future is gradually replacing the future, especially in spoken French.

2.1 To form the present conditional, add the endings you learned for the imperfect tense to the future stem of the verb.

The Present Conditional								
	-er verbs			**-ir verbs**			**-re verbs**	
	stem +	*ending*		*stem +*	*ending*		*stem +*	*ending*
je	parler	ais	je	choisir	ais	je	répondr	ais
tu	parler	ais	tu	choisir	ais	tu	répondr	ais
il/elle/on	parler	ait	elle	choisir	ait	elle	répondr	ait
nous	parler	ions	nous	choisir	ions	nous	répondr	ions
vous	parler	iez	vous	choisir	iez	vous	répondr	iez
ils/elles	parler	aient	ils/elles	choisir	aient	ils/elles	répondr	aient

2.2 Note that the same stem is used in the future and in the conditional. Thus, if the stem is irregular in the future, it will be similarly irregular in the conditional.

j'**ir**ai/j'**ir**ais   je **ser**ai/je **ser**ais   je **verr**ai/je **verr**ais, etc.

2.3 The conditional of **vouloir, pouvoir,** and other verbs is used for making polite requests; you have already seen examples of this usage. In a store, for example, you might say:

Est-ce que **vous pourriez** m'aider ?
Je voudrais essayer ce costume.
Est-ce que **vous auriez** la même chose en bleu ?

2.4 The conditional is also used for expressing actions and states that are hypothetical, that is, that may or may not come true. It is often translated with "would" in English.

Selon certains, les **Canadiens français ne consentiraient jamais** à une fédération. **Ce serait** désastreux.

Some people think that **Franco-Canadians would never consent** *to a federation.* **It would be** *disastrous.*

2.5 The conditional of **devoir** is translated as "should."

Quand même, **ils devraient** faire un effort pour s'intégrer à la société canadienne.

Nonetheless, **they should** *make an effort to integrate themselves into Canadian society.*

Structure *III*

Pour parler du futur : Le futur et le futur antérieur
(Grammaire de base 1.1–1.4)

a. The future perfect (**le futur antérieur**) is used to refer to an event that will take place before another future event.

J'aurai fini avant ton départ.

I will be finished/will have finished *before your departure.*

Elle aura déjà **obtenu** son diplôme avant de commencer son travail.

She will have *already* ***graduated*** *before beginning work.*

b. The future perfect is formed with the future tense of the auxiliary (either **être** or **avoir**) and the past participle.

	auxiliaire +	participe passé
j'	aurai	terminé
tu	auras	terminé
il/elle/on	aura	terminé
nous	aurons	terminé
vous	aurez	terminé
ils/elles	auront	terminé
je	serai	parti(e)
tu	seras	parti(e)
il/elle/on	sera	parti(e)
nous	serons	parti(e)s
vous	serez	parti(e)(s)
ils/elles	seront	parti(e)s
je me	serai	couché(e)
tu te	seras	couché(e)
il/elle/on se	sera	couché(e)
nous nous	serons	couché(e)s
vous vous	serez	couché(e)(s)
ils/elles se	seront	couché(e)s

when / as soon as / as soon as

c. Use the future tense after **quand, lorsque°, dès que°, aussitôt que°,** and **après que,** when a future action will take place at more or less the same time as another future action. Note that the verb in the second part of the sentence is either in the future or in the imperative.

Quand, etc. +	Futur	Futur ou impératif
Quand nous	serons à Québec,	nous ferons une promenade en calèche°.
Quand tu	verras ta mère,	dis-lui bonjour de ma part.

carriage

d. Use the future perfect tense after **quand, lorsque, dès que,** and **après que** to refer to an event that will take place before another future event. The verb referring to that second future event will be in the future or in the imperative.

Quand, etc. +	Futur antérieur	Futur ou impératif
Et quand on en	aura discuté,	ma conclusion restera la même.
Aussitôt qu'il	sera parti,	téléphone-moi.

Pratique et conversation

A. Un agenda. Aujourd'hui, c'est lundi, et M. Raymond a une semaine très chargée. Qu'est-ce qu'il aura fait avant le week-end ? Regardez son agenda et formulez cinq phrases.

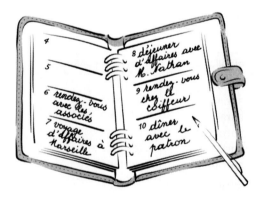

B. D'ici vingt ans. Demandez à votre partenaire s'il/si elle aura fait les choses suivantes, ou s'il/si elle ne les aura pas encore accomplies dans vingt ans.

1. faire fortune
2. prendre la retraite
3. payer ses dettes
4. obtenir un diplôme
5. maîtriser le français

C. Un parent anxieux. Votre fils/fille va passer l'été en France, seul(e). Vous êtes très anxieux/euse. Exprimez vos inquiétudes en complétant les phrases suivantes.

1. Téléphone-moi dès que...
2. Si tu as des difficultés d'argent...
3. Quand tu auras trouvé du travail...
4. Si tu ne trouves pas d'hôtel...
5. Écris-moi aussitôt que...
6. Si je n'ai pas de tes nouvelles après une semaine...
7. Je t'enverrai encore de l'argent quand...
8. Quand tu seras rentré(e)...

Structure IV

Pour parler du temps : Les prépositions pour, pendant, dans, en + expression temporelle

a. **Pour** + time expression refers to time intended rather than time elapsed.

Je serai en France

Je suis allé(e) en France
} **pour** deux ans.

I will be in France

I went to France
} *for two years.*

In the preceding examples, **pour** expresses the amount of time the speaker intends or intended to spend in France.

b. **Pendant** expresses the duration of an action.

Pendant que vous dînez, je vais promener le chien.	*While you are having dinner, I'm going to walk the dog.*
Il a écouté des cassettes **pendant** deux heures.	*He listened to cassettes for two hours.*

Note that when referring to past time, **pendant** + time expression is usually used with a verb in the **passé composé** to convey the limits (i.e., beginning and end) of a completed past action.

c. **En** + time expression expresses how long it takes to perform an action.

Je peux le faire **en** un jour.	*I can do it in one day (it will take me one day to do it).*
Il a appris à réparer sa voiture **en** une semaine.	*He learned how to fix his car in one week (in the course of one week).*

d. **Dans** + time expression gives the ending point for an action.

Je vais sortir **dans** une heure.	*I'm going out in an hour (at the end of an hour).*
Dans combien de temps vas-tu finir ?	*How soon (at the end of how much time) are you going to finish?*

Pratique et conversation

A. Complétez. Complétez les dialogues suivants avec **pour, pendant, en** ou **dans**.

Devant la loge de la concierge

—Bonjour, Madame. Je serai absente _____ quelques jours. Est-ce

que vous pourriez surveiller mon appartement _____ ce temps ?

—Oui, d'accord. Pas de problème !

Au pressing

—Je viens de renverser un verre de vin sur ma veste et j'ai une réunion

_____ une heure ! Est-ce que vous pourriez la nettoyer ?

—Je suis désolée, Monsieur. On ne peut pas nettoyer à sec _____

une heure.

À la bibliothèque

—Ah ! C'est toi qui as le livre dont j'ai besoin. Tu l'auras _____

combien de temps ?

—Ne t'affole pas ! Je te le passerai _____ deux ou trois heures.

Conversation au téléphone

—Où étais-tu ? Je t'ai attendu _____ deux heures au café et

finalement je suis parti !

—J'ai dû passer par l'agence de voyages pour récupérer mon billet d'avion.

—Ce n'est pas possible ! Tu pars ? Quand ? _____ combien de

temps ?

—_____ toujours ! Je vais m'installer dans un ashram, en Inde.

—Quoi ? Et _____ tout ce temps, tu m'as déclaré ton amour. On

allait se marier...

—Peut-être que _____ quelques années tu comprendras.

B. Interview. Demandez à votre partenaire...

1. en combien de temps il/elle finit ses devoirs, d'habitude.
2. dans combien de temps il/elle aura son diplôme universitaire.
3. pour combien de temps il/elle va partir en vacances cet été.
4. pendant combien de temps il/elle dort chaque nuit.
5. où il/elle sera dans quelques années.

Structure V

Pour parler des conditions potentielles : Les phrases avec si
(Grammaire de base 1.1–1.4, 2.1–2.5)

a. To tell what you will do if certain conditions or states are met, use the present in the "if" clause and the future in the "result" clause.

Si **Présent +**	**Futur**
Si vous allez à Montréal,	vous visiterez sans doute le Vieux Quartier.
Si nous parlons français au Québec,	nous profiterons plus de notre séjour.

b. To tell what you would do if certain conditions or states were met, use the imperfect in the "if" clause and the present conditional in the "result" clause.

Si **Imparfait +**	**Conditionnel**
Si **on allait** à Montréal	**il faudrait** faire des efforts pour parler uniquement en français !
Si nous parlions tous la même langue,	est-ce que **nous aurions** toujours des malentendus culturels ?

c. Note that the order of the clauses may change, but the tense used within each clause does not.

Si les Français **s'intéressaient** moins à la cuisine, une valeur traditionnelle **serait** perdue.

Une valeur traditionnelle **serait** perdue si les Français **s'intéressaient** moins à la cuisine.

d. **Si** + the imperfect can be used to express an invitation or a suggestion.

| **Si on allait** au cinéma ? | *What about going to the movies?* |
| **Si on sortait** ce soir ? | *How about going out this evening?* |

e. The same construction can also be used to express regret.

| **Si je n'avais pas** tous ces devoirs ! | *If only I didn't have all this homework!* |
| **Si** seulement **j'étais** riche ! | *If only I were rich!* |

Pratique et conversation

A. Rêves. Finissez les débuts de phrases suivantes.

1. Si je n'allais pas à l'université... *imperfect*
2. Ma vie serait parfaite si... *conditional*
3. J'aurais plus de temps libre si... *conditional*
4. Si mes parents me laissaient faire ce que je voulais... *imperfect*
5. Si je ne faisais pas cet exercice... *imperfect* *imperfect*

B. Gaffes. Qu'est-ce que vous feriez dans les situations suivantes ? Formulez des phrases au conditionnel.

1. Vous arrivez deux heures en retard pour une réception en votre honneur.
2. Vous renversez un verre de vin rouge sur la robe de votre hôtesse.
3. Vous appelez la deuxième femme de votre ami par le prénom de son ex-femme.
4. Vous invitez votre patron au restaurant, mais vous avez oublié votre portefeuille au bureau.
5. Vous oubliez l'anniversaire de votre petit(e) ami(e).

C. Encore des situations. Qu'est-ce que vous diriez dans les situations suivantes ? Employez une phrase avec **si** + l'imparfait.

Modèle : Votre ami(e) vous demande de sortir avec lui/elle ce soir. Mais vous avez un devoir à préparer et vous n'avez pas le temps.

Vous : Si seulement je n'avais pas ce devoir à préparer ! (*ou :* Si seulement j'avais le temps !)

1. Vous voulez inviter un(e) ami(e) au restaurant ce soir.
2. Vous voulez acheter une chemise, mais le prix est très élevé.
3. Vous voulez rendre visite à un(e) ami(e) mais il/elle habite très loin de chez vous et vous n'avez pas de voiture.
4. Vous proposez à un(e) ami(e) d'aller prendre un pot ensemble.
5. Vous proposez au professeur d'annuler l'examen final.

D. Toujours mécontent(e). On est toujours mécontent de sa situation... c'est la nature humaine. Si vous aviez la possibilité de changer trois choses dans votre vie, qu'est-ce que vous choisiriez ? En quoi est-ce que votre vie serait différente ?

Modèle : Si j'avais un avion personnel, je pourrais faire le tour du monde. Si je n'étais pas étudiant(e), je pourrais travailler et gagner de l'argent.

fortune-teller **E. Chez la diseuse de bonne aventure°.** Vous allez chez une diseuse de bonne aventure pour apprendre ce qui va vous arriver dans les prochaines années et ce que vous deviendrez. Elle vous raconte de bonnes nouvelles, mais malheureusement, il y aura aussi de légères contrariétés. Elle vous donne des

are able to conseils pour que vous puissiez° passer facilement par ces périodes difficiles ; elle vous dit aussi ce qui se passera si vous ne suivez pas ses conseils. Jouez la scène.

Lecture

Vous allez lire un texte qui analyse les origines de la « personnalité française ». En faisant les activités qui suivent le texte, réfléchissez aux traits de caractère qu'on a déjà exposés au cours du chapitre.

Avant de lire

A. Anticipez. Selon l'auteur du texte, les Français ont un « tempérament double » et un « caractère contrasté ». Qu'est-ce que ces expressions signifient ?

Pour bien saisir ces notions, regroupez les adjectifs suivants en paires d'opposés : actif, bon vivant, débrouillard°, extraverti, généreux, idéaliste, insouciant, introverti, maladroit°, oisif°, parcimonieux°, pressé°, réaliste, révolutionnaire, rouspéteur°, satisfait, sédentaire, soucieux°, traditionaliste, triste, vif°.

clever, resourceful
clumsy / idle / stingy / in a hurry
grumpy / worried / lively

B. Associez. Lesquels des adjectifs ci-dessus peut-on associer avec les expressions suivantes tirées du texte ?

1. « Il a les deux pieds sur terre »
2. le « bas de laine » où on entasse (*hoard*) ses économies
3. le badaud
4. « le système D »
5. son horizon se borne à sa paroisse
6. amateur de bon vin et de bonne chère
7. esprit chevaleresque

C. Encore des associations. En utilisant les adjectifs de l'exercice A, essayez de décrire les traits de caractère…

1. d'un paysan
2. d'un chevalier du Moyen Âge
3. d'un Parisien

Les glaneuses de Jean-François Millet

La Liberté guidant le peuple
d'Eugène Delacroix

Un tempérament double	
Un fonds paysan	*Un tempérament chevaleresque*
À l'origine, la population était essentiellement rurale. Les paysans, attachés à la petite propriété depuis la Révolution de 1789, formaient encore au début de ce siècle la majorité de la population française. D'où la persistance de certains comportements :	Au Moyen Âge s'est constituée une noblesse conquérante, souvent animée d'un esprit chevaleresque, dont on peut retrouver la trace plus tard dans les masses populaires, notamment aux moments critiques de l'histoire du pays. Ce tempérament s'oppose sur bien des points à la mentalité paysanne :

- attaché à la terre natale, sédentaire, son horizon [du paysan] se borne souvent à celui de sa paroisse ;
- réaliste : « il a les deux pieds sur terre » ;
- parcimonieux jusqu'à la mesquinerie et à l'avarice : le « bas de laine » où il entasse ses économies symbolise l'esprit d'épargne ;
- précautionneux jusqu'à la méfiance ;
- volontiers traditionaliste et conservateur.

- idéaliste, animé de l'esprit d'aventure ;
- généreux jusqu'à la prodigalité, toujours prêt à s'engager pour une cause qu'il croit juste ;
- individualiste jusqu'à l'indiscipline ;
- volontiers révolutionnaire lorsqu'il s'agit de lutter contre l'injustice ou l'oppression.

Un caractère contrasté	
Le « Français moyen »	*Le Parisien*
Au cours des Temps Modernes, la bourgeoisie devient la classe dominante. Il [Le Français moyen] passe généralement pour : • jovial et bon vivant, optimiste, amateur de bon vin et de bonne chère ; • pratique et réaliste, ingénieux et débrouillard, (le « système D »), passionné de bricolage • homme de bon sens • éminemment sociable et extraverti.	Il existe pourtant des traits qui, souvent attribués au Français, semblent plutôt caractériser le Parisien, enfant de cette cité ouverte à toutes les influences, et qui depuis le XVIIIe siècle tend à s'opposer au provincial : • insouciant, d'humeur capricieuse : d'où sa réputation de légèreté et de libertinage ; • curieux, aimant le jeu, dilettante : il suit la mode, quand il ne la précède pas ; • toujours pressé, il ne déteste pourtant pas la flânerie (le « badaud ») ; • rouspéteur, d'esprit vif, il est prompt à la moquerie.

Après la lecture

A. Proverbes. Les proverbes et dictons reflètent les valeurs d'une culture. Regardez les proverbes ci-dessous et identifiez l'esprit qu'ils reflètent : paysan, chevaleresque ou français moyen.

1. À cœur vaillant rien d'impossible.
2. Ne remets pas au lendemain ce que tu peux faire le jour même.
3. Bonne chaire° fait le cœur lie°.   *meat / happy*
4. Qui n'épargne pas un sou n'en aura jamais deux.
5. C'est en forgeant qu'on devient forgeron.

B. L'habitant « moyen ». Selon vous, quels traits de caractère définissent l'habitant « moyen » de votre pays ?

C. Origines. Selon la lecture, il y a deux fonds qui pourraient expliquer le développement du tempérament français. Essayez d'identifier quelques origines du tempérament prédominant de votre pays. Voici quelques possibilités :

• une guerre
• l'expansion géographique
• des vagues d'immigration
• des obstacles surmontés
• ?

Compréhension auditive

Au cours de ce chaptire, vous avez analysé les valeurs qui définissent l'identité nationale. Dans le texte sonore que vous allez écouter, un jeune Sénégalais va parler des facteurs qui ont contribué à former l'identité nationale sénégalaise.

Consulter le site Web **www.wiley.com/college/siskin** puis sélectionner Book Companion Site pour écouter le texte sonore.

Faites la **Compréhension auditive** pour **le Chapitre 6** dans votre Cahier d'exercices.

Vocabulaire

Pour parler de l'identité personnelle et culturelle

ambition (*f.*)	ambition
amitié (*f.*)	friendship
bonheur (*m.*)	happiness
conflit (*m.*)	conflict
contentement (*m.*)	happiness
courtoisie (*f.*)	courtesy
désir (*m.*)	desir
devoir (*m.*)	duty
guerre (*f.*)	war
honnêteté (*f.*)	honesty
indépendance (*f.*)	independance
joie de vivre (*f.*)	enjoyment of life
égalité (*f.*)	equality
liberté (*f.*)	liberty
liberté d'expression (*f.*)	freedom of speech
manières (*f. pl.*)	manners
obéissance (*f.*)	obedience
opportunité (*f.*)	opportunity
ouverture d'esprit (*f.*)	open-mindedness
paix (*f.*)	peace
politesse (*f.*)	politeness
respect (*m.*)	respect
responsabilité (*f.*)	responsibility
réussite (*f.*)	success
sagesse (*f.*)	wisdom
sécurité (*f.*)	security
tolérance (*f.*)	tolerance
univers (*m.*)	universe
actif	active
aisé	comfortable, easy
confortable	comfortable
égal (*pl.* égaux)	equal
national	national
passionnant	exciting
prospère	prosperous
stimulant	stimulating
véritable	real, true

Pour insister sur le fait qu'on a raison / qu'on est sérieux

C'est sérieux.	This is serious.
Ce n'est pas une plaisanterie.	It's not a joke.
Je ne plaisante pas.	I'm not joking.

Pour insister sur une réponse négative

Non, je vous assure / je vous le jure / je vous le garantis.	No, I assure you/swear it (to you) guarantee it (to you).
J'ai déjà dit non.	I've already said no.
Quand je dis « non », c'est non.	When I say no, it means (I mean) no.
Jamais de la vie.	Not on your life.

Pour exprimer du dégoût

dégoûter	to disgust
écœurer	to disgust
répugner (à qqn)	to be repulsive (to someone)
dégoûtant	disgusting
détestable	detestable
écœurant	disgusting
répugnant	repulsive

Pour dire qu'on n'est pas sûr

J'en doute.	I doubt it.
Je n'en suis pas sûr(e) / certain(e).	I'm not sure/certain.
Peut-être (que vous avez raison).	Perhaps (you're right).

CHAPITRE 7

Regards sur la société
La Diversité culturelle de la France

Scène dans une rue de Montréal

Objectifs

Communication

Ask for and express opinions

Express agreement and disagreement

Excuse oneself and respond to apologies

Give directions

Express irritation and anger

Talk about your fears, doubts, beliefs, and emotions

Express necessity, judgment, and certainty

State your wishes and preferences

Narrate in the past using reflexive verbs

Locate cities and countries using prepositions

Comparisons

Compare the stereotyped view of French linguistic and cultural uniformity to the social reality of increasing diversity

Cultures

Explore issues of assimilation and identity among immigrant groups

Connections

Discuss regional languages and linguistic variation in France

Communities

Explore international community resources in Montpellier for its French and foreign-born residents

Mise en train

Le monde francophone est extrêmement diversifié, mais la France elle-même a
des cultures minoritaires riches et variées. Aujourd'hui tout le monde en France
parle français et se considère Français, mais beaucoup de citoyens français ont
aussi une langue et une culture régionale.

Voici une carte des langues de France. Pour chaque région, on a indiqué
comment dire les mots *pain, nuit, lune* et *dix* dans la langue régionale.

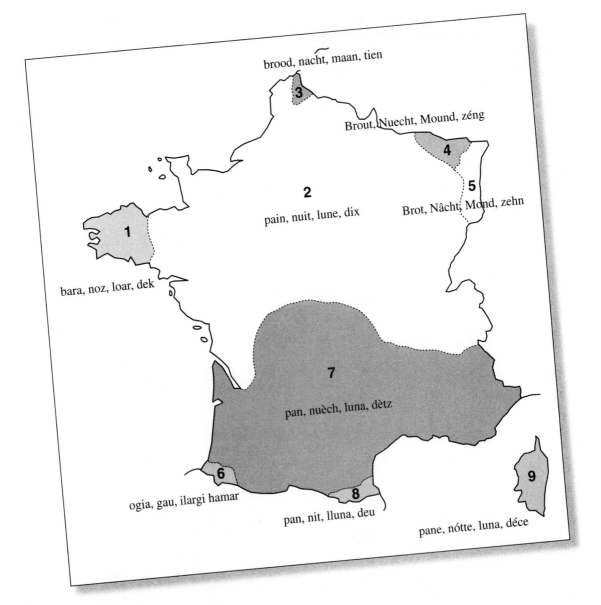

Essayez de compléter le tableau suivant sur les langues minoritaires de France.

Langue	Description	Parlée dans un autre pays ?	Numéro sur la carte
Français	langue romane[1]		
Catalan	romane		
Occitan	romane	Espagne, Italie	
Corse	romane	_____	
Flamand	germanique		
Francique	germanique	Luxembourg	
Alsacien	germanique	_____	
Breton	celtique	_____	
Basque	famille inconnue		

1. Dans combien de pays européens parle-t-on français ?
2. Quelles langues sont parlées seulement en France ?
3. Avec quel pays la France partage-t-elle trois langues ?
4. Dans quelles régions de France y a-t-il le plus de cultures minoritaires traditionnelles ?

Dans ce chapitre, nous verrons que l'image d'un Français typique est loin de la réalité. Il y a toutes sortes de Français et de Françaises.

Un camping au lac d'Annecy dans les Alpes

---

[1] Une langue romane est une langue qui vient du Latin (en anglais « a Romance language »).

Interaction

manager

Philippe, un Parisien en vacances dans la région de Montpellier, en France, parle au gérant° de son camping.

Philippe   Excusez-moi, Monsieur. Pourriez-vous m'aider ? Il n'y a pas d'eau chaude dans les douches. À mon avis, il faudrait faire venir un plombier.

Le gérant   J'ai l'impression que vous ne savez pas les régler.

Philippe   Mais, Monsieur, vous savez bien que je suis là depuis trois semaines. Et puis les douches se sont déjà cassées samedi dernier.

Le gérant   Il faudrait que vous appreniez à bien la régler. Vous voulez que je vienne vous montrer ?

Philippe   Vous vous moquez de moi ? Je vous répète que ça ne marche pas ! J'avais l'intention de laver mon chien, et je ne suis pas content que l'eau soit si froide.

Le gérant   Ah non, Monsieur, les douches ne sont pas pour les chiens ! (*À part°, en occitan°*) Aquels macarèls de Parisencs !°

aside / the traditional language of southern France, now spoken mainly in the country by older people / (a´kelz maka´rElz de pari´zenks) These damned Parisians !

Observez

1. Pourquoi Philippe se plaint-il ?
2. Pourquoi le gérant n'est-il pas content ?
3. Pourquoi parle-t-il en occitan à la fin ?

Réfléchissez

1. Les Français qui font du camping s'installent souvent dans un endroit pour quatre semaines. Quels sont les avantages de ce genre de vacances ? (*Ils peuvent…, ils finissent par…*)
2. Quels sont les désavantages ?
3. Les Français amènent très souvent leurs chiens dans les campings, dans les restaurants, chez l'épicier, etc. Qu'en pensez-vous ?
4. L'occitan, comme les autres langues minoritaires en France, a longtemps été mal considéré. Mais il a toujours permis aux gens locaux de parler sans être compris par ceux de l'extérieur. Connaissez-vous d'autres exemples de l'emploi d'une langue « secrète » ?

Autrement dit

Demander une opinion

Qu'est-ce que tu penses de cette question ?
Qu'est-ce que tu en penses ?
Quel est ton avis ?°
Tu trouves qu'il a raison ?°
Comment est-ce que tu trouves son raisonnement ?

What's your opinion?
Do you think he's right?

Exprimer son opinion

Je
{ crois
pense
trouve }
qu'il a raison.

À mon avis,
D'après moi,
Selon moi
Pour moi,
} il a tort.

J'ai l'impression
Il me semble
} que c'est vrai.

Dire qu'on est d'accord / qu'on ne l'est pas

Accord total

Je suis d'accord.
Vous avez tout à fait raison.
Exactement.
C'est vrai / certain / sûr.

Accord faible

C'est (bien) possible.
Peut-être.
Ça se peut.°

That may be.

Désaccord faible

Je ne suis pas tout à fait d'accord.
Je ne suis pas très convaincu(e).
Je n'en suis pas sûr(e) / certain(e).

Désaccord total

Je ne suis pas d'accord.
Ce n'est pas vrai.
Absolument pas.
Pas du tout.

Pratique et conversation

A. Réactions. Donnez vos réactions aux opinions suivantes en utilisant le vocabulaire de la partie *Autrement dit*.

1. On devrait donner de l'aide économique aux pays du tiers monde.
2. Tout le monde devrait parler anglais.
3. Il n'y a pas de crise d'énergie.
4. Une langue pourrait unir un pays.
5. Les effets de la pollution sont exagérés.

B. Opinions. Exprimez une opinion sur les sujets suivants. Votre camarade répondra en exprimant son accord ou désaccord. Essayez de développer votre argument.

Modèle :	l'environnement
Vous :	On dit que dans quelques années, on aura détruit **l'ozonosphère°**. Qu'en penses-tu ?
Votre camarade :	Je crois que c'est vrai. Il y a trop de pollution atmosphérique. On voit déjà **l'effet de serre°**. C'est un problème sérieux. Tu es d'accord ?...

ozone layer

greenhouse effect

1. l'anglais comme langue mondiale
2. les problèmes économiques des pays en voie de développement
3. l'énergie nucléaire
4. l'immigration
5. les études universitaires

Pour s'excuser

Excuse(z)-moi.
Je m'excuse.
Pardon.

Pour répondre aux excuses

Ce n'est pas grave.
Ce n'est rien.
Il n'y a pas de mal.

Demander des renseignements, son chemin

Pardon, Monsieur, pourriez-vous m'indiquer où se trouve un camping ?
Excusez-moi, Madame, mais est-ce que vous savez où sont les douches ?
Où est la gare, s'il vous plaît ?
Il y a un pressing près d'ici ?

Pierre, est-ce que tu { sais / peux } { me dire / m'indiquer } où est la cafétéria ?

Oui,   c'est tout près.
          ce n'est pas loin.

Vous { montez / descendez / suivez } cette rue,

puis vous tournez à { droite / gauche } à la deuxième rue.

straight

Ensuite, vous continuez { tout droit° / jusqu'au coin } et c'est { devant vous. / sur votre gauche. }

Ça se trouve { dans la rue de la République. / sur le boulevard Raspail. }

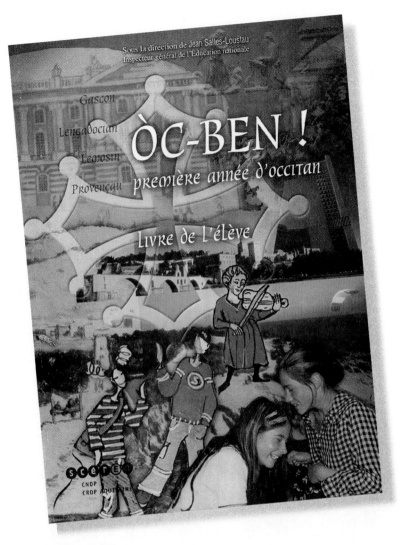

Un manuel pour
l'apprentissage de l'occitan
à l'école

Exprimer l'irritation

Tu te moques de moi ?
Tu te fiches de moi ?
Tu plaisantes ?
Tu rigoles ?

Quelques mots en occitan

Expression	Prononciation	Signification
Adieu !	[a´djEw]	Bonjour, au revoir ! (*informal*)
Bonjorn.	[bun´dzhur]	Bonjour. (*formal, or to several people*)
Adieu-siatz.	[adjiw´sjats]	Au revoir. (*formal, or to several people*)
Parlatz occitan ?	[par´lats utsi´ta]	Parlez-vous occitan ?
Oc, parli occitan.	[O, ´parli utsi´ta]	Oui, je parle occitan.
Non, parli pas occitan.	[nu ´parli paz utsi´ta]	Non, je ne parle pas occitan.

Pratique et conversation

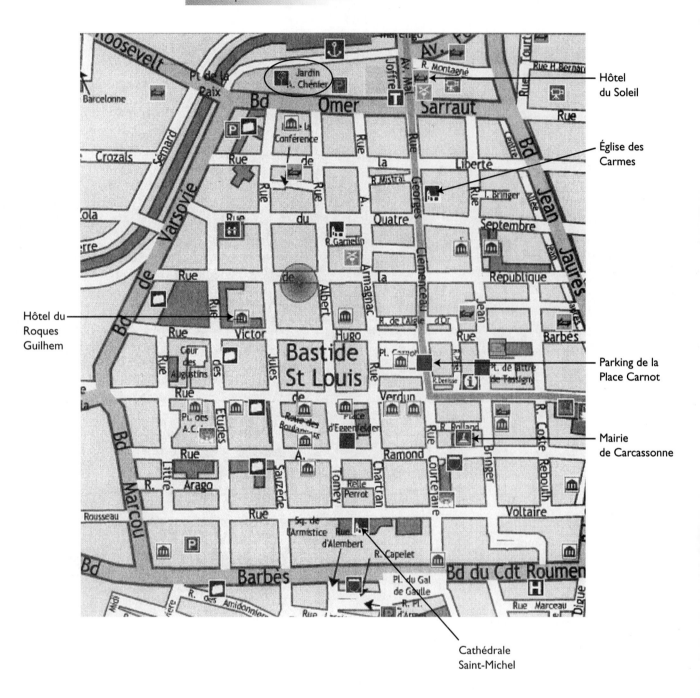

Hôtel du Soleil

Église des Carmes

Hôtel du Roques Guilhem

Parking de la Place Carnot

Mairie de Carcassonne

Cathédrale Saint-Michel

A. Un plan. En utilisant le plan de la ville de Carcassonne, dites...

1. comment aller de la Bastide St Louis à l'Église des Carmes.
2. comment aller du Parking de la place Carnot à la cathédrale Saint-Michel.
3. comment aller de l'Hôtel Roques Guilhem à la Mairie.
4. comment aller de la cathédrale Saint-Michel au Jardin Chénier.

B. Le chemin. Vous êtes au Jardin Chénier et vous arrêtez un passant pour lui demander où se trouve la Mairie. Il vous explique le chemin. Jouez la scène.

C. Orientation. Un(e) étudiant(e) franco-canadien(ne) passe l'année sur votre campus. Il/Elle vous pose des questions pour s'orienter : où se trouve la bibliothèque, le restaurant universitaire, etc. Répondez à ses questions en lui indiquant le chemin.

Étude de vocabulaire

Les emprunts

Quelques mots qui sont très courants en français ont été empruntés aux langues régionales (l'occitan, le breton, l'alsacien) ou aux langues des anciennes colonies françaises. En général, les langues considérées « prestigieuses » ont fourni des mots « élégants », tandis que les langues plutôt « rustiques » ont contribué des mots familiers ou argotiques.

Pratique et conversation

Origines. Connaissez-vous les mots suivants ? À l'aide d'un dictionnaire, cherchez-en les origines.

1. Je ne sais pas de quel *bled* il est sorti, mais il n'est certainement pas de Paris.
2. Il joue du *biniou*.
3. Ce n'est pas du français, c'est du *charabia*.
4. Il n'avait pas de billet, mais il a essayé de *resquiller* une place au cinéma.
5. Je me suis foulé la cheville et j'ai dû aller voir le *toubib*.

Grammaire

Grammaire de base

1.1 The subjunctive mood occurs in a clause introduced by **que** after a limited number of expressions. In general, these expressions show that the speaker has a subjective attitude (doubt, emotion, opinion, volition) with regard to what he/she is saying.

1.2 To form the present subjunctive of regular verbs, drop the **-ent** of the **ils** form of the present indicative and add **-e, -es, -e, -ions, -iez,** or **-ent**. Study the following conjugations.

fermer				
que/qu'	je ferme	tu fermes	il/elle/on ferme	nous fermions vous fermiez ils/elles ferment

finir				
que/qu'	je finisse	tu finisses	il/elle/on finisse	nous finissions vous finissiez ils/elles finissent

répondre				
que/qu'	je réponde	tu répondes	il/elle/on réponde	nous répondions vous répondiez ils/elles répondent

1.3 Some verbs that are irregular in the present indicative form their present subjunctive like regular verbs. Among these are **connaître, dire, écrire, lire, mettre, ouvrir, plaire, suivre,** and **-ir** verbs like **dormir**. See the Appendix for complete conjugations.

1.4 **Être** and **avoir** are two-stem irregular verbs in the subjunctive.

être				
que/qu'	je sois	tu sois	il/elle/on soit	nous soyons vous soyez ils/elles soient

avoir				
que/qu'	j' aie	tu aies	il/elle/on ait	nous ayons vous ayez ils/elles aient

2.1 Review the formation and use of pronominal verbs in the present tense.

3.1 Learn the conjugation of the following irregular verbs.

craindre, to *fear*					
Présent :	je	crains	nous	craignons	
	tu	crains	vous	craignez	
	il/elle/on	craint	ils/elles	craignent	

Passé composé :	nous avons craint
Imparfait :	vous craigniez
Futur :	je craindrai
Conditionnel :	ils craindraient
Présent du subjonctif :	que je craigne

(Conjugated like **craindre** is **peindre°**.)   *to paint*

rire, to *laugh*					
Présent :	je	ris	nous	rions	
	tu	ris	vous	riez	
	il/elle/on	rit	ils/elles	rient	

Passé composé :	vous avez ri
Imparfait :	nous riions
Futur :	tu riras
Conditionnel :	il rirait
Présent du subjonctif :	que je rie

(Conjugated like **rire** is **sourire°**.)   *to smile*

4.1 Irregular verbs in the present subjunctive have one or two stems. With the exception of **être** and **avoir**, all use the endings you have learned for regular verbs.

4.2 The following are one-stem irregular verbs in the present subjunctive.

faire					
que/qu'	je	fasse	nous	fassions	
	tu	fasses	vous	fassiez	
	il/elle/on	fasse	ils/elles	fassent	

savoir					
que/qu'	je	sache	nous	sachions	
	tu	saches	vous	sachiez	
	il/elle/on	sache	ils/elles	sachent	

pouvoir				
que/qu'	je	puisse	nous	puissions
	tu	puisses	vous	puissiez
	il/elle/on	puisse	ils/elles	puissent

4.3 Two-stem verbs in the present subjunctive take the third-person plural indicative stem for all forms except **nous** and **vous**. For **nous** and **vous**, use the first-person plural indicative stem. Study the following two-stem verbs.

prendre				
que/qu'	je	prenne	nous	prenions
	tu	prennes	vous	preniez
	il/elle/on	prenne	ils/elles	prennent

boire				
que/qu'	je	boive	nous	buvions
	tu	boives	vous	buviez
	il/elle/on	boive	ils/elles	boivent

envoyer				
que/qu'	j'	envoie	nous	envoyions
	tu	envoies	vous	envoyiez
	il/elle/on	envoie	ils/elles	envoient

venir				
que/qu'	je	vienne	nous	venions
	tu	viennes	vous	veniez
	il/elle/on	vienne	ils/elles	viennent

voir				
que/qu'	je	voie	nous	voyions
	tu	voies	vous	voyiez
	il/elle/on	voie	ils/elles	voient

4.4 **Aller** and **vouloir** have irregular two-stem conjugations in the subjunctive.

aller				
que/qu'	j' aille		nous	allions
	tu ailles		vous	alliez
	il/elle/on aille		ils/elles	aillent

vouloir				
que/qu'	je veuille		nous	voulions
	tu veuilles		vous	vouliez
	il/elle/on veuille		ils/elles	veuillent

Structure I

Pour exprimer un point de vue : Le présent du subjonctif après les expressions impersonnelles

a. Impersonal expressions can be used to indicate necessity, judgment, certainty, or doubt. These expressions all contain an impersonal **il** and are followed by either an infinitive or a clause introduced by **que**. Following are some impersonal expressions.

Necessity	Judgment	Certainty	Doubt
il faut	il est important	il est certain	il n'est pas certain
il est nécessaire	il est essentiel	il est sûr	il n'est pas sûr
	il est bon	il est évident	il n'est pas évident
	il vaut mieux	il est probable	il est possible
		il est clair	il est douteux
		il est vrai	il se peut

b. Use an infinitive after impersonal expressions if the only subject in the sentence is the impersonal **il**, that is, if the person doing the action is not specified. Note that all of the expressions above require **de** before the infinitive except for **il faut** and **il vaut mieux**.

Est-il vraiment possible de **construire** une société démocratique dans ces circonstances ?

c. When there are two subjects in the sentence, the second subject will be found in a clause introduced by **que**. The verb in that clause will be in the subjunctive after impersonal expressions indicating necessity, judgment, and doubt.

Il faudra bien qu'on **apprenne** le français à l'école.
Il est douteux que nous **accordions** assez d'importance à cette question.
Il vaudrait mieux que vous **finissiez** votre discussion.

d. The verb in the clause introduced by **que** will be in the indicative after impersonal expressions indicating certainty.

> Il est évident que le Sénégal **aura** toujours besoin d'une langue étrangère pour la communication internationale.
> Il est probable que le développement économique **sera** difficile.

e. When impersonal expressions indicating certainty are in the negative or interrogative, however, the subjunctive is used.

> Il n'est pas évident que Marie **soit** contente de son travail.
> Est-il sûr qu'elle **comprenne** la question ?

Pratique et conversation

A. Débat linguistique. Aoussan et Samba discutent de la situation du français en Afrique. Remplissez les blancs avec la forme correcte du verbe à l'indicatif, au subjonctif ou à l'infinitif.

1. Il est certain que les pays africains _____ (devoir) examiner le rôle du français dans leur société.

2. Il est clair que le français _____ (ne... pas être) suffisant.

3. Il est douteux que les langues africaines _____ (remplacer) entièrement le français.

4. Il faut qu'on _____ (agrandir) le rôle des langues africaines.

5. Il serait bon de _____ (considérer) de nouvelles idées.

6. Il est probable que l'Afrique _____ (trouver) une solution.

7. Mais il n'est pas sûr que tout le monde _____ (accepter) cette solution.

8. Il n'est pas clair que le français _____ (assumer) le même rôle à l'avenir.

B. Situations. En employant les expressions suggérées, formulez une réponse à la question qui suit chaque situation.

1. M. Piotto a décidé de tenter le crime parfait ! Quelles précautions devrait-il prendre ?
Expressions utiles : se déguiser ; se cacher ; ne... pas faire de bruit ; ne... pas laisser d'empreintes digitales ; être prudent(e)...

> Il vaudrait mieux...
> Il faut que...
> Il est essentiel que...
> ? ? ?

2. Votre ami(e), qui est anglophone, va travailler dans un magasin, à Montréal. Quels conseils est-ce que vous pourriez lui donner ?
Expressions utiles : essayer de parler français avec les clients francophones ; être poli(e) ; avoir de la patience ; se montrer serviable...

> Il est nécessaire de...
> Il n'est pas sûr que...
> Il n'est pas possible de...
> ? ? ?

3. Un(e) ami(e) va faire un safari en Afrique. Qu'est-ce que vous pourriez lui suggérer ?
   Expressions utiles : se faire vacciner ; consulter des guides ; faire ses valises la veille ; obtenir un passeport ; se renseigner sur la flore et la faune locales…

   > Il faut que…
   > Il est clair que…
   > Il est important de…
   > ? ? ?

4. Un(e) ami(e) a des difficultés amoureuses. Vous essayez de le/la réconforter en disant…
   Expressions utiles : partir en vacances pendant quelques jours ; appeler des amis ; ne… pas être découragé(e) ; aller sur Internet pour trouver un nouveau copain (une nouvelle copine)…

   > Il est essentiel que…
   > Il est évident que…
   > Il n'est pas possible de…
   > ? ? ?

C. Un nouvel étudiant. Vous rencontrez un étudiant suisse qui vient d'arriver sur votre campus. Il a toutes sortes de questions sur ses études et la vie estudiantine dans une université américaine. Vous répondez à ses questions en essayant de le conseiller et de le rassurer. Jouez la scène.

Bruxelles : un set de table de chez **McDonald's**

Structure II

Pour narrer au passé : Les temps composés des verbes pronominaux

a. Compound tenses of pronominal verbs are formed using the auxiliary **être**.

L'unification du Sénégal s'est faite par le biais de la langue française.
Nous nous sommes dépêchés pour partir à l'heure.
Est-ce que vous vous êtes écrit pendant son absence ?

b. The past participle will show agreement only if the reflexive pronoun functions as a direct object. In order to determine this, check first to see if the verb is followed by a direct object. If so, the reflexive pronoun is functioning as an indirect object and the past participle does not agree.

Elle s'est lavé les mains.
Je me suis cassé la jambe.

In both of these cases, the direct object follows the verb; the reflexive pronoun is thus functioning as an indirect object and no agreement is made[2].

c. If there is no direct object following the verb, determine what type of object the verb takes when it is not used reflexively. This will be the function of the reflexive pronoun when the verb is used reflexively.

Nous nous sommes téléphoné tous les jours.

(The verb **téléphoner à** is followed by an INDIRECT object. Therefore, when it is used pronominally, the pronoun functions as an indirect object and no agreement is made.)

Elles s'étaient vues plusieurs fois avant de parler.

(The verb **voir** is followed by a DIRECT object. When it is used pronominally, the pronoun functions as a direct object and agreement is made.)

d. Inherently pronominal verbs (p. 147) exist only in the pronominal form. The past participle always agrees with the subject in these cases.

Elle ne s'est pas souvenue de son adresse.
Nous nous sommes spécialisés en français.

Pratique et conversation

A. Le retour des parents. Vous gardez les enfants de Monsieur et Madame Charpentier pendant le week-end. Ils sont très anxieux car c'est la première fois qu'ils s'absentent depuis la naissance de leur deuxième enfant et ils vous téléphonent pour s'assurer que tout va bien. Formulez leurs questions au passé composé en employant les éléments donnés.

1. À quelle heure / Chlöé / se coucher ?
2. Benjamin / se lever / tard ?
3. Ils / s'amuser / hier ?
4. Chlöé / se brosser / les dents / avant de dîner ?
5. Quoi ? Ils / se disputer ?

---

[2] In the expression **se rendre compte** (to realize), no agreement is made either, because **compte** functions as a direct object.

B. Une fin heureuse. Mettez les verbes au passé composé en faisant bien attention à l'accord du participe passé.

Il y a deux ans, Jean et Marie _____ (se disputer) violemment.

Depuis ce jour là, ils _____ (ne... pas se parler), ils

_____ (ne... pas s'écrire), ils _____ (ne... pas se voir). Un

jour, Marie faisait la queue pour acheter une place au cinéma. Elle a entendu

une voix familière et _____ (se retourner), pensant que c'était un

collègue du bureau. Trop tard, elle _____ (se rendre compte) que

c'était Jean. Ils _____ (se regarder) ; après un long moment, ils

_____ (se sourire)... et ils _____ (se marier) le

lendemain.

C. L'assimilation linguistique. Une grand-mère d'une famille franco-américaine à Lowell, Massachusetts, raconte les changements linguistiques dans la famille à travers les années. Mettez les verbes indiqués au passé composé ou au plus-que-parfait en faisant bien attention à l'accord du participe passé.

—Récemment, je _____ (se rendre compte) que les jeunes dans la

famille ne parlent presque jamais le français. C'est la génération de mon fils qui

_____ (se mettre à) parler anglais à la maison. Nous

_____ (se disputer) à propos de cette habitude, mais quoi faire ? Ils

_____ (ne pas s'arrêter) de parler anglais. Je _____ (se

demander) si mon père _____ (se tromper) quand il est venu vivre

ici à Lowell.

D. Interview. Demandez à votre partenaire...

1. s'il/si elle s'est amusé(e) pendant le week-end.
2. à quelle heure il/elle s'est couché(e) samedi soir.
3. à quelle heure il/elle s'est réveillé(e) dimanche matin.
4. s'il/si elle s'est déjà cassé le bras/la jambe. (Si oui, demandez-lui de vous raconter l'histoire !)
5. s'il/si elle s'est offert quelque chose récemment.

E. Vivent les vacances ! Êtes-vous parti(e) en vacances récemment ? Racontez-en les détails à votre partenaire : où êtes-vous allé(e) ? Combien de temps est-ce que vous avez passé là-bas ? Décrivez votre départ : à quelle heure vous étiez-vous couché(e) la veille ? À quelle heure est-ce que vous vous êtes levé(e) le jour du départ ? Vous êtes-vous dépêché(e) pour partir à l'heure ? Vous êtes-vous bien amusé(e) pendant votre absence ? Racontez tout !

Notions de culture

La ville de Montpellier, située près de la Méditerranée, compte 230 000 habitants. C'est une grande ville universitaire et administrative, préfecture du département de l'Hérault et capitale de la région Languedoc-Roussillon. Le quartier ancien, avec ses beaux bâtiments du 17e et du 18e siècles, n'est pas loin du nouveau quartier Antigone.

Montpellier, une rue de la vieille ville

Montpellier, une place du quartier Antigone

Montpellier est une ville cosmopolite. Elle compte 77 associations qui ont des thèmes « internationaux ». Certaines de ces associations sont destinées à des Français qui aiment une culture ou un pays particulier. Par exemple,

Association	Description officielle
Anjali	Initier à la culture indienne à travers la danse, la musique et autres activités culturelles.
C'est le Pérou	Diffusion de la culture péruvienne et latino-américaine en général. Organisation de spectacles et conférences qui favorisent les échanges franco-péruviens.
Compagnie des Zèbres	Diffusion de l'art de vivre africain et de son esprit de fête… Spectacle et cours de danse, chant, percussion, défilés de mode, cuisine africaine, avec des professionnels.

Espéranto Culture et Progrès	Promouvoir et développer l'usage de la langue internationale Espéranto.
France–Algérie LR	Développement des relations amicales et de coopération entre les Français et les Algériens. Lutte contre le racisme et la xénophobie.
France–Cuba, Comité de l'Hérault	Favoriser le rapprochement entre les peuples français et cubain.
France–Israël — Alliance Général Koenig	Connaissance du pays d'Israël et solidarité avec l'État hébreu.
Irlande Culture et Musique	Promotion et expression de la musique et de la culture irlandaise sous forme de rencontres, soirées, conférences. Bibliothèque de livres, cassettes, et vidéos. Informations touristiques.
Rioba-Ya	Diffuser la culture brésilienne.

Questions

Imaginez que vous allez passer deux mois à Montpellier. Lesquelles de ces associations vous intéresseraient ? Pourquoi ?

La plupart des associations « internationales » sont destinées aux immigrés, qui se réunissent pour retrouver un peu la culture de leur pays. Quelques exemples :

American Women's Group	Permettre aux Américaines de s'adapter à la culture française tout en maintenant la leur. Travail bénévole au profit des œuvres caritatives° de la région.
Amicale Arménienne de Montpellier et sa région	Rassembler les Français d'origine arménienne autour de leurs racines. Porter assistance à l'Arménie.
Association des Étudiants de Polynésie Française	Venir en aide aux étudiants polynésiens en métropole. Faire découvrir ou redécouvrir le folklore polynésien à travers spectacles, danses, sport...
Association des Palestiniens en France	Gérer les œuvres sociales et culturelles de ses membres et faciliter leur intégration en France. Promouvoir et soutenir toutes actions visant à renforcer l'amitié entre les deux peuples français et palestiniens.
Casa de España	Promouvoir les liens culturels parmi la communauté espagnole. Groupe de danse sévillane.

charitable

Gabonais du Languedoc-Roussillon	Aider l'insertion des nouveaux étudiants gabonais, organiser les distractions de ses membres. Créer un climat de solidarité entre les étudiants.
Karakwela	Association des étudiants antillo-guyanais de Montpellier ayant pour but de promouvoir la culture antillo-guyanaise par des ateliers (sport, danse et diverses manifestations).
L'Amicale des Tunisiens	Renforcer les liens entre les Tunisiens dans les domaines social, culturel et sportif.
Scand'Oc Club	Réunir les Scandinaves. Maintenir leurs traditions et leurs intérêts. Établir le contact avec les jeunes Scandinaves et étudiants dans la région. Aider les Scandinaves à s'installer dans la région.

Questions

Choisissez une de ces associations et essayez d'imaginer ses activités. Composez une liste d'activités pour cette association pendant un mois : soirées culturelles, réunions pratiques, excursions, etc. Comment cette association pourrait-elle financer ses activités ?

Discussion

1. Pourquoi la plupart des étrangers ont-ils une image homogène des Français ?
2. Est-ce que la diversité rend la France plus intéressante ou moins intéressante pour un visiteur ? Pourquoi ?
3. Le gouvernement français veut que les minorités s'assimilent le plus vite possible. Est-ce une bonne chose ou une mauvaise chose ?

Paris, un marché

A la loupe

Hans im Schnockeloch est la plus célèbre chanson du folklore alsacien. Regardez bien les paroles.

Der Hans im Schnokeloch

Der Hans im Schno-ke-loch, Hett al-les was er well ! Un was er hett des well er nitt, Un was er will des hett er nitt, Der Hans im Schno-ke-loch, Hett al-les was er well !

Der Hàns im Schnockeloch	Le Jean dans le trou à moustiques
Hett àlles wàs er will	A tout ce qu'il veut
Un wàs er hett,	Et ce qu'il a,
Dàs will er nitt,	Il n'en veut pas,
Un wàs er will,	Et ce qu'il veut,
Dàs hett er nitt.	Il ne l'a pas.
Der Hàns im Schnockeloch	Le Jean dans le trou à moustiques
Hett àlles wàs er will.	A tout ce qu'il veut.
Der Hàns im Schnockeloch	Le Jean dans le trou à moustiques
Kànn àlles wàs er wil	Peut faire tout ce qu'il veut
Un wàs er kànn	Et ce qu'il peut faire,
Dàs màcht er nitt	Il ne le fait pas,
Un wàs er màcht	Et ce qu'il fait,
Gerot ehm nitt.	Ne lui réussit pas.
Der Hàns im Schnockeloch	Le Jean dans le trou à moustiques
Kànn àlles wàs er will.	Peut faire tout ce qu'il veut.

Der Hàns im Schnockeloch	Le Jean dans le trou à moustiques
Geht ànne wo'n er wil	Va où il veut.
Un wo'n er esch	Et là où il est,
Do blit er nit,	Il n'y reste pas,
Un wo'n er blit	Et là où il reste,
Do gfàllt's ehm nitt.	Ça ne lui plaît pas.
Der Hàns im Schnockeloch	Le Jean dans le trou à moustiques
Geht ànne wo'n er will.	Va où il veut.
Der Hàns im Schnockeloch	Le Jean dans le trou à moustiques
Sajt àlles wàs er will	Dit tout ce qu'il veut
Un wàs er sajt,	Et ce qu'il dit,
Dàs denkt er nitt,	Il ne le pense pas,
Un wàs er denkt,	Et ce qu'il pense,
Dàs sajt er nitt.	Il ne le dit pas.
Dr Hàns im Schnockeloch	Le Jean dans le trou à moustiques
Sajt àlles wàs er will.	Dit tout ce qu'il veut.
Der Hàns im Schnockeloch	Le Jean dans le trou à moustiques
Düet àlles wàs er will	Fait tout ce qu'il veut
Un wàs er düet,	Et ce qu'il fait,
Dàs soll er nitt,	Il ne le devrait pas,
Un wàs er soll,	Et ce qu'il devrait faire,
Dàs düet er nitt.	Il ne le fait pas.
Dr Hàns im Schnokeloch	Le Jean dans le trou à moustiques
Düet àlles wàs er will.	Fait tout ce qu'il veut.

Réfléchissez

1. Cette chanson est écrite en français et dans une autre langue. Pouvez-vous l'identifier ? Attention : Cette deuxième langue est une langue germanique, mais ce n'est pas l'allemand.
2. Quelles circonstances historiques peuvent expliquer l'existence d'une langue germanique dans cette région de la France ?
3. Analysez les paroles de la chanson. Vous allez remarquer qu'elles suivent une formule. Étudiez cette formule et ensuite composez quelques couplets pour la chanson. Voici quelques suggestions pour commencer : Jean du Trou de Moustiques cherche tout ce qu'il a ; Jean du Trou de Moustiques aime tout ce qu'il mange.

Alsace, des plats traditionnels

Grammaire

Structure III

Pour exprimer la volonté et la préférence : La forme verbale après les expressions de volonté et de préférence

a. Familiarize yourself with the following verbs of will and preference.

Will		**Preference**
demander	souhaiter	aimer mieux
désirer	vouloir	préférer
exiger		

b. When one subject is involved in the action, the infinitive is used after these verbs. Note that with the verbs **demander** and **exiger**, the infinitive is introduced by the preposition **de**.

Tu préfères parler français ou occitan ?
J'aime mieux m'exprimer en occitan.
Nous demandons / exigeons d'être indépendants.

c. When two subjects are involved, the subjunctive is used in the clause introduced by **que**.

Tu préfères que nous parlions français ou occitan ?
J'aime mieux que vous parliez occitan.

Structure *IV*

Pour exprimer l'émotion, le doute et la peur : La forme verbale après les expressions d'émotion, de doute et de peur

a. Study the following list of verbs of emotion, doubt, and fear.

Emotion	Doubt	Fear
être content(e), heureux/euse, ravi(e)	douter	avoir peur
être étonné(e), surpris(e)	ne pas être sûr(e), certain(e)	craindre
être triste, désolé(e), fâché(e), furieux/euse	ne pas penser / croire	

b. Use the infinitive after expressions of doubt, emotion, and fear when only one subject is involved in the action. Note that the infinitive is introduced by the preposition **de**, except with the verbs **penser** and **croire**.

Je ne suis pas sûr(e) de pouvoir venir.
Elle est contente de rester à la maison.
Nous sommes surpris de recevoir une invitation.
Il a peur de sortir tout seul la nuit.
Je ne pense pas pouvoir venir ce soir.
Elle ne croit pas avoir assez d'argent pour voyager.

c. The subjunctive is used in the clause introduced by **que** when there are two different subjects in the sentence.

Je ne suis pas sûr(e) que ce soit vrai.
Elle est contente que tu puisses venir.
Nous sommes surpris qu'elle nous envoie une invitation.
Il a peur que nous (ne) sortions seuls la nuit.

As the previous example illustrates, **ne** may precede the verb in the clause introduced by **que** after the expressions **avoir peur** and the verb **craindre**. This is not the negation **ne** and it is not translated. This usage is characteristic of more conservative French.

d. When the verbs **penser** and **croire** are in the interrogative or the negative, the subjunctive is often used to indicate uncertainty or doubt on the part of the speaker.

Je ne crois pas que tu me dises la vérité.
Vous pensez que ce soit vrai ?

In the affirmative, these verbs are followed by the indicative.

Je crois que tu me dis la vérité.
Je pense que c'est vrai.

e. The indicative, often in the future or past tense, is used after the verb **espérer**.

Il espère que nous pourrons lui rendre visite.
J'espère que vous avez compris.

Pratique et conversation

A. Un paranoïaque. M. Lacrainte a peur de tout ! Il va chez une diseuse de bonne aventure. Est-ce que ses prévisions vont le rassurer ? Remplissez les blancs avec la forme correcte du verbe.

M. Lacrainte   J'ai peur que ma femme ne me _____ (quitter). Je doute que mes enfants m'_____ (aimer). Je crains que mon patron ne me _____ (mettre) à la porte. Pourriez-vous m'aider ?

La diseuse   Bien sûr, Monsieur. Il est clair que vous _____ (avoir) besoin de conseils !

M. Lacrainte   Je suis content que vous me _____ (comprendre). Mon psychiatre, mon psychologue, mon thérapeute, eux, ils ne m'ont pas pris au sérieux. Ils m'ont dit que j'étais paranoïaque ! Qu'est-ce que vous voulez que je _____ (faire) pour commencer ?

La diseuse   Eh bien, tirez trois cartes. (*Il tire la première.*) La dame de pique ! Malheur ! Je suis désolée de vous _____ (dire) que votre femme va vous quitter ! (*Il tire la deuxième.*) L'as de cœur ! Ciel ! Le sort ne veut pas que vous _____ (être) heureux ! Vos enfants ne vous aimeront jamais ! (*Il tire la troisième.*) Ô destin ! Pourquoi est-ce que vous punissez cet homme ? Je suis triste de vous _____ (révéler) que votre patron va vous renvoyer demain !

M. Lacrainte   Je vous remercie infiniment, Madame !

La diseuse   Après de si mauvaises prédictions, je suis surprise que vous me _____ (remercier).

M. Lacrainte   Au moins, maintenant, je sais que je ne suis pas paranoïaque !

B. Émotions. Faites une phrase qui exprime vos propres sentiments en joignant une expression de la première colonne à une expression de la deuxième. Faites tous les changements nécessaires.

I	II
je suis content(e)	les frais de scolarité° sont très élevés
je suis furieux/euse	passer le week-end à la plage
je suis étonné(e)	mes amis ne me téléphonent pas
je préfère	le subjonctif n'est pas difficile
je veux	nous n'avons pas de devoirs pour demain
j'espère	mon ami(e) et moi, nous sortons ce soir
je ne pense pas	il fera du soleil demain
	le prochain examen est facile

tuition

C. Opinions. Que pensez-vous des opinions exprimées ici ? Donnez votre réaction.

Modèle : La télévision a une influence nuisible° dans notre société. *harmful*

Vous : Je ne pense pas que ce soit vrai. (*ou* : Je ne pense pas que vous ayez raison.) Il y a des émissions qui sont très éducatives...

1. Un diplôme universitaire est indispensable pour réussir dans la vie.
2. Le français n'est pas une langue très utile.
3. Aujourd'hui, les Cajuns sont contents d'être assimilés à la culture américaine.
4. On trouve la même culture et la même langue partout en France.
5. L'étude d'une langue étrangère n'a aucune valeur, puisqu'on parle anglais partout dans le monde.

Une famille cajun en Lousiane

D. Interview. Demandez à votre partenaire ce qu'il/elle...

1. espère faire dans la vie.
2. veut que le professeur fasse.
3. craint que le professeur ne fasse.
4. est sûr(e) / doute de pouvoir faire demain.
5. exige que vous fassiez.

E. Mon meilleur ami/ma meilleure amie. Nous avons tous un(e) bon(ne) ami(e), mais personne n'est sans défauts. Quelles qualités admirez-vous chez lui/elle ? Quelles qualités souhaiteriez-vous changer / ajouter ? Faites des phrases selon le modèle.

Modèle : Je suis content qu'il soit intelligent, mais je voudrais qu'il soit plus ouvert. Je préférerais qu'il me parle plus ouvertement de ses émotions.

F. Exigeances. Dans quelle situation êtes-vous très exigeante(e) ? Dites ce qui est absolument essentiel dans cette situation pour que vous soyez satisfait(e).

Modèle : Quand je suis dans un restaurant, j'exige que (il faut que / je veux que) la table soit propre, que le service soit rapide et que la cuisine soit excellente.
Avec qui dans la classe est-ce que vous partagez ces sentiments ?

Structure V

Pour repérer : Les prépositions avec les noms géographiques

a. In order to determine which preposition to use before a geographic noun, you must know the gender of the place name.

- Countries and continents whose names end in **-e** are for the most part feminine: **la France, la Belgique, l'Algérie, l'Afrique, l'Asie,** etc.
- **Le Mexique** and **le Cambodge** are exceptions to the preceding rule.
- All other countries are masculine: **le Danemark, le Canada, le Japon,** etc.
- Most states and provinces ending in **-e** are feminine. Examples include: **la Floride, la Californie, la Virginie**[3]; exceptions: **le Maine, le Tennessee.** The remaining states are masculine: **le Michigan, le Texas, l'Ohio,** etc.

---

[3] The following U.S. states have different forms in French: **la Californie, la Caroline du Nord/Sud, le Dakota du Nord/Sud, la Floride, la Géorgie, la Louisiane, l'état de New York, le Nouveau-Mexique, la Pennsylvanie, la Virginie, la Virginie occidentale** (*West Virginia*).

The following Canadian provinces and Canadian territory have different forms in French: **la Colombie britannique, l'Île du Prince-Édouard, le Nouveau-Brunswick, la Nouvelle-Écosse** (*Nova Scotia*), **le Québec, Terre-Neuve** (*Newfoundland*) **les Territoires du Nord-Ouest.**

b. To express "in" or "to" a country or city and "from" a country or city, use the
   following rules.

IN or TO a country	
masculine singular:	au Canada
feminine singular:	en France
plural:	aux États-Unis

IN or TO a city
à Paris

FROM a country	
masculine singular:	du Canada
feminine singular:	de France
plural:	des États-Unis

FROM a city
de Paris, d'Honolulu

c. To express "in" or "to" a state and "from" a state, use the following rules.

IN or TO a state	
masculine:	dans le Michigan / dans l'Ohio
	dans l'état de Michigan /
	dans l'état d'Ohio[4]
feminine:	en Californie / en Virginie

FROM a state	
masculine:	du Michigan / du Nouveau-Mexique
	de l'Ohio / de l'Idaho
feminine:	de Californie / de Virginie

d. The preposition to use before the name of an island is determined by usage.
   Learn the following:

   à / de Tahiti
   à / d'Hawaï
   à la / de la Guadeloupe
   à la / de la Martinique
   en / d'Haïti

---

[4] Exceptions: **au Texas, au Nouveau-Mexique**

e. Learn the preposition usage for the following regions of France.

To/In	From
en Alsace	d'Alsace
en Bourgogne	de Bourgogne
en Champagne	de Champagne
en Lorraine	de Lorraine
en Provence	de Provence
en Île-de-France	d'Île-de-France
or:	
dans l'Île-de-France	de l'Île-de-France

f. The pronoun **y** replaces the phrase **à/en/sur/dans** + place. It means *there*.

J'aimerais aller au Mexique.
J'aimerais y aller.
Il fait toujours beau à la Martinique.
Il y fait toujours beau.

g. Note that if a location is not explicitly expressed with the verb **aller**, the pronoun **y** must be used.

Vous y allez en avion ? Non, j'y vais en voiture.

h. The pronoun **en** can replace **de** + country name, meaning *from there*.

Est-ce qu'il vient de France ? Oui, il en vient.

i. As with other object pronouns, both **y** and **en** precede the verbs they are the object of, except in the affirmative imperative.

Allons en Provence. Allons-y.
Va dans le Languedoc. Vas-y.[5]

Pratique et conversation

A. Un agent de voyages. Vous êtes agent de voyages. Complétez les phrases suivantes avec vos propres suggestions.

1. Paris n'est pas la France. Si vous voulez vous éloigner de la France touristique, allez _____ Alsace ou _____ Bourgogne.

2. Pour découvrir l'Afrique francophone, allez _____ Côte-d'Ivoire ou _____ Sénégal.

3. Pauvre M. Fourny ! En allant _____ Grèce _____ Bosnie, il s'est fait kidnapper ! Heureusement, il a pu s'échapper.

---

[5] Note that the **-s** of the verb form is restored before **y** and **en** in the affirmative imperative of **-er** verbs.

4. Comment aller _____ Lausanne _____ Paris ? C'est facile. Prenez le TGV.

5. Si vous voulez aller _____ New York à Tel-Aviv, il va falloir faire escale° *to make a stopover*
   _____ Rome.

B. Le tour du monde. Vous venez d'hériter de plusieurs millions de dollars et vous décidez de faire le tour du monde. Où irez-vous ? Citez au moins cinq destinations.

> **Modèle :** Moi, j'irai en Grèce, en Afrique, à Tokyo, à Jérusalem et à Tahiti.

C. D'où vient cette personne ? D'après la description, dites de quel pays la personne vient.

1. Ma langue maternelle, c'est l'arabe. J'ai été élevé à Alger, mais quand j'avais seize ans, ma famille s'est installée à Marseille. Moi, je suis resté à Alger pour aller à l'université.
2. Oui, notre pays est officiellement bilingue, mais ma famille est exclusivement francophone. Nous habitons un petit village à une heure de Québec.
3. J'habite à Abidjan. C'est une grande ville d'un million d'habitants et un port important.
4. Notre pays est une ancienne colonie française. Après la chute de Saïgon et l'installation du nouveau gouvernement, on a essayé d'effacer les traces de l'influence colonialiste.
5. Je vous assure qu'il y a plus dans notre pays que le chocolat et les montres ! Nous avons notre propre culture.

D. Interview. Demandez à votre partenaire...

1. de quel(s) pays vient sa famille.
2. dans quels pays il/elle irait s'il/si elle voulait faire du ski / aller à la plage.
3. s'il/si elle connaît des étudiants internationaux à l'université, et de quels pays ils viennent.
4. dans quel pays il/elle irait, s'il/si elle n'avait qu'une seule chance de voyager.
5. de quel pays vient son fromage / sa voiture / son vin / sa bière préféré(e).
6. de quel état il/elle vient.
7. dans quel état il/elle aimerait aller pour faire du tourisme.
8. dans quels pays il existe de grands conflits linguistiques ou culturels.

E. Encore des questions. Posez des questions à votre partenaire. Il/Elle répondra en utilisant le pronom **y** ou **en**. Demandez-lui...

1. s'il/si elle aimerait aller à l'étranger cet été.
2. s'il/si elle préférerait aller en Europe en bateau ou en avion.
3. si ses parents ou grands-parents viennent d'Asie.
4. s'il/si elle a déjà voyagé en Afrique.
5. s'il/si elle va à l'université ce week-end.

F. Chez l'agent de voyages. Vous allez chez un agent de voyages pour organiser un voyage à l'étranger. Il vous pose des questions sur votre destination, le moyen de transport que vous préférez, combien de temps vous allez y passer, le logement, etc. Vous répondez et vous lui demandez aussi ses suggestions.

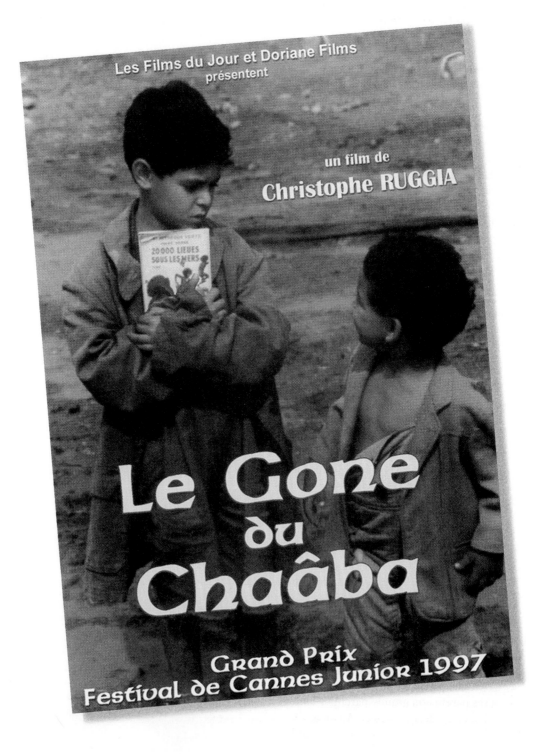

Lecture

Paru en 1986, Le gone *(môme)* du Chaâba *est l'histoire autobiographique d'Azouz Begag, qui est né en France de parents algériens. Le Chaâba, c'est le petit bidonville de la banlieue lyonnaise où il a passé son enfance. Nous sommes en 1965, Azouz a neuf ans et a décidé d'être le premier de sa classe.*

Outre l'intérêt biographique, ce livre permet au lecteur de prendre connaissance des difficultés rencontrées par les personnes qui ont aidé à reconstruire la France et de leur volonté de s'intégrer malgré les attitudes quelquefois hostiles.

Avant de lire

A. En classe. Expliquez les actions suivantes. Pourquoi est-ce qu'on les fait ? De quoi s'agit-il ?

1. faire l'appel
2. lever le doigt
3. tenir le carnet du jour
4. être dans les premières places du classement

B. Le contexte. Utilisez les mots que vous connaissez déjà dans les phrases suivantes pour deviner la signification des mots en italique.

1. —Ce matin, leçon de morale, annonce-t-il après avoir fait l'appel et *trébuché* sur tous les noms arabes.
2. Ils lèvent tous le doigt pour *prendre la parole*.
3. J'ai honte de mon ignorance. Depuis quelques mois, j'ai décidé de *changer de peau*.
4. Dès que nous avons pénétré dans la salle, je me suis installé au premier *rang*, juste sous le nez du maître.
5. Le maître a toujours raison. S'il dit que nous sommes tous des descendants des Gaulois, c'est qu'il a raison, et *tant pis* si chez moi nous n'avons pas les mêmes moustaches.

C. Pronoms. Les pronoms s'utilisent pour éviter la répétition d'un nom, ce qui pourrait alourdir le style. Pourtant, il faut bien savoir à quel substantif le pronom se réfère. Lisez les phrases suivantes et indiquez l'antécédent des pronoms en italique.

1. Une discussion s'engage entre les élèves français et le maître. *Ils* lèvent tous le doigt pour prendre la parole...
2. *Nous*, les Arabes de la classe, *on* a rien à dire.
3. Le maître m'a jeté un regard surpris. Je *le* comprends. Je vais *lui* montrer que je peux être parmi les plus obéissants...
4. Je suis allé plusieurs fois chez Alain, *dont* les parents habitent au milieu de l'avenue Monin, dans une maison. J'ai compris que *c*'était beaucoup plus beau que dans nos huttes. Et l'espace ! Sa maison *à lui*, *elle* est aussi grande que notre Chaâba tout entier.

Le gone du Chaâba

En **rangs** par deux, nous pénétrons dans la salle de cours. Le maître s'installe à son bureau.

— Ce matin, leçon de **morale**, annonce-t-il **après avoir fait l'appel et trébuché** sur tous les noms arabes.

Il se met à parler de morale comme tous les matins depuis que je fréquente la grande école. Et, comme tous les matins, **je rougis** à l'écoute de ses propos. Entre ce qu'il raconte et ce que je fais dans la rue, **il peut couler un oued tout entier** !

Je suis indigne de la bonne morale.

Une discussion s'engage entre les élèves français et le maître. Ils lèvent tous le doigt pour prendre la parole, pour raconter leur expérience, pour montrer leur concordance morale avec la leçon d'aujourd'hui.

Nous, les Arabes de la classe, on a rien à dire.

Les yeux, les oreilles grands ouverts, j'écoute le débat.

Je sais bien que j'habite dans un **bidonville** de **baraques** en **planches** et en **tôles ondulées**, et que ce sont les pauvres qui vivent de cette manière. Je suis allé plusieurs fois chez Alain, dont les parents habitent au milieu de l'avenue Monin, dans une maison. J'ai compris que c'était beaucoup plus beau que dans nos **huttes**. Et l'espace ! Sa maison à lui, elle est aussi grande que notre Chaâba tout entier. Il a une chambre pour lui tout seul, un bureau avec des livres, une armoire pour son linge. À chaque visite, **mes yeux en prennent plein leur pupille**. Moi, j'ai honte de lui dire où j'habite.

[...]

J'ai honte de mon ignorance. Depuis quelques mois, j'ai décidé de **changer de peau**. Je n'aime pas être avec les pauvres, les faibles de la classe. Je veux être dans les premières places du classement comme les Français.

[...]

2 heures. À nouveau dans la classe, l'après-midi passe doucement. Mes idées sont claires à présent, depuis la leçon de ce matin. À partir d'aujourd'hui, terminé l'Arabe de la classe. Il faut que je traite d'égal à égal avec les Français.

Dès que nous avons pénétré dans la salle, je me suis installé au premier rang, juste sous le nez du maître. Celui qui était là avant n'a pas demandé son reste. Il est allé **droit au fond** occuper ma place **désormais** vacante.

Le maître m'a jeté un regard surpris. Je le comprends. Je vais lui montrer que je peux être parmi les plus obéissants, parmi ceux qui tiennent leur carnet du jour le plus proprement, **parmi** ceux dont les mains et **les ongles** ne laissent pas filtrer la **moindre** trace de **crasse**, parmi les plus actifs en cours.

— Nous sommes tous descendants de **Vercingétorix** !

— Oui maître !

— Notre pays, la France, a une superficie de...

— Oui maître !

---

rangs *rows* / **morale** *ethics* / **après avoir fait l'appel et trébuché** *after having stumbled* / **je rougis** *I blush* / **il peut couler un oued tout entier** *[lit.] an entire wadi could flow i.e., there is a great difference* / **bidonville** *shanty town* / **baraques** *shacks* / **planches** *boards* / **tôles ondulées** *corrugated sheet metal* / **huttes** *huts* / **mes yeux en prennent plein leur pupille** *I get a real eyeful* / **changer de peau** *become a new person* / **droit au fond** *straight to the back* / **désormais** *from then on* / **parmi** *among* / **les ongles** *fingernails* / **moindre** *least* / **crasse** *grime* / **Vercingétorix** *King of the Gallic tribes fighting to keep Gaul free of Caesar and Roman domination (72–46 BCE)*

Le maître a toujours raison. S'il dit que nous sommes tous des descendants des Gaulois, c'est qu'il a raison, et tant pis si chez moi nous n'avons pas les mêmes moustaches.*

Source : Azouz Begag, *Le gone du Chaâba*, pp. 58-62

Après la lecture

A. Analyse. Répondez aux questions suivantes.

1. Quelles divisions sociales et ethniques existent dans cette classe ? Comment est-ce que ces divisions se manifestent ?
2. Est-ce que les Arabes dans la classe s'intéressent à la discussion ? Citez le texte pour soutenir votre point de vue. Comment expliquez-vous leur réaction ?
3. Qu'est-ce que le narrateur veut dire quand il fait allusion à « l'Arabe de la classe » ?
4. Quelle décision est-ce que le narrateur a prise ? Quelles seront les conséquences de sa décision selon vous ?
5. À la fin du texte, le narrateur conclut : « Le maître a toujours raison. » Quelle interprétation est-ce que vous donnez à cette phrase ?

B. Titres. Quel titre est-ce que vous donneriez à cet extrait du livre ? Divisez le texte en scènes en donnant un titre à chacune.

C. Réfléchissez. Si vous étiez le professeur, qu'est-ce que vous feriez pour rapprocher les divers étudiants de la classe ?

Compréhension auditive

La diversité linguistique existe en Haïti aussi. Dans ce texte sonore, Mme C. va parler de la place du français et du créole dans la société haïtienne.

Consulter le site Web **www.wiley.com/college/siskin** puis sélectionner Book Companion Site pour écouter le texte sonore.

Faites la **Compréhension auditive** pour **le Chapitre 7** dans votre cahier d'exercices.

---

* In popular culture and in children's history books, the Gauls are always portrayed as having long flowing mustaches. Today's North African males often wear short mustaches, hence the joke about the notion that people like the narrator might descend from the Gauls, as though mustaches were the main difference.

Vocabulaire

Exprimer son opinion

avoir l'impression	to seem
croire	to believe
penser (de) (que)	to think (of) (that)
sembler	to seem
(+ complément d'objet indirect)	
trouver	to find, consider

À mon avis…	In my opinion . . .
D'après moi…	
Pour moi…	
Selon moi…	

Dire qu'on est d'accord / qu'on ne l'est pas

ACCORD TOTAL

Je suis d'accord.	I agree.
Vous avez tout à fait raison.	You're absolutely right.
Exactement.	Exactly.
C'est vrai / certain / sûr.	That's true/right.

ACCORD FAIBLE

C'est (bien) possible.	That's (indeed) possible.
Peut-être.	Perhaps/Maybe.
Ça se peut.	That's possible.

DÉSACCORD FAIBLE

Je n'en suis pas sûr(e) / certain(e).	I'm not sure/certain about that.
Je ne suis pas tout à fait d'accord.	I don't entirely agree.
Je ne suis pas très convaincu(e).	I'm not very convinced.

DÉSACCORD TOTAL

Absolument pas.	Absolutely not.
Ce n'est pas vrai.	That's not true.
Je ne suis pas d'accord.	I don't agree.
Pas du tout.	Not at all.

Expressions impersonnelles

Il est bon	It is good
Il est certain	It is certain
Il est clair	It is clear
Il est douteux	It is doubtful
Il est essentiel	It is essential
Il est évident	It is evident
Il est important	It is important
Il est nécessaire	It is necessary
Il est possible	It is possible
Il est probable	It is probable
Il est sûr	It is sure/certain
Il est vrai	It is true
Il faut	It is necessary
Il se peut	It is possible
Il vaut mieux	It is preferable

Pour s'excuser

Excuse(z)-moi.	Excuse me.
Je m'excuse.	I apologize.
Pardon.	Pardon me.

Pour répondre

Ce n'est pas grave.	Don't worry; no problem.
Ce n'est rien.	It's nothing.
Il n'y a pas de mal.	No problem.

Demander des renseignements, son chemin

coin (m.)	corner

continuer	to continue
descendre	to go down
monter	to go up
se trouver	to be located
suivre	to follow
tourner	to turn

à droite	to the right
à gauche	to the left
devant	in front of
loin de	far from
près de	near
tout droit	straight ahead
Pourriez-vous m'indiquer / me dire… ?	Could you tell me. . . ?

Exprimer l'irritation

Tu te moques de moi ?	Are you making fun of/ kidding me?
Tu te fiches de moi ?	Are you making fun of/ kidding me?
Tu plaisantes ?	Are you joking?
Tu rigoles ?	Are you joking?

Pour exprimer l'émotion

(être)	content(e)	(to be) happy
	heureux/euse	happy
	ravi(e)	delighted
	étonné(e)	surprised
	surpris(e)	surprised
	triste	sad
	désolé(e)	sorry
	fâché(e)	angry, upset
	furieux/euse	furious

Pour exprimer le doute

douter	to doubt
ne pas être sur(e) / certain(e)	to not be sure/certain
ne pas penser / croire	to not thin/to believe

Pour exprimer la peur

avoir peur	to be afraid
craindre	to fear

Autres verbes

espérer	to hope
peindre	to paint
rire	to laugh
sourire	to smile

CHAPITRE **8**

Le travail et les loisirs
Entrées dans le monde du travail

Objectifs

Communication

Talk about jobs and employment

Create coherence and concision using double object pronouns

Express what happens to you using the passive voice

Ask to have something done for you

Emphasize an element within a sentence using stressed pronouns

Express sympathy and pity

Comparisons

Compare French, European, and North American attitudes toward work and leisure

Cultures

Discuss the origins of French family names

Identify the most popular leisure-time activities among the French

Connections

Discuss professions and trades in an historical context

Explain historical and social reasons for the decline of certain job classes

Communities

Talk about the hierarchical nature of the French work place as a reflection of larger social values

Le Paris de tous les jours

224

Mise en train

Le travail occupe une grande partie de notre vie (entre 50 et 60 ans, au total), mais le temps consacré au travail a diminué peu à peu. Aujourd'hui on a de plus en plus de temps pour les loisirs.

Par exemple, regardez les statistiques sur la retraite° :   *retirement*

	France	Belgique	Canada	États-Unis
Espérance de vie°	79 ans	78 ans	78,5 ans	77 ans
Âge moyen du départ à la retraite	60 ans	58 ans	61 ans	62 ans

life expectancy

En général, combien d'années passe-t-on à la retraite

en France ? _____

en Belgique ? _____

au Canada ? _____

aux États-Unis ? _____

Maintenant, regardez les différences en ce qui concerne les heures de travail :

	France	Belgique	Canada	États-Unis
Travail par semaine	35 heures	39 heures	40 heures*	40 heures
Congés annuels	25 jours	20 jours	10 jours (15 après 6 ans)	10 jours (15 après 5 ans)

Combien de semaines de vacances payées a-t-on

en France ? _____

en Belgique ? _____

au Canada ? _____

aux États-Unis ? _____

Pourquoi ces différences ? En partie ce sont les revendications° des travailleurs   *demands*
qui ont été différentes dans ces pays. Pouvez-vous deviner ?

En général, les travailleurs français ont demandé plus d(e) _____.

En général, les travailleurs américains ont demandé plus d(e) _____.

Dans ce chapitre, nous examinerons le travail et les loisirs, et nous verrons que des différences culturelles importantes existent dans ces domaines.

---

* Le Canada expérimente avec d'autres possibilités, par exemple, une semaine de quatre jours (38 heures au total).

Un dessin de Sempé

Interaction

accountants

Sandrine et Jean-Marc, deux amis comptables°, déjeunent ensemble, place de l'Opéra à Paris.

You look really down!

Jean-Marc	Bonjour ! Mais tu en fais une tête !° Ça ne va pas aujourd'hui ?
Sandrine	Je travaille comme une folle depuis deux ans et voilà ce qui m'arrive. J'ai été mutée° en province°.

transferred / to the provinces
(any place in France except Paris)

Jean-Marc	Ma pauvre ! Où ça ?
Sandrine	À Lorient[1]. On me fait partir à la fin du mois.
Jean-Marc	Oh, ce n'est pas trop mal, Lorient. C'est moderne.
Sandrine	Mais, tu sais, je suis parisienne à cent pour cent. La province, c'est bien pour les vacances, mais on finit par s'y ennuyer.
Jean-Marc	Oh, mais tu mettras moins de temps pour aller au travail. Ici à Paris il te faut une heure d'autobus et de métro. Et puis tu auras la mer à côté, le bon air...
Sandrine	Si tu les veux, je te les laisse ! Je n'aurai pas mes copines, ni les cinémas du Quartier Latin, ni l'animation le soir...

---

[1] Located in Brittany, Lorient is a city of 150,000 inhabitants and functions as an important naval and fishing port. 85% of the city was destroyed by extensive bombing during the Second World War, so much of it has been rebuilt since then.

Observez

1. Pourquoi Sandrine est-elle mécontente ?
2. Pourquoi n'aime-t-elle pas la province ?
3. Quels sont les avantages de Lorient, selon Jean-Marc ?

Réfléchissez

1. Quelle est l'attitude de Sandrine envers la province ? (*Elle la trouve plus... , moins...*)
2. Qu'est-ce qui est plus important pour Sandrine : le travail ou les loisirs ? Est-ce que vous avez la même priorité ?
3. Qu'est-ce que Sandrine signifie quand elle dit « je suis parisienne à cent pour cent » ? Est-ce qu'elle veut dire tout simplement qu'elle habite Paris, ou fait-elle allusion à autre chose ?
4. Préférez-vous la grande ville à la vie dans un village ou à la campagne ? Expliquez.
5. Si vous étiez dans la même situation que Sandrine, qu'est-ce que vous feriez ? Accepter de s'installer à Lorient, ou rester à Paris et chercher un autre emploi ?

Autrement dit

Pour plaindre quelqu'un

—J'ai été muté(e) en province ! *I've been transferred outside of Paris!*
—Mes condoléances !
Le/La pauvre !
Mon/Ma pauvre !
Oh là là !
Mon Dieu !
Ce n'est pas drôle !
Ce n'est pas marrant !
C'est triste, ça !
Tu n'as vraiment pas de chance / veine !

Pour parler du travail

—Qu'est-ce que vous faites dans la vie ? *What do you do for a living?*
—Je suis   fonctionnaire°.   *civil servant*
            agent de police.
            douanier/douanière°.   *customs agent*
            administrateur/administratrice.
            magistrat...

—Je suis	dans les affaires.
	comptable.
	directeur/directrice.
	cadre.
	secrétaire.
	employé(e) de bureau...
—Je suis	dans l'industrie.
	ouvrier/ouvrière.
	technicien(ne)...
—Je suis	dans l'informatique.
	informaticien(ne).
	analyste en informatique.
	programmeur/programmeuse...
—Je suis	dans les arts.
	artiste.
	musicien(ne).
	acteur/actrice.
	sculpteur/sculpteuse.
	danseur/danseuse.
	chanteur/chanteuse.
	cantatrice...
—Je suis	dans les professions libérales.
	médecin.
	dentiste.
	avocat(e).
	architecte...
—Je suis	dans l'enseignement.
	professeur des écoles (instituteur/institutrice).
	professeur (de lycée, d'université)...
—Je tiens	une petite entreprise.
—Je suis	boucher/bouchère.
	boulanger/boulangère.
	caissier/caissière.
	épicier/épicière.
	marchand(e).
	vendeur/vendeuse...

profession, job — Mon **métier°** ?

—Je suis	garagiste.
	mécanicien.
	dépanneur.
	plombier...

Le monde du travail

unemployed / unemployment
compensation / to make ends meet

Philippe est chômeur° depuis quelques mois. Bien qu'il reçoive des allocations de chômage°, il est toujours difficile de joindre les deux bouts°. Malheureusement, la recherche d'un emploi est très difficile en ce moment. Tous les jours, il s'adresse

company / job application

au service du personnel d'une autre société°, où il remplit une demande d'emploi°, soumet son curriculum vitæ avec des lettres de référence, et parfois, passe une interview avec le chef du personnel. Finalement, au bout de trois mois, on

he is hired

l'embauche°.

Pratique et conversation

A. Vocabulaire. Remplissez le blanc avec le mot de vocabulaire qui convient.

1. Une personne qui ne travaille pas est _____ ; en France, cette personne a droit à recevoir des _____.

2. Pour trouver un poste, il faut préparer _____ et passer _____.

3. Après plusieurs mois de chômage, Pierre a finalement été _____.

4. Votre meilleur(e) ami(e) vous annonce qu'il/elle vient de perdre son emploi. Qu'est-ce que vous pourriez lui dire pour montrer que vous compatissez° à sa situation ?

sympathize

Un viticulteur en France

B. Classez. Classez les professions suivantes selon les catégories données.

	arts	enseignement	métier manuel	commerçant	informatique	affaires	fonctionnaire
comptable					—	—	
plombier			—				
danseuse	—						
boucher			—				
douanière							—
programmeur					—		
institutrice		—					
épicier				—			
directrice	—			—		—	

C. Encore un classement. Classez les métiers et professions suivants selon les catégories données.

	dangereux	bien payé	ennuyeux	sans avenir	intéressant	mal payé	stimulant
professeur					✓	✓	✓
boulangère	✓			✓		✓	
agent de police	✓				✓	✓	✓
garagiste	✓					✓	
avocate		✓			✓		✓
plombier			✓	✓			
cadre		✓	✓				
dentiste		✓	✓				
comptable			✓				
programmeur		✓			✓		✓

D. Interview. Demandez à votre partenaire...

1. ce qu'il/elle aimerait faire dans la vie.
2. à quel âge il/elle aimerait pouvoir prendre sa retraite.
3. s'il/si elle a déjà passé une interview pour un emploi.
4. à qui il/elle a demandé / va demander des lettres de référence.
5. s'il/si elle travaille actuellement ; si sa réponse est « oui », demandez-lui
   - où.
   - si le travail est à mi-temps ou à plein temps.
   - comment sont les conditions de travail (bien payé, ennuyeux, etc.).

E. L'emploi et le bonheur. Préparez une petite présentation (à l'oral ou à l'écrit) sur le thème de l'emploi et le bonheur. Est-ce que vos buts dans la vie sont plutôt professionels (un emploi prestigieux, bien payé, être à la tête d'une entreprise) ou personnels (l'épanouissement intellectuel, la vie affective) ? Devrait-on faire des sacrifices pour sa carrière ? jusqu'à quel point ? Comment trouver un équilibre dans sa vie ?

Grammaire

Grammaire de base

1.1   Review the following summary of pronoun usage. The page numbers in parentheses indicate where these topics are discussed earlier in the textbook.

To replace...	Use...
the direct object	direct object pronouns
de + person	**de** + stressed pronoun
de + thing	**en**
de + location	**en**
quantified nouns	**en**
the indirect object	indirect object pronouns
à + thing	**y**
à/en/sur/dans, etc. + location	**y**

1.2 Review the following rules for pronoun placement.

- In a sentence with a single verb, the pronoun comes before that verb.

  Je **le** ferai demain.

- In a sentence with a conjugated verb followed by an infinitive, the pronoun comes before the verb of which it is the object.

  Tu peux **le** faire demain ?

  Je suis sûr de pouvoir **le** faire demain.

- In the **futur proche**, the pronoun is placed before the infinitive.

  Je vais **le** faire demain.

- In the compound tenses, the pronoun comes before the auxiliary.

  Il **l'**a fait hier.

2.1 Familiarize yourself with the conjugation of the verb **être** in all tenses and moods.

	présent		
je	suis	nous	sommes
tu	es	vous	êtes
il/elle/on	est	ils/elles	sont

	passé composé		
j'	ai été	nous	avons été
tu	as été	vous	avez été
il/elle/on	a été	ils/elles	ont été

	imparfait		
j'	étais	nous	étions
tu	étais	vous	étiez
il/elle/on	était	ils/elles	étaient

plus-que-parfait			
j'	avais été	nous	avions été
tu	avais été	vous	aviez été
il/elle/on	avait été	ils/elles	avaient été

futur			
je	serai	nous	serons
tu	seras	vous	serez
il/elle/on	sera	ils/elles	seront

futur antérieur			
j'	aurai été	nous	aurons été
tu	auras été	vous	aurez été
il/elle/on	aura été	ils/elles	auront été

conditionnel présent			
je	serais	nous	serions
tu	serais	vous	seriez
il/elle/on	serait	ils/elles	seraient

présent du subjonctif			
que je	sois	que nous	soyons
que tu	sois	que vous	soyez
qu'il/elle/on	soit	qu'ils/elles	soient

3.1 Learn the conjugation of the following irregular verbs.

produire, *to produce*				
Présent :	je	produis	nous	produisons
	tu	produis	vous	produisez
	il/elle/on	produit	ils/elles	produisent

Passé composé :   nous avons produit
Imparfait :   vous produisiez
Futur :   je produirai
Conditionnel :   ils produiraient
Présent du subjonctif :   que je produise

to drive / to construct / to translate

(Conjugated like **produire** are **conduire°**, **construire°**, and **traduire°**.)

	courir, to run			
Présent :	je	cours	nous	courons
	tu	cours	vous	courez
	il/elle/on	court	ils/elles	courent

Passé composé : vous avez couru
Imparfait : nous courions
Futur : tu courras
Conditionnel : il courrait
Présent du subjonctif : que je coure

Structure *I*

Pour faire référence à un élément du discours déjà mentionné :
Les pronoms multiples

a. The following verbs frequently take double objects.

dire
donner
expliquer
montrer } quelque chose à quelqu'un
raconter
rendre
servir

Sandrine explique **ses hésitations à Jean-Marc**.

complément   *complément*
d'objet direct   *d'objet indirect*

Jean-Marc essaie de montrer **les avantages d'une ville en province à Sandrine**.

complément   *complément*
d'objet direct   *d'objet indirect*

b. The order of double object pronouns before the verb is:

me (m')	+	le (l')	+	lui	+	y	+	en	+	VERBE
te (t')		la (l')		leur						
se (s')		les								
nous										
vous										

c. Remember that these pronouns precede the verb of which they are the object.
If a verb is in a compound tense, the object pronouns precede the auxiliary.

Tu **t'y** habitueras.   *You will get used **to it**.*
Il **te l'**a dit, hein ?   *He said **it to you**, didn't he?*
Elle a envie de **lui en** donner.   *She would like to give **some to him**.*

d. A negation (**ne... pas, ne... jamais,** etc.) surrounds the pronouns + verb phrase.

Ne t'en plains **pas.**   ***Don't*** *complain about it.*
Je **ne** veux **plus** leur en   *I **don't** want to talk to them*
    parler.   *about it anymore.*

e. The order of double object pronouns in the affirmative imperative is:

VERBE	+	le la les	+	lui leur	+	moi (m') toi (t') nous vous	+	y	+	en

Je ne comprends pas ton histoire. Explique-**la-moi.**
C'est mon portefeuille ! Rends-**le-moi** !

Note that the combination *pronoun* + **y** in the affirmative imperative is avoided.

f. **Moi** and **toi** become **m'** and **t'** before **en.**

Donnez-**m'en.**   *Give me some (of it).*
Va-**t'en** !   *Go away!*

Haïti, un quartier de Port-au-Prince

A. Un mauvais style. Un de vos camarades vous demande de relire une composition qu'il a faite pour son cours de français. Malheureusement, il y a beaucoup de répétitions. Vous la refaites en remplaçant les répétitions inutiles (en italique) par des pronoms.

Composition : Un malentendu

Hier, le facteur nous a livré un paquet qui était adressé à notre voisine. Ma mère m'a demandé d'aller chez elle et de donner *le paquet à notre voisine*. Quand j'ai donné *le paquet à notre voisine*, elle a ouvert *le paquet*, puis, elle a fermé *le paquet* très vite en rougissant. Je suis rentré et j'ai expliqué la situation à ma mère. « Quelle histoire bizarre », a-t-elle dit. Raconte *cette histoire* à ton père. Quand j'ai raconté *cette histoire à mon père*, il s'est vite levé. Il est revenu avec un autre paquet. « Ça, c'est le paquet que tu aurais dû donner à Mme Le Tendre. Le paquet que tu as donné *à Mme Le Tendre*, c'était un cadeau pour ta mère. » Je suis retourné chez notre voisine pour expliquer le malentendu *à notre voisine* et pour donner le bon paquet *à notre voisine*. Quand j'ai expliqué le malentendu *à notre voisine*, elle a ri et elle m'a rendu le paquet. Quand j'en ai vu le contenu, j'ai compris sa réaction. À mon retour, j'ai donné le paquet à mon père, et il a donné *le paquet* à ma mère, en disant *à ma mère*, « Voilà ton cadeau d'anniversaire ; je voulais te donner *ce cadeau d'anniversaire* demain, mais à cause de ce malentendu, ce n'est plus un secret. » Ma mère a ouvert le paquet et a commencé elle aussi à rire : dedans, il y avait une chemise de nuit en soie noire, bordée de dentelle.

B. Alexandre est têtu. Le petit Alexandre est très têtu. Il ne fait pas ce que sa maman lui demande de faire. Alors, elle est obligée de se répéter. Refaites ses phrases en remplaçant les mots en italique par un/des pronom(s).

> **Modèle :** Ramasse *tes jouets* !
> **Vous :** Ramasse-les !

1. Alexandre, donne *ton petit robot à ton frère* !
2. Ne mets pas *le téléphone dans la machine à laver* !
3. Rends-moi *mon sac* !
4. Ne donne pas *de vin au chien* !
5. Donne-moi *ce couteau* ! Tu vas te couper *le doigt*.

C. Avant le mariage. Mme Tournier aide sa fille à organiser son mariage. Jouez le rôle de Mme Tournier et répondez aux questions de la fille, en suivant les indications entre parenthèses, et en remplaçant les mots soulignés par des pronoms.

1. Maman, tu as envoyé *les invitations à l'imprimerie* ? (OUI)
2. Tu as commandé *des fleurs au fleuriste* ? (NON)
3. Tu as réservé *la salle de restaurant* ? (OUI)
4. Tu vas montrer *ta robe à ma future belle-mère* ? (NON)
5. Tu vas acheter *des petits cadeaux dans cette boutique, avenue Victor-Hugo* ? (OUI)

Structure *II*

Pour parler de ce qui vous arrive : La voix passive

a. Most sentences you have seen up until this point have been in the active voice. In the active voice, the subject of the sentence performs the action, and the object receives the action.

L'employée de banque	**a vu**	**Patrick**	à la gare Saint-Lazare.
sujet	verbe	objet	
The bank teller	*saw*	*Patrick*	*at the Gare Saint-Lazare.*

b. When a verb is in the passive voice, the subject is acted upon by the object. Thus, the original noun subject is now introduced by **par**. Compare the following sentence with the preceding one.

Patrick	**a été vu**	**par l'employée de banque**	à la gare Saint-Lazare.
sujet	verbe	agent	
Patrick	*was seen*	*by the bank teller*	*at the Gare Saint-Lazare.*

c. To form the passive voice, use a tense of the verb **être** and the past participle. The past participle must agree in gender and number with the subject of the verb **être**.

Sandrine a été mutée en province par son entreprise.	*Sandrine was transferred* outside *of Paris by her company.*
Il y a quelques années, **mon cousin a été transféré** à Rouen.	*Several years ago, **my cousin was transferred** to Rouen.*
Mes amies viennent d'être affectées au Canada, à Trois-Rivières.	*My friends were just transferred* to Canada, to Trois-Rivières.*

d. As the preceding examples show, an agent may not always be expressed. If one is mentioned, it is usually introduced by **par**. However, when the passive voice describes a state rather than an action, the agent is introduced by the preposition **de**. Verbs that often express a state in the passive voice are **admirer, aimer, détester, couvrir, craindre, entourer,** and **respecter**.

Cette femme est admirée de tout le monde.
Quand elle est entrée, **elle était couverte de** boue°.

mud

e. The passive voice is used far less in French than in English. There are a number of ways to avoid its use.

- You can use the active voice instead of the passive whenever an agent is mentioned; thus, the agent becomes the subject and the former subject becomes the object.

  Cet article **a été écrit par un journaliste** connu.
  Un journaliste connu **a écrit** cet article.

- If an agent is not expressed but is understood to be a person, use the subject pronoun **on** and the active voice.

  Patrick **a été transféré** à Rouen.
  On a transféré Patrick à Rouen.

- Pronominal verbs can be used instead of the passive voice to express habitual actions, as long as the subject is inanimate. The most common pronominal verbs used in this construction are **se boire, se dire, s'expliquer, se faire, se fermer, se manger, s'ouvrir, se parler, se trouver, se vendre,** and **se voir.**

Le vin rouge se boit chambré.	***Red wine is drunk*** *at room temperature.*
Le français se parle partout à la Martinique.	***French is spoken*** *everywhere in Martinique.*
Ça ne se dit / fait pas.	***That is not said/done.***

Pratique et conversation

A. Au musée. Vous faites une visite guidée du Musée de la Découverte. Mettez les commentaires du guide (en italique) à la voix passive.

1. Bienvenue au Musée de la Découverte ! *Tous les experts en la matière admirent le travail soigné de nos conservateurs.*
2. Nous avons en ce moment une exposition spéciale sur le radium. *Marie et Pierre Curie ont découvert le radium en 1898.*
3. Vous êtes maintenant dans la salle consacrée à l'archéologie sumérienne. *Deux archéologues français ont trouvé ces fragments de poterie en Iran.*
4. *Les conservateurs fermeront cette salle d'exposition dans quelques jours pour cause de travaux.*
5. Et dans cette salle, nous avons une exposition sur la formation des minéraux et des pierres précieuses. Par exemple, *l'action de la pression et de la chaleur sur le carbone forme les diamants.*
6. *Les volcans produisent l'obsidienne.*
7. Les minéraux ont souvent un emploi pratique. Par exemple, *on obtient le verre à partir du quartz.*

B. Découvertes et inventions. Que savez-vous des découvertes et des inventions suivantes ? Formulez des phrases à la voix passive en incorporant les dates entre parenthèses.

1. La peinture des scènes de chasse dans la grotte de Lascaux (pendant l'ère préhistorique)
2. La construction de la tour Eiffel (1889)
3. La fondation de la ville de Montréal (1642)
4. La découverte de la pénicilline (1928)
5. L'invention de l'alphabet pour les aveugles (1829)

C. Une journée catastrophique. Changez les verbes en italique pour éviter l'emploi de la voix passive.

1. Quand je suis sorti hier matin, j'ai découvert que ma voiture *avait été cambriolée.*
2. Les vitres *avaient été brisées* et la radio *avait été volée.*
3. J'ai dû aller au commissariat de police, où un rapport *a été rempli* par un agent.
4. À cause de tout cela, j'ai manqué un jour de travail. Quand je suis arrivé ce matin, *j'ai été congédié* sur le champ° par ma patronne. *immediately*
5. Oh là là ! Qu'est-ce que je vais faire ? Les emplois *sont perdus* facilement, mais ils *sont obtenus* avec difficulté.
6. Je suis rentré en me disant : « Courage ! Ton problème *sera réglé* avec le temps. »

Notions de culture

Une famille française regarde la télévision ensemble

Questions

1. Quels sont les sports que les Français et les Américains aiment pratiquer ?

   les Français
   1. le ski
   2. la gymnastique
   3. le cyclisme
   4. la natation

   les Américains
   1. la natation
   2. le basket-ball
   3. le football
   4. le golf

2. Quelles différences voyez-vous dans les deux listes ? Comparez-les en utilisant les termes suivants :

   sports individuels — sports collectifs
   sports compétitifs — sports non compétitifs

3. Quand les jeunes Français voyagent aux États-Unis, ils sont souvent surpris par l'importance du sport dans la vie des Américains, surtout à l'école. Ils voient cette importance quelquefois comme une « obsession ». Quels aspects de la culture américaine poussent les habitants des États-Unis à faire beaucoup de sport ? (Utilisez la liste donnée pour la question 2.)

Discussion

Un contraste remarquable : les sports que les Américains et les Français préfèrent suivre au stade ou à la télévision.

1. Notez quelques différences entre ces deux sports.
2. Pourquoi les Américains préfèrent-ils le football américain ?
3. Pourquoi les Français préfèrent-ils le football ?
4. Pour vous, personnellement, quelles sont les raisons les plus importantes pour faire du sport ? Regardez la liste suivante :

   a. la santé
   b. le dépassement de soi°   *pushing yourself to your limits*
   c. la convivialité (esprit de groupe)
   d. la compétition
   e. le plaisir personnel

À la loupe

Jusqu'à il y une cinquantaine d'années, chaque village avait un ou plusieurs charrons ; un spécialiste du bois, maître de tout ce qui tourne et roule dans un village, de la brouette° à la charrette°.   *wheelbarrow / cart*

   Voilà un métier dont on trouve trace dans le moindre village de la France profonde. Jusqu'à la dernière guerre, la charrette tirée par les chevaux, voire° par   *even*
les bœufs était encore bien présente dans les campagnes. Si on y ajoute les calèches tombereaux° et autres véhicules hippomobiles, ainsi que les réparations   *tip-cart*
diverses, le travail était assuré pour un ou plusieurs charrons par village.

Patron :

Sainte Catherine est la patronne des charrons.

Noms de famille :

Charon, Charron, Caron, Carron, Charreton, Charton, Chartier, Charrier, Carton, Cartier, Quartier, Querier, Quarteron, Carlier, Carrelier, Carrette, Carrer (vient du vieux breton « Karrer », qui signifie charron, Karr = charrette).

L'atelier d'un charron autrefois en France

Réfléchissez

1. Connaissez-vous des métiers qui ont disparu depuis votre enfance ?
2. Certains artisans essaient de ranimer les métiers d'autrefois. Faites-vous des efforts pour rechercher les produits artisanaux ?
3. Voici quelques noms de famille français. À quel métier se réfèrent-ils ? Tailleur ; Maréchal ; Meunier ; Dufer ; Tessier ; Fourny.
4. Connaissez-vous des noms de famille anglais qui dérivent des métiers d'autrefois ?

Grammaire

Structure *III*

Pour faire faire quelque chose : Le faire causatif

a. To describe an action that you are having performed for you, rather than performing yourself, use a conjugated form of **faire** followed by the infinitive.

Il a fait réparer son tracteur par le mécanicien.

He had his tractor repaired by the mechanic.

Nous faisons faire les plans d'une nouvelle maison par un jeune architecte.

We are having a new house designed by a young architect.

Note that the person whom you are having perform the action, that is, the agent, is usually introduced by the preposition **par**. The agent may also be expressed by an indirect object.

Elle a fait transcrire le texte par
  sa secrétaire.

*She had the text transcribed
  by her secretary.*

Elle **lui** a fait transcrire le texte.

*She had **her** transcribe the text.*

b. When the action is done for oneself, the expression **se faire** + infinitive is used.

Je **me fais faire** un costume
  sur mesure.

*I'm **having** a suit **custom-tailored
  for myself**.*

c. **Faire** + infinitive can also be used to express causality.

Sa situation malheureuse **me fait
  pleurer**.

*His/Her unhappy situation **makes me cry/
  causes me to cry**.*

Il y a toujours des garçons
  qui veulent **faire marcher**
  les fermes.

*There are still boys who
  want to **make the farms run** (= to run
  the farms).*

d. The **faire** causative construction can have one or two objects. When there is only one object, it is always direct.

Ce professeur **fait travailler ses
  étudiants**.

*This teacher **makes his students work**.*

Le professeur **fait apprendre les
  verbes irréguliers**.

*The teacher **teaches the irregular verbs**.*

When there are two objects, the person is expressed as an agent, or indirect object, and the thing is the direct object.

Il **fait mettre les verbes** au tableau **par les étudiants/aux étudiants**.

O.D.* agent/O.I.*

*He **has his students put the verbs** on the board.*

e. In the **faire** + infinitive construction, all pronouns precede the conjugated form of **faire**, except in the affirmative imperative.

Il **la leur a fait** envoyer. (la = la lettre)
Faites-la-leur envoyer.

As the first example illustrates, there is no agreement of the past participle in the **faire** + infinitive construction.

f. Note the following translations:

faire savoir *to cause to know, let (someone) know, inform*
faire tomber *to topple, knock over*
faire venir *to cause to come, send for*
faire voir *to cause to see, show*

g. Whereas **faire** + infinitive expresses the idea of causing an action, **rendre** + adjective is used to express the idea of causing a change of state of mind or emotion.

Cette nouvelle me **rend très
  heureux/euse**.

*That piece of news **makes me very happy**.*

* O.D. = complément d'objet direct ; O.I. = complément d'objet indirect

Pratique et conversation

A. Exigences. Qu'est-ce que la première personne de la paire fait faire à la deuxième ? Composez des phrases selon le modèle.

> **Modèle :** la patronne / sa secrétaire
> **Vous :** La patronne fait contacter un client à sa secrétaire.

1. le chef d'orchestre / ses violonistes
2. la dentiste / son assistante
3. l'automobiliste / son garagiste
4. le professeur / ses étudiants
5. la cliente dans un restaurant / son serveur
6. le client dans un magasin / sa vendeuse

B. Souhaits. Si vous le pouviez, qu'est-ce que vous feriez faire...

1. par votre professeur ?
2. par vos amis ?
3. par votre petit(e) ami(e) ?
4. par vos parents ?
5. par le président de l'université ?

Haïti, un restaurant touristique

C. La vie d'un(e) domestique. Vous êtes employé(e) comme domestique dans une famille riche. On vous demande de faire faire certaines choses. Répondez aux questions selon le modèle.

> **Modèle :** Vous allez faire préparer le dîner au cuisinier ?
> **Vous :** Bien, Monsieur, je vais le lui faire préparer.

1. Vous allez faire tondre la pelouse au jardinier ?
   Bien, Madame...
2. Vous avez déjà fait réparer la voiture au garagiste ?
   Oui, Monsieur...
3. Demain, vous allez faire faire toute ma correspondance à ma secrétaire ?
   Bien, Madame...
4. Vous avez fait organiser mon voyage à mon agent de voyages personnel ?
   Oui, Monsieur...
5. Vous faites servir le petit déjeuner par Marie ?
   Oui, Monsieur...

D. Interview. Demandez à votre partenaire...

1. ce qui le/la rend heureux/euse.
2. ce qui le/la fait chanter / pleurer.
3. ce qui le/la rend mécontent(e).
4. ce qui pourrait lui faire abandonner ses études.
5. ce qui lui a fait choisir cette université.

E. Des parents exigeants. Vos parents sont très exigeants et vous vous en plaignez à un(e) ami(e). Vous lui expliquez tout ce qu'ils vous font faire ; ensuite, votre ami(e) répond en expliquant ce que ses parents lui font faire. Qui a les parents les plus sévères ?

Structure IV

Pour mettre en valeur un élément du discours : Les pronoms disjoints

a. Stressed pronouns are used to emphasize a word in the sentence.

Ce n'est pas ce qu'il m'a dit **à moi**.
Toi, tu m'écoutes ?

b. The stressed pronouns are used for identifying after the forms **c'est** and **ce sont**. **C'est** is used in all cases except for the third-person plural, where **ce sont** is used.

—**C'est toi**, Georges ? —Non, **c'est moi**, Henri.
C'est vous le coupable, ou **ce sont eux** ?

c. This function can also be carried out by the construction **c'est** + stressed pronoun + **qui** for emphasizing subjects, or **c'est** + (preposition) + stressed pronoun + **que** for emphasizing objects.

J'ai trouvé la solution. → **C'est moi qui** ai trouvé la solution.
Elle s'ennuie un peu. → **C'est elle qui** s'ennuie un peu.
Nous avons fini les premiers. → **C'est nous qui** avons fini les premiers.
Nous lui parlons. → **C'est à lui que** nous parlons.
Nous sommes venus pour eux. → **C'est pour eux que** nous sommes venus.

d. The stressed pronouns are used in one-word answers to questions and in questions without verbs.

—Qui a fait tout ce désordre ? —Pas **moi** !
Ça va bien, et **toi** ?

e. Use the stressed pronouns in compound subjects.

Lui et moi (nous) allons à la même université.

f. Use stressed pronouns after prepositions, except in the cases listed in the *Grammaire de base* (*1.1*) and in section *g* below.

Selon eux, les petits villages canadiens perdent beaucoup de leurs habitants. **Pour moi**, l'essentiel, c'est d'être heureux.

g. You have learned to use stressed pronouns to replace a noun referring to a person or persons after **de**.

J'ai besoin **de Jean-Philippe**. → J'ai besoin **de lui**.

With the following verbs, you must also use a stressed pronoun *rather than an indirect object pronoun* to replace a noun referring to a person or persons after **à**.

to belong to   être à°
faire attention à
penser à
s'habituer à
s'intéresser à

Elle **pense** souvent **à sa mère**. → Elle **pense** souvent **à elle**.
Tu **fais attention au professeur** ? → Tu **fais attention à lui** ?

h. The forms **moi-même, toi-même, lui-même, elle-même, nous-mêmes, vous-mêmes, eux-mêmes, elles-mêmes** mean *myself, yourself*, etc.

Tu l'as fait **toi-même** ?   *You did it **yourself**?*

Pratique et conversation

A. Mini-dialogues. Remplissez les blancs avec un pronom disjoint.

is getting worse

1. —Les anglophones disent que la situation à Montréal empire°.

   —Ça, c'est bon ! Les anglophones, _____, qu'est-ce qu'ils en savent ?

2. _____, Jeanne, tu vas rester à la ferme de la famille ou pas ?

   _____ ? Je ne peux pas. Je ne veux pas vivre à la campagne.

3. —Henri a déménagé _____-même ?

   —Penses-tu ! _____, je l'ai aidé, comme d'habitude.

4. —C'est nouveau, ça ! _____ et Julie, vous partez vivre à la campagne ?

   C'est vrai que vous partez avec _____ ?

   —Non, c'est fini. _____ et _____, nous avons rompu. Elle ne veut pas quitter la ville.

5. —C'était Marie au téléphone ? C'était _____ ? Je ne peux pas le croire.

   —C'est parce qu'elle a pris un accent parisien après si longtemps dans la métropole.

B. Interview. Posez les questions suivantes à votre partenaire. Demandez-lui...

1. si c'est lui/elle qui fait la cuisine lui/elle-même ou si c'est une autre personne.
2. s'il/si elle sort souvent avec son/sa camarade de chambre.
3. si c'est au professeur qu'il/elle pose ses questions de grammaire ou si c'est à un(e) camarade.
4. s'il/si elle veut aller au restaurant avec vous.
5. s'il/si elle pense souvent à ses amis.

C. Test. Êtes-vous vraiment amoureux/euse de quelqu'un ? Répondez aux questions suivantes en employant un pronom.

1. Pensez-vous souvent à cette personne ?
2. Est-ce qu'il/elle s'intéresse à vous ?
3. Est-ce qu'il/elle fait très attention à vous ?
4. Est-ce que vous avez besoin de lui/d'elle tout le temps ?
5. Est-ce que votre cœur est à lui/elle ?

Résultats : si vous avez répondu OUI à trois des questions, c'est le grand amour.

D. J'accuse. Vous êtes accusé(e) d'un crime, mais vous êtes innocent(e), bien sûr. Votre camarade de classe va formuler l'accusation et vous y répondrez selon le modèle.

Modèle :	cambrioler l'appartement de M. Zola
Votre partenaire :	C'est toi qui as cambriolé l'appartement de M. Zola ?
Vous :	Non, ce n'est pas moi qui l'ai cambriolé. C'est [Jacqueline].

1. prendre la *Joconde* au Louvre
2. voler la voiture du professeur
3. prendre les bijoux de la reine d'Angleterre
4. cambrioler la Maison Blanche
5. prendre les examens finals dans le bureau du professeur

E. Chez un conseiller. Votre mariage ne va pas bien. Vous et votre conjoint(e), vous allez chez un conseiller. Vous lui expliquez ce qui ne va pas, mais votre conjoint(e) proteste et se lave les mains de toute accusation en rejetant sur vous l'entière responsabilité des problèmes du couple. Le conseiller essaie de vous réconcilier.

Comment un Américain comprend-il la notion de « collaboration au travail » ? Et un Français ? Le texte ci-dessous présente le point de vue d'un Français qui a travaillé dans les deux pays.

Avant de lire

A. Famille de mots. Pour mieux comprendre le texte, essayez ce petit exercice de vocabulaire. De quels verbes les substantifs suivants sont-ils dérivés ? Donnez la forme verbale ainsi que la définition du substantif.

	Substantif	Verbe
task	1. tâche°	_____
	2. soin	_____
	3. accomplissement	_____
	4. appartenance	_____
	5. sourire	_____

B. Français ou Américain ? Lisez les phrases suivantes tirées du texte. Selon vous, est-ce qu'elles se réfèrent à l'attitude américaine envers le travail ou à l'attitude française ?

	Attitude américaine	Attitude française
1. Puis quand la tâche sera terminée, ils dissoudront la relation.	❏	❏
2. Enfin, si la relation est bonne, alors peut-être feront-ils une tâche ensemble.	❏	❏
3. Si la relation n'est pas bonne, l'autre n'obtiendra jamais l'accomplissement de la tâche.	❏	❏
4. La relation est secondaire par rapport à la tâche.	❏	❏
5. Pour le bon accomplissement de la tâche, ils vont établir le minimum de relation nécessaire.	❏	❏

Le travail : perspectives françaises et américaines

Lorsqu'un Américain rencontre un autre Américain, ils partagent une même référence à la loi. Ils se réunissent parce qu'ils ont une tâche à faire en commun. Peut-être sont-ils, l'un *supervisor* et l'autre *sales clerk* dans un magasin ; la tâche de ce tandem hiérarchique est de vendre aux clients, et de satisfaire ceux-ci pour qu'ils reviennent. Ou peut-être l'un est un médecin et l'autre est un patient, et la tâche commune est de collaborer pour dispenser et recevoir des **soins**. Alors, dans la mesure — et seulement dans la mesure — où ils en ont besoin pour le bon accomplissement de la tâche, ils vont établir le minimum de relation nécessaire. Puis quand la tâche sera terminée, ils **dissoudront** la relation.

soins *medical care* / **dissoudront** *will dissolve*

Pour les Américains, la relation est secondaire par rapport à la tâche. La tâche est transitoire, alors la relation l'est aussi.

Le primat de la relation

Quand deux Français se réunissent, ils recherchent une commune **appartenance** possible (même origine géographique, lointain cousinage, même formation …). Puis, ils établissent une relation et la renforcent et la **cajolent**. Enfin, si la relation est bonne, alors peut-être feront-ils une tâche ensemble. J'exagère un peu. Mais ce qui est clair, c'est que, si la relation n'est pas bonne, l'autre n'obtiendra jamais l'accomplissement de la tâche. « On ne peut pas faire ça à cause des **assurances**. », « Il faut **l'avis préalable** de la commission. », « Il manque des papiers. », « Il faut que je demande à un responsable. », « Revenez à 14 heures. », etc. Pour les Français, la tâche est secondaire à la relation, et toute relation est supposée durer indéfiniment — en tout cas c'est l'idée qu'on s'en fait sur le moment, même si, ensuite, on reprendra sa liberté. Mais ce sont les Français qui vont accuser les Américains d'hypocrisie et de superficialité en matière relationelle. C'est d'ailleurs en partie parce que toute relation est à leurs yeux *a priori* durable que les Français manifestent une froideur typique envers les inconnus, alors que les Américains **ne courent pas de risque** à leur sourire puisque la relation est par nature éphémère.

Adapted from Pascal Baudry, *Français & Américains : L'autre rive* (Paris : Pearson Éducation France, 2003), pp. 105–107.

appartenance *belonging, membership* / **cajolent** *coax it along* / **assurances** *insurance* / **l'avis préalable** *prior approval* / **ne courent pas de risque** *don't run a risk*

Après la lecture

A. Vérifiez. En relisant le texte, vérifiez les réponses que vous avez données dans l'exercice B ci-dessus. Vos réponses étaient-elles pour la plupart justes, selon le texte ? Êtes-vous d'accord avec l'analyse de l'auteur ?

B. Et vous ? Si vous avez une tâche collaborative à réaliser, préférez-vous…

1. organiser la tâche ou laisser l'organisation aux autres ?
2. les réunions en personne, le téléphone ou le courrier électronique comme moyen(s) de communication ?
3. régler tous les détails avant d'agir, ou agir pour ensuite régler les détails ?
4. un rythme régulier, ou des périodes de travail intense suivies de moments de repos ?
5. travailler avec des personnalités plutôt fortes ou réservées ?

Compréhension auditive

Dans la partie *À la loupe*, on a parlé des métiers qui ont disparu au cours du dernier siècle. Depuis des années, l'industrie de l'extraction du charbon est en déclin, surtout dans le nord et l'est de la France. En avril 2004, on a fermé la dernière mine en France, à Creutzwald en Lorraine. Avec cette fermeture s'achève huit siècles d'exploitation charbonnière. Dans ce texte sonore, vous allez écouter les réactions des mineurs après leur dernier jour de travail.

Consulter le site Web **www.wiley.com/college/siskin** puis sélectionner Book Companion Site pour écouter le texte sonore.

Faites la **Compréhension auditive** pour **le Chapitre 8** dans votre cahier d'exercices.

Vocabulaire

Pour parler du travail

administrateur/ administratrice (*m./f.*)	*administrator*
affaires (*f.pl.*)	*business*
agent de police (*m.*)	*policeman*
allocations de chômage (*f./pl.*)	*unemployment benefits*
analyste en informatique (*m./f.*)	*computer analyst*
art (*m.*)	*art*
artiste (*m./f.*)	*artist*
avocat(e) (*m./f.*)	*lawyer*
boucher/bouchère (*m./f.*)	*butcher*
boulanger/boulangère (*m./f.*)	*baker*
bureau (*m.*)	*office*
cadre (*m./f.*)	*executive*
caissier/caissière (*m./f.*)	*cashier*
cantatrice (*f.*)	*opera singer*
chanteur/chanteuse (*m./f.*)	*singer*
chef du personnel (*m.*)	*head of personnel*
chômeur/chômeuse (*m./f.*)	*unemployed person*
comptable (*m./f.*)	*accountant, bookkeeper*
curriculum vitæ (**C.V.**) (*m.*)	*résumé*
danseur/danseuse (*m./f.*)	*dancer*
demande d'emploi (*f.*)	*employment application*
dentiste (*m./f.*)	*dentist*
dépanneur (*m.*)	*repairman*
directeur/directrice (*m./f.*)	*director*
douanier/douanière (*m./f.*)	*customs agent*
embauche (*f.*)	*hiring*
emploi (*m.*)	*job*
employé(e) (*m./f.*)	*employee*
enseignement (*m.*)	*education*
épicier/épicière (*m./f.*)	*grocer*
fonctionnaire (*m./f.*)	*civil servant*
garagiste (*m./f.*)	*mechanic*
industrie (*f.*)	*industry*
informaticien(ne) (*m./f.*)	*computer scientist*

informatique (*f.*)	*computer science*
instituteur/institutrice (*m./f.*)	*kindergarten, primary school teacher*
interview (*f.*)	*interview*
magistrat/magistrate (*m./f.*)	*magistrate*
marchand(e) (*m./f.*)	*merchant*
mécanicien (*m.*)	*mechanic*
médecin (*m.*)	*doctor*
métier (*m.*)	*trade*
musicien(ne) (*m./f.*)	*musician*
ouvrier/ouvrière (*m./f.*)	*worker*
petite entreprise (*f.*)	*small business*
plombier (*m.*)	*plumber*
professeur (de lycée, d'université)	*teacher/professor (high-school, university)*
programmeur/ programmeuse (*m./f.*)	*computer programmer*
sculpteur/sculptrice/ sculpteuse (*m./f.*)	*sculptor*
secrétaire (*m./f.*)	*secretary*
service du personnel (*m.*)	*human resources*
société (*f.*)	*company*
technicien(ne) (*m./f.*)	*technician*
vendeur/vendeuse (*m./f.*)	*salesperson*
joindre les deux bouts	*to make ends meet*
muter	*to transfer*
passer (un entretien / une interview)	*to have an interview*
avoir de la veine	*to be lucky*

Autre Verbes

conduire	*to drive*
construire	*to build, construct*
courir	*to run*
produire	*to produce*
traduire	*to translate*

Perspectives sur le passé
L'histoire et la mémoire

Napoléon franchissant les Alpes au col du mont Saint Bernard par Jacques Louis David

Objectifs

Communication

Point out and describe people

Talk about personal relationships

Express reproach, regret, and resignation

Recount memories and stories

Make hypotheses

Designate and refer to people and objects

Express anteriority in relation to another action

Express doubt and uncertainty

Comparisons

Compare changing attitudes regarding historical events

Compare French and American attitudes toward history

Cultures

Learn how historical events have shaped French identity

Connections

Examine the importance of figures and events in changing historical contexts

Communities

Explore linguistic and religious communities in nineteenth-century Canada

Mise en train

Destruction des emblèmes de la monarchie, place de la Concorde, 10 août 1793 par Pierre-Antoine Demachy

La Mort du général Mercer à la bataille de Princeton, 3 janvier 1777 par John Trumbull

events Nous interprétons les événements° du passé par rapport à nos besoins actuels. Choisissez deux événements importants dans l'histoire de votre pays :

_____

_____

Pourquoi se souvient-on de ces événements ? Voici quelques raisons possibles :

- C'est un événement dramatique ou tragique.
- C'est un exemple de sacrifice.
- *overcome* Une personne ou un groupe surmonte° un problème grave.
- C'est une illustration d'un principe moral.
- C'est un événement qui aide à comprendre un problème contemporain.
- ?

Présentez l'événement que vous avez choisi à la classe en expliquant pourquoi il est important.

Nous avons tendance à nous souvenir des événements historiques qui nous sont utiles aujourd'hui. Le passé peut donc changer pour nous.

in the past Par exemple, autrefois° la ville d'Avignon ne faisait pas partie de la France. La réunion d'Avignon à la France au moment de la Révolution était un grand événement historique pour les Français du 19e siècle. Ils ont fait construire un magnifique monument pour commémorer cet événement. Aujourd'hui le monument est oublié, car l'incident n'inspire plus les gens.

Le monument quitte le centre-ville d'Avignon.

Pouvez vous nommer des événements dans l'histoire de votre pays dont l'importance a changé ?

Quelques possibilités :

- la découverte de l'Amérique par Christophe Colomb
- la bataille du Little Big Horn
- ?

Pourquoi ces changements ? Expliquez un événement à la classe.

Dans ce chapitre, nous explorerons quelques aspects de l'histoire française et francophone.

Interaction

Coralie, une jeune fille, parle avec sa grand-mère, Madame Ferjoux.

Coralie	Qui c'est, la jeune femme aux cheveux blonds sur la photo ?
Madame Ferjoux	Mais c'est ta mère ! Tu ne la reconnais pas ?
Coralie	Oh là ! Qu'est-ce qu'elle fait jeune ! Et ce monsieur qui est à côté d'elle ? Celui qui sourit.
Madame Ferjoux	C'est mon frère Jean. Tu ne l'as jamais connu.
Coralie	Pourquoi ?
Madame Ferjoux	Parce qu'il est mort à la guerre d'Algérie.
Coralie	Tu te souviens bien de cette guerre, Mémé ?
Madame Ferjoux	Oh, mais ce ne sont pas de très bons souvenirs. Je me rappelle surtout que Jean est revenu en permission° et qu'il m'a dit, « Je ne veux pas y retourner. Si tu savais ce que nous sommes obligés de faire ! » Il aurait dû demander une déclaration au médecin. Il serait encore en vie en ce moment.
Coralie	C'est horrible.
Madame Ferjoux	Je n'oublierai jamais le jour où ils sont venus me dire que Jean était mort là-bas… un dimanche après-midi, si j'ai bonne mémoire. C'est le moment le plus difficile que j'aie jamais vécu.
Coralie	Pauvre Jean. J'aurais aimé le connaître.

on leave

Algérie : les Pieds-Noirs se préparent à quitter Oran, 1962

Observez

1. Pourquoi Coralie ne reconnaît-elle pas sa mère ?
2. Quel rapport familial existe-t-il entre Coralie et Jean ? entre Mme Ferjoux et Jean ?
3. Quel moment historique est évoqué dans cette conversation ?

Réfléchissez

1. Qu'est-ce que Jean voulait dire quand il a exclamé « Si tu savais ce que nous sommes obligés de faire ! » ?
2. Selon vous, est-ce que Mme Ferjoux fait des reproches à Jean ? Ou est-ce qu'elle se fait des reproches ?

Autrement dit

Pour désigner une personne

Dites, vous { connaissez / vous souvenez de } Chantal ?

C'est   celle qui travaille avec ta femme ?
            la blonde qui habite en face ?

No, what does she look like?   Non, elle est comment ?°
C'est la jeune fille aux cheveux longs ?

Pour désigner une personne quand on ne connaît pas son nom

C'est qui,   le monsieur   de Valenciennes ?
                 la dame
                 la jeune fille / femme
                 le jeune homme
                 la fille
                 le type°   *guy*
                 le mec°
                 M. Machin°
                 M. Untel°   *Mr. So-and-so*

Pratique et conversation

A. Un cocktail. Imaginez que vous êtes à un cocktail et que les autres membres de la classe sont des invités. Votre partenaire vous posera des questions sur leur identité en les désignant par une description de leurs traits physiques, leurs vêtements, etc. Vous répondrez à ses questions et vous lui poserez vos propres questions.

    Modèle :   C'est qui, cette jeune fille aux cheveux bouclés qui porte un pull vert ?
        Vous :   Celle-là ? C'est Géraldine, une étudiante en chimie...

B. Qui est-ce ? Pensez à quelqu'un que votre camarade de classe connaîtra : une personne célèbre, un personnage d'une émission de télévision, etc. Vous allez décrire cette personne en vous servant du vocabulaire de l'*Autrement dit*. Votre camarade essaiera de deviner son identité.

Célin Dion, chanteuse québécoise   **Juliette Binoche, actrice française**

Pour décrire les rapports personnels

Do you get along well/poorly with your neighbor?

Tu t'entends bien/mal avec ta voisine ?°
Quelle sorte de rapports as-tu avec tes collègues ?

Je m'entends bien/mal
J'ai de bons/mauvais rapports ⎫ avec eux.

Nous sommes ⎰ très amis.
⎱ de très bons amis.

Nous nous disputons rarement / souvent / fréquemment.
On se comprend très bien.°

We get along well.

Pratique et conversation

Interview. Demandez à votre partenaire...

1. quelle sorte de rapport il/elle a avec ses professeurs.
2. s'il/si elle s'entend bien ou mal avec ses parents (son/sa camarade de chambre, son frère ou sa sœur).
3. avec qui il/elle est très bon(ne) ami(e).
4. avec qui il/elle se dispute souvent.
5. de décrire sa conception d'un(e) bon(ne) ami(e).

Pour reprocher quelque chose à quelqu'un

She could certainly do/could certainly have done better. She should have broken/should break up with him.

Elle pourrait/aurait certainement pu mieux tomber.°
Elle aurait dû/devrait rompre avec lui.°
Elle a/a eu tort de se fiancer avec lui.

Pour se reprocher quelque chose

I shouldn't have

It would have been better to

Je n'aurais pas dû°
J'ai eu tort de
J'aurais mieux fait de°
Ce n'était pas bien de ⎱ faire ça.

Pratique et conversation

Qu'est-ce que vous diriez ? Qu'est-ce que vous diriez dans les situations suivantes ?

1. Vous avez oublié de remercier un(e) ami(e) pour un cadeau.
2. Un couple que vous connaissez a beaucoup de problèmes, parce que la famille du mari refuse d'accepter sa nouvelle belle-fille.
3. Vous vous êtes levé(e) très fatigué(e) après être resté(e) à une soirée jusqu'à 3 h du matin.
4. Vous apprenez que votre camarade de chambre vous a menti.

Pour raconter des souvenirs°

memories

Demander à quelqu'un de raconter ses souvenirs

Papa, parle-moi de ton travail à l'usine.
tu m'as dit qu'une fois, tu...°
une fois, n'est-ce pas, tu... ?
est-ce que tu te souviens du jour où... ?°

you told me that once you...

do you remember the day when...

Commencer à raconter des souvenirs

Je me souviens encore du
Je me rappelle le
Je n'oublierai jamais le } jour où...
J'ai de très bons/mauvais souvenirs du
Je ne suis pas certain(e) des détails mais...
Si j'ai bonne mémoire...

Pratique et conversation

A. Quand j'avais dix ans. Demandez à votre partenaire s'il/si elle se souvient de ses voisins, de son instituteur/institutrice, de son/sa meilleur(e) ami(e) quand il/elle avait dix ans. Demandez-lui de décrire la/les personne(s) dont il/elle se souvient bien.

B. Des souvenirs. Demandez à votre partenaire de raconter un événement de sa jeunesse. Posez-lui des questions s'il/si elle a oublié des détails.

C. Mes grands-parents. Décrivez vos grands-parents. Qu'est-ce qu'ils font/faisaient dans la vie ? Quels souvenirs de leur jeunesse est-ce qu'ils vous ont racontés ? Est-ce qu'ils regrettent quelque chose dans leur vie ? Si oui, qu'est-ce qu'ils auraient pu faire pour changer le cours de leur vie ?

Pour dire sa résignation

Bah, c'est normal.   La vie est dure.°   *Life is tough.*
C'est la vie.   La vie n'est pas gaie.
C'est comme ça, la vie.

Pour dire son regret

Je regrette
{ ma jeunesse°.   *youth*
d'avoir choisi ce métier.
que tu sois devenu instituteur°.   *that you became a teacher*

Malheureusement, on n'a pas toujours ce qu'on veut dans la vie.
C'est vraiment dommage (que tu sois arrivé en retard).
C'est vraiment bête (de ne rien faire).
Je suis désolé(e).

**La République
démocratique du Congo :
un petit magasin**

Pratique et conversation

Situations. Qu'est-ce que vous diriez pour répondre aux commentaires suivants ?
Utilisez une expression de l'*Autrement dit*.

1. Si j'avais seulement un peu plus d'argent, je pourrais faire tout ce que
   je voudrais.
2. Mais pourquoi est-ce que cette catastrophe m'est arrivée à moi ?
3. Les autres, ils ont de belles maisons, une voiture de sport...
4. Et quand je suis retourné au parking, j'ai remarqué que ma voiture avait
   été cambriolée.
5. Je travaille si dur et je ne vois pas de résultats.

Étude de vocabulaire

Le verbe devoir

Le verbe **devoir** signifie *to owe* ; il peut aussi exprimer la nécessité (*to have to*),
l'obligation (*must*) ou la probabilité (*must, must have*). Pourtant, dans ces derniers
sens, sa traduction en anglais n'est pas toujours très évidente. Étudiez les exemples
suivants.

présent	Ce jeune homme **doit** avoir de la famille quelque part.
	*This young man **must/has to** have some family somewhere.*
passé composé	Elle n'est pas là. Elle **a dû** sortir.
	*She isn't in. She **must have left/had to** leave.*

imparfait	Il **devait** arriver avant dix heures.
	*He **was supposed to** arrive by ten o'clock.*
futur	Nous **devrons** rentrer bientôt.
	*We **will have to** go home soon.*
conditionnel	Vous **ne devriez pas** le lui dire.
	*You **shouldn't** tell him that.*
conditionnel passé	Je **n'aurais jamais dû** venir ici.
	*I **should never have** come here.*

Pratique et conversation

A. Complétez. Complétez les phrases suivantes.

1. Hier, j'ai dû... parce que...
2. À l'avenir, je devrai... pour pouvoir...
3. Si je devais beaucoup d'argent à mes parents, je...
4. Le professeur n'aurait jamais dû...
5. Je ne dois plus...

B. Vos obligations. En employant le verbe **devoir**, indiquez à votre camarade de classe quelque chose que...

1. vous devez à vos parents.
2. le professeur a probablement fait la semaine dernière.
3. vous devriez faire pour un(e) ami(e).
4. vous êtes obligé(e) de faire ce soir.
5. vous auriez dû faire dans le passé.

Grammaire

Grammaire de base

1.1 Review the following patterns for conditional sentences.

Si + present	+ Future
Si je réussis à cet examen,	**je serai** très content.
Si elle ne vient pas tout de suite,	**je partirai** sans elle.

Si + imperfect	+ Conditional
Si tu passais plus de temps à la bibliothèque,	**tu aurais** moins d'ennuis à la fin du semestre.
S'il avait un ordinateur,	**son travail serait** plus facile.

2.1   Review the conjugation of the verb **devoir**.

présent :	je	dois		nous	devons
	tu	dois		vous	devez
	il/elle/on	doit		ils/elles	doivent

Passé composé :	j'ai dû...
Imparfait :	nous devions...
Plus-que-parfait :	tu avais dû...
Futur :	ils devront...
Futur antérieur :	vous aurez dû...
Conditionnel :	elle devrait...

3.1   You may also wish to review the formation of the pluperfect tense (**Chapitre 3**) and the present subjunctive of the verbs **avoir** and **être** (**Chapitre 7**).

Structure I

Pour exprimer les conditions irréelles : Le conditionnel passé

a. The past conditional is formed by conjugating the auxiliary **avoir** or **être** in the conditional and adding the past participle. The rules of past participle agreement that you have learned for other compound tenses apply to the past conditional as well.

b. The past conditional is usually translated as *would have* + past participle.

finir		rester	
j'aurais fini	nous aurions fini	je serais resté(e)	nous serions resté(e)s
tu aurais fini	vous auriez fini	tu serais resté(e)	vous seriez resté(e)(s)
il/elle/on aurait fini	ils/elles auraient fini	il/elle/on serait resté(e)	ils/elles seraient resté(e)s

J'aurais fait le travail moi-même.	*I would have done the work myself.*
Ils seraient partis avant minuit.	*They would have left by midnight.*

c. The past conditional can be used to say what you should have or could have done. In French, the past conditional of the verbs **devoir** and **pouvoir** expresses those meanings. Study the following examples:

Elle aurait certainement **pu** mieux tomber.	*She could certainly have done better for herself.*
Elle aurait dû rompre avec lui.	*She should have broken up with him.*
Je n'aurais pas dû le faire.	*I should not have done it.*
Ils auraient pu rester ici.	*They could have stayed here.*

d. The past conditional is also used in conditional sentences to express what would have happened if another condition had been realized. The verb in the **si** clause is in the pluperfect, followed by a verb in the past conditional in the result clause.

Si + pluperfect	+ Past conditional
Si j'avais su son nom,	**je me serais présenté(e)** à lui.
If I had known his name,	*I would have introduced myself to him.*
Si tu avais appelé,	**je t'aurais invité(e)** au restaurant.
If you had called,	*I would have invited you out to eat.*

Pratique et conversation

A. Une rupture. Virginie vient de rompre avec son fiancé, Paul. Elle lui fait des reproches. Complétez les phrases suivantes en mettant le verbe entre parenthèses à la forme correcte.

1. Si tu m'avais offert des fleurs tous les jours, je _____ (rester) certainement avec toi.
2. Si tu m'avais donné une bague de fiançailles plus tôt, nous _____ (se marier).
3. Si tu avais fait une meilleure impression sur mes parents, ils t'_____ (aimer).
4. Si tu n'avais pas oublié mon anniversaire, je t'_____ (pardonner).
5. Si nous avions été du même milieu, notre vie à deux _____ (être) parfaite.

B. Questionnaire. Répondez aux questions suivantes.

1. Si vous n'aviez pas décidé d'aller à l'université, qu'est-ce que vous auriez fait ?
2. Si vous aviez pu acheter n'importe quelle voiture, quelle marque est-ce que vous auriez choisie ?
3. Si vous aviez suivi les conseils de vos parents, qu'est-ce que vous auriez fait de votre vie ?
4. Si votre professeur vous avait dit qu'il/elle avait supprimé le prochain examen, quelle aurait été votre réaction ?
5. Si la banque vous avait donné un million de dollars par erreur, qu'est-ce que vous auriez fait ?

C. Une mère poule°. Votre fils/fille rentre de ses vacances à la plage fatigué(e), sans argent et avec un coup de soleil°. En plus, il/elle a pris cinq kilos et ses vêtements sentent la bière ! Quels reproches est-ce que vous pourriez lui faire, en tant que mère poule ?

A mother hen
sunburn

Modèle : Si tu n'étais pas sorti(e) tous les soirs, tu ne serais pas rentré(e) fatigué(e).

D. Interview. Posez les questions suivantes à votre partenaire. Demandez-lui...

1. ce qu'il/elle aurait dû faire hier.
2. ce qu'il/elle aurait pu faire ce matin s'il/si elle avait eu plus de temps.
3. ce qu'il/elle aurait dû faire pour avoir une meilleure note au dernier examen.
4. ce qu'il/elle aurait pu faire pour être plus gentil(le) récemment.
5. ce qu'il/elle aurait pu accomplir ce week-end s'il/si elle n'était pas sorti(e).

E. Une meilleure vie. Complétez les phrases suivantes.

1. Si je n'avais pas eu tant de travail hier soir...
2. J'aurais mieux préparé ce chapitre si...
3. Si j'avais passé plus de temps à la bibliothèque ce semestre...
4. J'aurais dormi plus longtemps ce week-end si...
5. Si j'avais choisi un cours de langue différent...

F. Une action regrettable. Racontez un incident ou une remarque que vous regrettez. Dites ce que vous auriez pu faire pour changer la situation.

Structure *II*

Pour faire référence à quelqu'un ou à quelque chose : Les adjectifs et les pronoms démonstratifs

a. You have practiced the demonstrative adjectives on several occasions. Review the complete set.

	masculin	masculin devant une voyelle	féminin
singulier	**ce** téléphone	**cet** ordinateur	**cette** leçon
		cet homme	
pluriel	**ces** téléphones	**ces** ordinateurs	**ces** leçons
		ces hommes	

b. A demonstrative pronoun replaces and refers to a noun that has been previously mentioned. The form of the demonstrative pronoun depends on the gender and number of the noun it is replacing. Study the following forms.

this/that one / these/those ones

ce tableau-ci/là → **celui-ci/là°** ces tableaux-ci/là → **ceux-ci/là°**
cette chaise-ci/là → **celle-ci/là** ces chaises-ci/là → **celles-ci/là**

c. The demonstrative pronoun cannot be used alone. It can be followed by

- **-ci** or **-là**:

Adressez-vous à **ce** vendeur-**là**. Adressez-vous à celui-**là**.

- a relative clause:

Celui avec qui elle sort
n'appartient pas à sa classe sociale.

The one she is going out with *doesn't belong to her social class.*

- a phrase with **de** to indicate possession or to specify:

Prends **celui de Marc**. Take **Marc's**.
Je préfère **celle de droite /** *I prefer **the one on the right/***
de gauche / du milieu. ***on the left/in the middle**.*

d. The use of the demonstrative pronoun to refer to a person who is not present may be considered negative or pejorative.

Celui-là ? Un homme importante ? (se dit d'un ton moqueur)

e. French also has a set of indefinite demonstrative pronouns, **ceci**° and **cela**°. *this / that*
Rather than referring to a specific noun, they refer to an idea. **Ceci** is used to announce an idea. Otherwise, **cela** is used. In informal spoken French, **cela** is contracted to **ça**.

Écoutez **ceci** : Chantal sort avec un certain Gaston.
Cela n'est pas normal.
Je ne comprends pas **ça**.

Un grand magasin à
prix modérés en
France

Pratique et conversation

A. Des cadeaux de Noël. Vous rentrez du grand magasin où vous avez acheté beaucoup de cadeaux de Noël. Vous demandez à un autre membre de la famille quel cadeau conviendrait à vos parents, vos amis, etc. Remplissez les blancs avec la forme correcte du pronom démonstratif.

1. Quelle paire de gants est-ce que Maman aimerait : _____-ci ou _____-là?

2. Et est-ce que cette petite lampe irait mieux dans l'appartement de Marc ou dans _____ de Françoise ?

3. Et qu'est-ce que tu penses de ces cravates pour Papa ? Tu crois qu'il préférerait _____-ci ou _____-là ?

4. Non, je n'ai pas acheté de pantoufles pour Papa. _____ qui étaient en solde étaient moches, et les autres coûtaient trop cher.

5. Tu aimes ces colliers ? _____-ci est pour tante Eugénie et _____-là, je vais le garder pour moi.

B. Un test. Êtes-vous snob ? Remplacez les mots en italique par un pronom démonstratif et ensuite répondez aux questions.

1. Mes idées sont plus originales que *les idées* de mes amis. OUI NON

2. Ma chambre est mieux décorée que *la chambre* de mes amis. OUI NON

3. J'aurai un meilleur avenir que *l'avenir* de mes amis. OUI NON

4. Les voyages que j'ai faits sont plus intéressants que *les voyages* que mes amis ont faits. OUI NON

5. Mes amis sont plus fidèles que *les amis* de mes amis. OUI NON

Résultats : Si vous avez répondu oui à plus de deux de ces questions, il est sûr que la modestie n'est pas un des traits les plus saillants de votre caractère.

C. Interview. Posez les questions suivantes à votre partenaire. Il/Elle répondra en utilisant un pronom démonstratif. Demandez-lui...

1. s'il/si elle préfère sa voiture ou la voiture de ses parents.

2. s'il/si elle aime mieux son appartement / sa chambre ou l'appartement / la chambre de ses amis.

3. si la note qu'il/elle a eue au dernier examen est meilleure que la note qu'il/elle a eue à son premier examen.

4. si ce chapitre est plus difficile que le chapitre qui précède.

5. si le professeur de français est meilleur que le professeur de chimie.

Notions de culture

Louis Riel est un personnage controversé de l'histoire canadienne. On l'a appelé un traître, un héros, un fou… Quelle est la vérité ?
Voici son histoire :

The noun "métis" in French refers to people of mixed race. However, the ethnic group "Metis" is a very specific one with a very unusual language and history.
linked; connected

- Les Métis° de l'ouest du Canada sont le résultat d'unions entre Français et Amérindiens ; ils ont leur propre langue et un sens clair de leur identité. Ils sont catholiques et liés° avec les francophones du Québec. Louis Riel est né dans cette communauté en 1844.
- Riel fait des études à Montréal pour devenir prêtre, mais il revient dans l'Ouest dans un contexte politique difficile. L'expansion des Européens (surtout anglophones et protestants) menace les Métis. Riel considère qu'il est envoyé par Dieu pour aider son peuple.

- En 1869, Riel établit un gouvernement provisionnel ; il exige la création de la province du Manitoba et des garanties pour les Métis et pour l'église catholique. Pendant les troubles, Riel et ses collègues font exécuter un Ontarien qui refusait de reconnaître son autorité.
- Riel est traqué par le gouvernement canadien. Il est élu trois fois au Parlement fédéral, mais ne peut pas prendre son siège°. *seat*
- Il passe une année dans un hôpital psychiatrique ; ensuite il s'exile aux États-Unis, où il enseigne dans une école métisse du Montana. Il devient citoyen américain.
- Les conditions chez les Métis sont de plus en plus difficiles. En 1884, ils demandent à Riel de revenir au Canada défendre les droits de son peuple.
- En 1885, Riel et son peuple se révoltent contre le gouvernement canadien. On envoie des troupes, et les Métis sont battus.
- Riel refuse de dire qu'il est fou : « Je ne peux pas abandonner ma dignité. » Il est exécuté.
- L'Ouest est ouvert à l'expansion des Européens et les traditions des Métis commencent à disparaître ; les tensions entre francophones et anglophones, entre Catholiques et Protestants s'aggravent au Canada.

Louis Riel, vers 1870

Questions

1. Quels sont les traits de cette histoire qui la rendent mémorable pour les gens aujourd'hui ? Vous trouverez des possibilités dans la *Mise en train* au début du chapitre.

   L'histoire est…
   Les événements illustrent…
   Ces incidents aident à comprendre…

2. Quels sont les points de vue possibles sur Riel ?

   Certains pensent que c'était un héros parce que…
   D'autres pensent que c'était un traître parce que…
   Et d'autres pensent qu'il était fou parce que…

Discussion

1. Quand vous recevez un visiteur, qu'est-ce que vous lui montrez dans votre région ? Faites la liste pour votre groupe. Quelle sorte de choses prédomine ? Merveilles naturelles, monuments historiques, œuvres d'art, villages pittoresques, événements sportifs, … ?
2. Les Français disent quelquefois que les Américains n'ont pas de sens de l'histoire.

   Pourquoi dit-on cela ?
   Qu'en pensez-vous ?

Il est intéressant de noter que le Français moyen qui reçoit un visiteur lui montre souvent des œuvres d'art ou d'architecture, mais pas souvent d'autres aspects historiques de sa région.

À la loupe

Voici la reproduction de la une du *Monde*, datée le 8 mai 1945.

L'ALLEMAGNE A CAPITULÉ

Londres, 7 mai, 15 heures.

Selon l'agence Reuter, la radio allemande de Flensburg (seul poste émetteur officiel encore en service) annonce que l'amiral Doenitz a ordonné la capitulation sans condition de l'ensemble des forces allemandes.

LA REDDITION A ÉTÉ SIGNÉE CETTE NUIT A REIMS

Reims, 7 mai.

L'Allemagne s'est rendue inconditionnellement aux Alliés occidentaux et à la Russie à 2 heures 41 ce matin, dans le grand édifice en briques rouges de l'École professionnelle de Reims, où se trouve le Grand Quartier général du général Dwight D. Eisenhower.

La capitulation a été signée pour l'Allemagne par le colonel ...

général Gustav Jodl, nouveau chef d'état-major de la Wehrmacht, et pour le Commandement suprême allié par le lieutenant général Walter Bedell Smith, chef d'état-major du général Eisenhower.

L'instrument de capitulation a été également signé par le général Ivan Susloparov pour la Russie, et par le général François Sevez pour la France.

EN AUTRICHE, FACE À PATCH ET À DE LATTRE, DEUX ARMÉES SE RENDENT

L'insurrection a éclaté en Bohême-Moravie

VICTOIRE

À San Francisco

Les premiers travaux de la conférence

BULLETIN DE L'ÉTRANGER

LA CRISE POLONAISE

et la coopération internationale

Réfléchissez

1. Regardez les gros titres : de quelle guerre s'agit-il ? Qui étaient les gagnants ? les perdants ?
2. À quelle conférence fait-on allusion dans l'article en bas à droite ? Y a-t-il un rapport entre la guerre et cette conférence ?
3. A la fin du chapitre, vous allez lire un discours prononcé par Charles de Gaulle le jour où cet article a paru. Précisez son rôle dans ce conflit.

Grammaire

Structure III

Pour exprimer l'antériorité : Le passé du subjonctif

a. The **passé du subjonctif** is formed by conjugating the auxiliary (**avoir** or **être**) in the present subjunctive and adding the past participle. Study the following forms.

	voir		arriver	
	j'**aie vu**	nous **ayons vu**	je **sois arrivé(e)**	nous **soyons arrivé(e)s**
que/qu'	tu **aies vu**	vous **ayez vu**	tu **sois arrivé(e)**	vous soyez **arrivé(e)(s)**
	il/elle/on **ait vu**	ils/elles **aient vu**	il/elle/on **soit arrivé(e)**	ils/elles **soient arrivé(e)(s)**

Note that the same rules you learned for past participle agreement in the compound tenses are observed in the **passé du subjonctif**.

b. The **passé du subjonctif** is used where the subjunctive mood is required; it expresses an action that occurs before the action in the main clause.

C'est dommage qu'**il ait fait toutes ces études** pour rien.   *It's too bad **he went to school** for nothing.*

C'était dommage qu'**il ait fait toutes ces études** pour rien.   *It was too bad **he had gone to school** for nothing.*

As the preceding examples illustrate, the translation of the **passé du subjonctif** will vary according to the tense of the initial verb because it expresses past time relative to the tense in the main clause.

c. If the subject is the same in both clauses, the past infinitive is used instead of the subjunctive to express the same time relations. The past infinitive is formed by adding the past participle to the infinitive of the auxiliary, either **avoir** or **être**. When the past infinitive is formed with **être**, the past participle agrees with the subject of the sentence.

C'est dommage d'**avoir fait** toutes ces études pour rien.   *It's too bad **to have gone** to school for nothing.*

Elle est contente d'**être restée** dans la maison de son enfance.   *She is happy **to have remained** in the house of her childhood.*

Nous regrettons de **ne pas avoir choisi** un autre métier.   *We are sorry that **we didn't choose** another line of work.*

Note in the last example that both parts of the negation precede the infinitive of the auxiliary.

Pratique et conversation

A. Tout change. M. Meunier parle à son fils. Faites des phrases en mettant l'infinitif à la forme correcte du passé du subjonctif.

1. Je suis content que tu / décider de ne pas travailler à l'usine.
2. J'aurais voulu que tu / rester plus longtemps à l'université.
3. J'ai peur que tu / trouver un poste qui ne paie pas bien.
4. Je regrette que nous / ne... pas pouvoir travailler ensemble.
5. Je suis triste que l'économie / ne... pas s'améliorer.

B. Décisions. Quelles décisions avez-vous prises dans votre vie ? En êtes-vous content(e) ? mécontent(e) ? satisfait(e) ? Complétez les phrases suivantes selon le modèle.

Modèle : Je suis content(e)...
Vous : Je suis content(e) d'avoir choisi cette université.
ou : Je suis content(e) que mes parents m'aient obligé(e) à travailler dès le plus jeune âge.

1. Je suis content(e)...
2. Je regrette...
3. Je ne suis pas sûr(e)...
4. J'aurais préféré...
5. Je voudrais...

Structure **IV**

Pour exprimer le doute ou l'incertitude : Le subjonctif après les antécédents indéfinis

a. The verb in a relative clause will be in the subjunctive when the noun modified by the clause refers to someone or something whose existence is somehow in question.

Je ne connais personne **qui puisse** manger autant que lui.	*I don't know anyone **who can** eat as much as he can.*
Je cherche une personne **qui soit** entièrement satisfaite de sa vie.	*I'm looking for a person **who is** wholly satisfied with his/her life.*
Il n'y a rien **qui puisse** me rendre heureux en ce moment.	*There is nothing **that can** make me happy just now.*

b. The indicative is used in a relative clause when the antecedent's existence is real or unquestioned.

Je connais quelqu'un **qui peut** manger autant que lui.	*I know someone **who can** eat as much as he can.*
J'ai trouvé un philosophe **qui est** entièrement satisfait de sa vie.	*I've found a philosopher **who is** entirely satisfied with his life.*

Structure V

Pour exprimer une opinion : Le subjonctif dans les propositions relatives

a. The verb in a relative clause will be in the subjunctive after superlative expressions such as **le plus..., le moins...,** and **le meilleur,** and after expressions of uniqueness such as **le seul** and **l'unique** when an opinion is being given or a judgment is being made.

> C'est **le meilleur** film **que j'aie** jamais **vu.** *It's **the best** film **I** have ever **seen.***
>
> C'est **la seule** chance **qu'il ait.** *It's the **only** chance **he has (might have).***

b. The indicative is used in a relative clause when an objective fact is being stated.

> C'est **le plus grand** bâtiment **qu'il a construit.** *It's **the tallest** building **he built.***

Pratique et conversation

A. Désirs inassouvis°. Un ami parle de ce qu'il veut dans la vie. Malheureusement, ses exigences sont un peu exagérées. Faites des phrases en mettant l'infinitif à la forme correcte.

Unsatisfied desires

1. Je cherche un travail qui / payer bien et / ne... pas être exigeant.
2. Je cherche une femme qui / être riche, belle et spirituelle°.
3. Connaissez-vous quelqu'un qui / répondre à ma description.
4. Je cherche un ami qui / ne... pas avoir de défauts de caractère.
5. Je ne connais personne qui / pouvoir répondre à mes exigences.

witty

B. Opinions. Pour les catégories suivantes, faites une phrase selon le modèle.

> **Modèle :** le meilleur film
> **Vous :** *La Haine,* c'est le meilleur film que j'aie jamais vu / qui soit.

1. le meilleur film
2. le meilleur livre
3. le plus beau tableau
4. la plus mauvaise pièce de théâtre
5. le cours le plus intéressant
6. la seule activité

C. Interview. Demandez à votre partenaire...

1. s'il/si elle connaît quelqu'un qui ait tout ce qu'il veut.
2. s'il/si elle connaît quelqu'un qui puisse l'aider pour ses devoirs de français.
3. quelle est la plus mauvaise note qu'il/elle ait jamais reçue à un examen.
4. quel est le meilleur cours qu'il/elle ait jamais suivi.
5. s'il y a quelque chose qui puisse le/la dispenser du travail du cours.

Vous allez lire le discours prononcé par de Gaulle en juin 1945, annonçant la capitulation des Allemands et la victoire des Alliés.

Avant de lire

A. Discours. Quels discours célèbres connaissez-vous ? Qu'est-ce que ces discours commémorent ? Vous rappelez-vous certaines phrases ou expressions de ces discours ? Pourquoi ces discours vous ont-ils marqué(e) ?

B. Le titre. Regardez bien le titre, et situez ce discours dans son contexte historique. Qui est le général de Gaulle ? De quelle guerre s'agit-il ? De quelles sortes de thèmes va-t-il traiter, selon vous ?

C. Notions de rhétorique. Voici une phrase tirée du discours que vous allez lire. Trouvez des exemples de répétitions et de parallélisme. Les propositions sont-elles longues ou courtes ? Le rythme est-il coulant° ou saccadé° ?

flowing / jerky

Honneur aux Nations Unies qui ont mêlé leur sang à notre sang, leurs peines à nos peines, leur espérance à notre espérance et qui, aujourd'hui, triomphent avec nous.

**Le général
Charles de Gaulle**

Le discours radiodiffusé du général de Gaulle annonçant la victoire aux Français

le 8 mai 1945 à 15 heures

« La guerre est gagnée ! Voici la victoire !

C'est la victoire des Nations Unies et c'est la victoire de la France !

L'ennemi allemand vient de capituler devant les armées alliées de l'Ouest et de l'Est.

Le commandement français était présent et partie à l'acte de capitulation.

Dans l'état de désorganisation où se trouvent les pouvoirs publics et le commandement militaire allemands, il est possible que certains groupes ennemis veuillent çà et là prolonger pour leur propre compte une résistance **sans issue**.

sans issue *hopeless*

Mais l'Allemagne est **abattue** et elle a signé son désastre.

Tandis que les rayons de la gloire font, une fois de plus, resplendir nos drapeaux, la Patrie porte sa pensée et son amour d'abord vers ceux qui sont morts pour elle, ensuite vers ceux qui ont, pour son service, tant combattu et tant souffert.

Pas un effort de ses soldats, de ses marins, de ses aviateurs, pas un acte de courage ou d'abnégation de ses fils et de ses filles, pas une souffrance de ses hommes et de ses femmes prisonniers, pas un deuil, pas un sacrifice, pas une larme n'auront donc été perdus !

Dans la joie et dans la fierté nationales, le peuple français adresse son fraternel salut à ses vaillants alliés qui, comme lui, pour la même cause que lui, ont durement, longuement prodigué leurs peines ; à leurs héroïques armées et aux chefs qui les commandent, à tous ces hommes et à toutes ces femmes qui, dans le monde, ont lutté, **pâti**, travaillé pour que l'emportent, à la fin des fins, **la justice et la liberté**.

Honneur ! Honneur pour toujours à nos armées et à leurs chefs !

Honneur à notre peuple que des épreuves terribles n'ont pu réduire ni **fléchir** !

Honneur aux Nations Unies qui ont mêlé leur sang à notre sang, leurs peines à nos peines, leur espérance à notre espérance et qui, aujourd'hui, triomphent avec nous.

Ah ! Vive la France ! »

---

abattue *destroyed* / **pâti** *suffered* / **la justice et la liberté** *justice and liberty* / **fléchir** *to bend*

Après la lecture

A. Compréhension. Répondez aux questions suivantes.

1. Dans quelle situation les Allemands se trouvaient-ils au moment où ce discours a été prononcé ?
2. À quel groupe de Gaulle s'adresse-t-il d'abord, en tant que représentant de la Patrie ? et ensuite ?
3. Quels autres groupes est-ce que de Gaulle rappelle et remercie ?
4. Pour quelles valeurs la France et ses alliés ont-ils lutté ?

B. La stylistique. Identifiez trois techniques stylistiques dont se sert de Gaulle dans son discours. Citez-en des exemples. Commentez la longueur des propositions et le rythme.

C. Le ton. Quelles émotions de Gaulle exprime-t-il dans son discours ? Quel ton prédomine ?

Compréhension auditive

Vous allez écouter un discours de Jacques Chirac, prononcé le 6 juin 2004 à l'occasion du 60ème anniversaire de « D-Day ».

Consulter le site Web **www.wiley.com/college/siskin** puis sélectionner Book Companion Site pour écouter le texte sonore.

Faites la **Compréhension auditive** pour **le Chapitre 9** dans votre cahier.

Vocabulaire

Pour décrire les rapports personnels

rapport (*m.*)	*relationship*
s'entendre bien /	*to get along well / poorly*
mal avec	*with*
se disputer	*to argue*
se comprendre	*to understand one another*

Les pronoms démonstratifs

celui	**ceux**	*this one, that one*
celle	**celles**	
ceci		*this, that*
cela (ça)		

CHAPITRE 10

L'avenir de la France dans l'Europe

Frontières ouvertes

Le Parlement européenne à Strasbourg

Objectifs

Communication

Discuss governmental and political structures

Express states of mind: optimism, pessimism, surprise, and anger

Describe causal and temporal relationships

Relate the words of others

Narrate in present, past, and future time

Comparisons

Compare attitudes towards the European Union as reflected by age and social groups

Cultures

Explore the notion of cultural identity within the context of the European Union

Connections

Discuss the political and economic construction of the European Union

Communities

Examine linguistic communities in Belgium and their role in the governmental federation

Mise en train

L'avenir de la France et de la Belgique est lié à la construction de l'Europe.

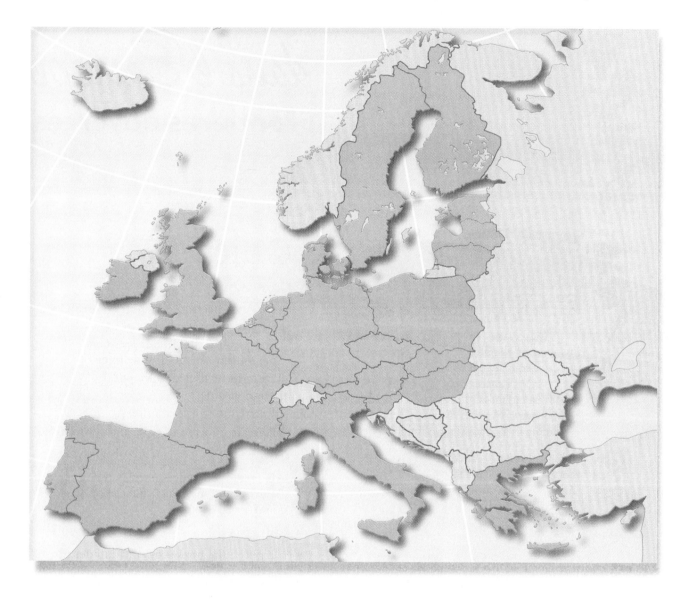

L'Union européenne compte 25 pays, à partir de 2004.

1. Quel pays nordique ne fait pas partie de l'Union européenne ?
2. Quel pays au cœur de l'Europe de l'Ouest ne fait pas partie de l'Union européenne ? Savez-vous pourquoi ?
3. Pouvez-vous nommer un des trois pays de l'ancienne Union soviétique qui sont maintenant membres de l'UE ?

Les statistiques suivantes, qui datent de 2000, correspondent-elles aux États-Unis ou à l'Union européenne ? Devinez lequel est le chiffre pour l'UE.

Population	a. 455 millions	b. 293 millions	
Superficie°	a. 9.6 millions de km^2	b. 3.9 millions de km^2	*Area*
Produit domestique brut°	a. 11 billions de $	b. 11 billions de $	*Gross domestic product*
Exportations	a. 1.25 billions de $	b. 1.02 billions de $	
Importations	a. 1.52 billions de $	b. 1.05 billions de $	

Maintenant, vérifiez vos réponses en regardant au bas de la page. Des États-Unis ou de l'Union européenne,

lequel a la plus grande population ?

lequel a la plus grande superficie ?

lequel a le produit domestique brut le plus important ?

lequel a une balance positive des importations et des exportations ?

Belgique, le drapeau européen

Réponses à l'exercice : a, b, b, a, b

L'euro, la monnaie européenne

Dans ce chapitre, nous examinerons l'avenir de la France et de la Belgique à l'intérieur de « l'Europe ».

Interaction

Alain Le Blanc, 62 ans, et son fils, Serge, 37 ans, regardent les informations à la télévision.

Alain	Tu as entendu, Serge ? Ils nous disent encore qu'il faut se serrer la ceinture°.
Serge	Eh oui, Papa, ça va mal l'économie.
Alain	Franchement, je me demande si cette Union européenne est tellement un avantage pour la France. Nous avons presque tout en France, à part le pétrole. Nous n'avons besoin de personne.

to tighten one's belt

Serge	Ah là, je ne suis pas d'accord avec toi. Le monde n'est plus ce qu'il était, et la France n'est pas une île.
Alain	S'il faut perdre notre identité de Français afin d'améliorer notre performance économique, ça ne m'intéresse pas. C'était aussi bien autrefois.
Serge	Tu exagères, Papa. L'Europe a déjà apporté des avantages. Il ne faut plus de passeport pour voyager ; on peut faire ses études ou travailler à Londres ou à Athènes, et à l'avenir...
Alain	Moi, ça ne m'a jamais intéressé de travailler ailleurs qu'en France.

Observez

1. D'après Alain, pourquoi l'Europe n'est-elle pas nécessaire ?
2. Quels avantages de l'Union européenne sont mentionnés par Serge ?
3. Pour Alain, la construction de l'Europe signifie peut-être une perte. Laquelle ?

Réfléchissez

1. Que veut dire Alain quand il dit « Nous avons presque tout en France » ? Quelle image de la France Alain a-t-il ?
2. À votre avis, pourquoi les jeunes sont-ils souvent plus favorables que les personnes âgées à la construction de l'Europe ?
3. Est-ce que l'Union européenne va changer le sens de l'identité chez les Européens, à votre avis ?

Bruxelles, capitale de l'Union européenne

Autrement dit

L'Union européenne

Ce qui unit les pays de l'UE est sans aucun doute plus fort que ce qui les oppose. La proximité géographique était, au départ, la principale raison d'être de l'Europe. Elle avait conduit à des évolutions économique, politique, sociale, démographique *similar* relativement semblables° dans les pays membres. La seconde raison d'être de l'Europe tient à ce que les nations qui la composent sont des démocraties. Elles figurent, en outre, dans le groupe des pays industrialisés. Mais la raison d'être essentielle de l'Union est que chacun de ses membres a globalement intérêt, sur le *from an economic standpoint /* plan économique° en particulier, à en faire partie°.

to belong   Mais les Français, comme d'ailleurs beaucoup d'Européens, ne se sentent pas *personally* impliqués à titre personnel° dans l'Union. Pour la plupart d'entre eux, elle n'est qu'une construction artificielle dont le fonctionnement n'a pu être assuré qu'à coup de lois compliquées. L'Europe n'est pour eux qu'un vaste groupement d'intérêt économique. Utile ou indispensable selon les individus, mais de toute *without a soul* façon sans âme°.

with regard   Les jeunes semblent mieux disposés à l'égard° d'une Europe renforcée sur les plans économique, politique et militaire. Une autre question est de savoir si l'Europe doit chercher à se créer une identité culturelle ou défendre ses *individualities / present trends* particularismes° nationaux. Les tendances actuelles° vont vers la seconde solution, *level* avec un intérêt croissant pour l'échelon° régional.

Pratique et conversation

A. Synonymes. Trouvez des synonymes dans l'*Autrement dit* pour les expressions suivantes.

1. vis-à-vis de, à propos de
2. de nos jours, en ce moment
3. pareils
4. adhérents
5. avait résulté
6. appartenir
7. personnellement

B. Formulez. Formulez des phrases originales à partir des expressions suivantes.

1. la principale raison d'être / l'Union européenne...
2. unir / les pays de l'UE...
3. tendances actuelles / jeunes / à l'égard de...
4. évolution démographique / conduire à...
5. l'Europe / se créer une identité culturelle...

C. Mise au point. Faites un résumé de l'attitude des Européens envers l'Union européenne en utilisant le vocabulaire de l'*Autrement dit* le plus possible.

Dire sa surprise

C'est surprenant / étonnant.
Ce n'est pas possible / croyable.
Oh là là ! **Je n'en reviens pas.**   *I can't get over it.*
Comment ? Quoi ? Ah bon ?
Ça alors ! **Je ne l'aurais jamais**   *I would never have believed it*
   cru (venant de toi).   *(coming from you).*

Pour exprimer la bonne humeur

Je suis de bonne humeur.
Je suis en (pleine) forme.

Pour exprimer la mauvaise humeur

Ça ne va pas du tout.
Je suis déprimé(e).
Il est pénible / fatigant aujourd'hui. *He's annoying today.*

Pour montrer sa colère

Ne me parle pas sur ce ton. *Don't talk to me that way.*
Pour qui te prends-tu ? *Who do you think you are?*
Tu n'as pas honte, toi ? *Aren't you ashamed?*
T'es gonflé, toi !
Tu as du culot, toi ! *You have a lot of nerve!*

Pratique et conversation

A. Situations. Qu'est-ce que vous diriez dans les situations suivantes ?

1. Un ami vous raconte une histoire bizarre mais vraie.
2. Votre petit cousin vous pose la même question dix fois.
3. Votre ami(e) critique votre façon de vous habiller et de parler...
4. ... et ensuite vous demande un prêt de cinq cents dollars.
5. Vous vous levez plein(e) d'énergie et d'enthousiasme.

B. Jeu de rôle. Jouez la scène décrite dans les phrases 3 et 4 de l'activité précédente. À la fin, est-ce que vous vous réconcilierez avec votre ami(e) ? Est-ce que vous accepterez de lui prêter les cinq cents dollars ?

C. Une situation énervante. Racontez une situation où on vous a mis(e) en colère. Qu'est-ce qui s'est passé ? Qu'est-ce qu'on vous a dit / fait ? Quelle a été votre réaction ?

Guadeloupe, une papeterie et un restaurant

Étude de vocabulaire

Les verbes revenir, retourner, rentrer et rendre

Les quatre verbes **revenir**, **retourner**, **rentrer** et **rendre** signifient *to return*, mais chacun communique un sens différent.

- Le verbe **revenir** signifie *to come back (here)*.

Attends-moi ! Je reviens !	*Wait for me. I'll be back.*
Quand je suis revenu, ici au bureau, le patron voulait me voir.	*When I came back here to the office, the boss wanted to see me.*

- Le verbe **retourner** signifie *to go back (there)*.*

Il est retourné à la Guadeloupe après quelques années d'absence.	*He went back to Guadeloupe after several years of absence.*
Je n'ai aucun désir de retourner là-bas.	*I have no desire to go back there.*

- Le verbe **rentrer** signifie *to go* or *come home*.

Tu rentres à quelle heure ?	*What time do you go home?/ What time are you coming home?*

- Le verbe **rendre** signifie *to return (something to someone)*.

Elle m'a finalement rendu mon ordinateur.	*She finally returned my computer to me.*
Je vais lui rendre sa voiture cet après-midi.	*I'll return his/her car to him/her this afternoon.*

* Contrary to **revenir** and **rentrer**, **retourner** has to be accompanied by a mention of the place the person is returning to.

Pratique et conversation

Quel verbe ? Remplissez chaque blanc avec le verbe convenable. Attention : parfois, il y a plus d'une possibilité.

1. Montréal me manque énormément. J'aimerais y _retourner_ aussitôt que possible.

2. Tu pourrais me _rendre_ mes notes ? J'en ai besoin.

3. Après le film, je vais _rentrer_ directement chez moi. Je dois me lever tôt demain.

4. Je n'ai pas le temps maintenant. _revienne_ dans une heure et j'aurai du temps.

5. —M. Machin n'est pas ici en ce moment ?

   —Non, Mademoiselle.

   —S'il _____, est-ce que vous pourriez lui dire que Mme Lyon est passée ? Merci.

6. J'ai passé des vacances super ! J'ai envie de _retourner_ à la Guadeloupe bientôt.

Grammaire de base

1.1 You have studied how to express time relationships using a number of prepositions. These are summarized and reviewed here.

- **Pour** + time expression refers to time intended rather than time elapsed.

Je serai aux États-Unis pour toute l'année scolaire.	*I will be in the United States for the entire academic year.*

- **Pendant** expresses the duration of an action.

Elle a dû s'absenter pendant deux heures.	*She had to be gone for two hours.*

- **En** + time expression signifies how long it takes to perform an action.

Je peux le faire en un jour.	*I can do it in a day.*

- **Dans** + time expression expresses when an action will take place.

Je finirai le travail dans une heure.	*I will finish the work in one hour.*

- **Depuis** + present tense expresses an action that began in the past and continues into the present.

Nous sommes en France depuis trois mois.	*We've been in France for three months.*

- **Depuis** + imperfect tense expresses an action that had been going on before another action takes place.

J'attendais depuis une demi-heure quand le patron est arrivé.	*I had been waiting for half an hour when the boss arrived.*

2.1 Review the use of prepositions before geographic nouns. (See chart in **Chapitre 7, Structure V**.)

3.1 You have learned the following prepositions to express spatial relations.

devant	*in front of*	à côté de	*beside*
sur	*on*	en face de	*opposite*
sous	*under*	au-dessus de	*above*
derrière	*behind*	au-dessous de	*below*

Structure I

Pour exprimer les rapports de temps et de cause : La forme verbale après les conjonctions

a. The subjunctive is used after the following conjunctions.

Conjunctions that express time relationships

avant que (+ ne)   *before*
jusqu'à ce que   *until*

Avant qu'il n'y ait une vraie Union européenne, il faudra résoudre beaucoup de questions.

Il n'y aura jamais d'Union européenne avant que ces questions ne soient résolues.

Les pays se sont réunis pour que ces questions soient résolues.

Conjunctions that indicate a goal or purpose

pour que }
afin que } *in order that*

Before there can be a true European Community, a lot of issues will have to be resolved.

There will never be a European Community before these questions are settled.

The countries met in order to settle these questions.

Conjunctions that express a condition

pourvu que   *provided that*
à condition que   *on the condition that*

Je le ferai pourvu que (à condition que) vous me payiez avant.

Quoique (bien que) leurs intentions soient honnêtes, nous ne pourrons pas faire ce qu'ils nous demandent.

Conjunctions that express a concession

bien que }
quoique   } *although*

I will do it provided that (on the condition that) you pay me ahead of time.

Although their intentions are honest, we won't be able to do what they ask of us.

Conjunctions that present a restriction

à moins que (+ ne)   *unless*
sans que   *without*

Je ne passerai pas à moins qu'elle ne m'appelle.

Mon fils a résolu le problème sans que je l'aide.

I won't stop by unless she calls me.

My son resolved the problem without my helping him.

b. As the preceding examples illustrate, **ne** may precede a verb in the subjunctive after the conjunctions **avant que** and **à moins que**. This is not the negation **ne** and does not negate the verb. You have already seen an example of this usage of **ne** after verbs that express fear such as **avoir peur de** and **craindre** (**Chapitre 7**).

c. When there is only one subject involved in the action, most of the conjunctions listed in the preceding sections are replaced by a corresponding preposition followed by an infinitive.

Two subjects: Conjunction + subjunctive	One subject: Preposition + infinitive
à moins que (+ ne)	à moins de
sans que	sans
à condition que	à condition de
afin que	afin de
pour que	pour
avant que (+ ne)	avant de

Il est sorti de la réunion sans rien demander.	*He left the meeting without asking for anything.*
J'étudie le français afin de (pour) pouvoir faire des recherches en histoire de l'art.	*I'm studying French in order to be able to do research in art history.*
Il a regardé les infos avant de dîner.	*He watched the news before having dinner.*

d. Note, however, that even without a change of subject, **bien que, jusqu'à ce que, quoique**, and **pourvu que** must be followed by a clause with a verb in the subjunctive. There are no corresponding prepositions.

Il attendra jusqu'à ce qu'il doive aller à son cours.
Bien que (Quoique) je sois en faveur d'une Europe unie, je reconnais qu'il y aura des obstacles.

e. The conjunction **après que** is followed by the indicative.

Après qu'il nous aura déposés à l'aéroport, nous achèterons nos billets.	*After he drops us off (will have dropped us off) at the airport, we will buy our tickets.*
Il nous rejoindra après que sa femme se sera un peu reposée.	*He will join us after his wife has rested (will have rested) a little.*

f. The corresponding preposition **après** is used when there is only one subject involved in the action. It is followed by the past infinitive (see **Chapitre 9**).

Je me sentirai mieux après avoir fait un peu de jogging.	*I will feel better after I jog a little.*
Elle viendra après s'être levée.	*She will come after she gets up.*

g. The preposition **sans** can also be followed by the past infinitive.

Il ne devrait pas sortir sans avoir parlé à son médecin.	*He shouldn't go out without having spoken to his doctor.*

Pratique et conversation

A. Paul et Virginie (suite). Paul et Virginie, qui venaient de rompre dans le chapitre précédent, essaient de se réconcilier. Remplissez chaque blanc en conjuguant le verbe entre parenthèses à la forme correcte.

Virginie Je ne te pardonnerai pas à moins que tu _____ (promettre) d'être fidèle pour toujours.

Paul Et moi, je ne serai pas content avant que nous _____ (se marier).

Virginie Je ne me marierai pas avec toi avant que tu me _____ (donner) le diamant que tu m'avais promis.

Paul Bien que je te l'_____ (promettre), tu ne l'auras pas ; il est évident que nous _____ (ne... pas pouvoir) nous réconcilier. Nous nous disputons constamment. Et avant que nous _____ (recommencer), je m'en vais. Adieu.

Jeanne d'Arc, symbole du nationalisme français pour la droite

B. L'Union européenne. Serge et Alain continuent leur conversation sur l'Union européenne. Mettez le verbe dans la colonne A à la forme correcte et complétez les phrases suivantes par une des phrases de la colonne B.

A	B
1. À moins que la France / sacrifier beaucoup...	... d'intégrer les nouveaux pays membres.
2. Bien que nous / être / en faveur d'une Union européenne plus élargie...	... devons réfléchir.
3. Après que la France / faire ces sacrifices...	... elle profitera de beaucoup d'avantages.
4. Pour que nous / pouvoir garder notre identité française...	... il faut refuser de voter pour la Constitution européenne.
5. Avant de voter pour une Constitution européenne...	... elle ne fera jamais partie de l'Union européenne.

C. Complétez. Complétez les phrases suivantes en ajoutant votre propre réponse.

1. Je fais des études universitaires afin de...
2. Quoique... , je suis content(e) de ma vie.
3. Après... , j'irai prendre un pot avec mes amis.
4. Je continuerai à étudier le français jusqu'à ce que...
5. Je ne pourrai pas acheter de nouvelle voiture à moins de...

D. Ma journée. Parlez de votre journée en utilisant les conjonctions / prépositions **avant que / avant de** et **après que / après**.

> **Modèle :** Je prends une douche avant que mon camarade de chambre ne se réveille.

Structure II

Pour situer dans le temps : Les prépositions de temps

a. The following prepositions are used to situate in time.

- **Avant** means *before* or *by*.

Aurons nous une constitution européenne avant 2008 ?	*Will we have a European constitution by 2008.*

- *By now* is translated as **déjà** or **maintenant**.

Il est sans doute déjà à Bruxelles.	*He is probably in Brussels by now.*

- **Ne... pas avant** expresses the time that must go by before an action can take place.

Je ne pourrai pas arriver avant 17 h 00.	*I won't be able to arrive before (until) 5:00 P.M.*

- **À partir de** marks the beginning point or period of an action or state.

À partir de 2000, l'euro sera l'unique devise de la plupart des états membres de l'Union européenne.	*Beginning in 2000, the euro will be the only currency of most of the member states of the European Union.*

- **Vers** expresses approximation in time.

  Je serai libre vers midi.   *I'll be free around noon.*

b. To talk about years, dates, and time periods, the following expressions are useful:

au (vingt et unième) siècle   *in the (twenty-first) century*
à l'avenir   *in the future*
dans le passé
autrefois   } *in the past*
dans le temps
en (au mois de) (janvier)   *in (January)*

c. No preposition is necessary when referring to the days of the week.

  Son anniversaire est lundi.   *Her birthday is Monday.*

  However, to express an action that recurs every week on a given day, the definite article is used before the day of the week.

  J'achète toujours un billet de loto   *I always buy a lottery ticket on Tuesdays.*
  le mardi.

d. The definite article is also used with dates.

  Aujourd'hui, c'est le 18 décembre.   *Today is December 18.*

Pratique et conversation

A. Mini-dialogues. Complétez les dialogues suivants en ajoutant une préposition ou un article si nécessaire.

1.	**Anne**	Jean-Philippe, c'est aujourd'hui ton anniversaire ?
	Jean-Philippe	Non, c'est _____ 12 mars, pas _____ 2 mars.
2.	**Le contrôleur**	Mesdames et Messieurs les passagers, _____ du premier juin, ce train ne s'arrêtera plus à Trouville.
	Un passager	Zut alors, _____ l'avenir je serai obligé de prendre ma voiture.
3.	**Lui**	Tu arriveras quand, chérie ?
	Elle	Je ne serai pas là _____ (*before*) 17 h 00.
	Lui	Bon, j'arriverai _____ (*around*) 17 h 15, alors.
4.	**Le professeur**	Ce roman se situe _____ dix-neuvième siècle...
	Un étudiant	Tous les livres que nous lisons se situent _____ le passé. Vous ne pourriez pas changer ?
5.	**La mère**	J'ai posté ton colis lundi. Tu aurais _____ (*by now*) dû le recevoir !
	Le fils	Ne t'inquiète pas. Je l'aurai _____ (*by*) le week-end.

B. Interview. Demandez à votre partenaire...

1. quelle est la date aujourd'hui.
2. vers quelle heure il/elle va rentrer.
3. ce qu'il/elle doit faire avant le week-end.
4. ce qu'il/elle ne pourra pas faire avant le week-end.
5. quelle fête on célèbre en juillet.
6. comment était la vie d'autrefois.
7. ce que le vingt et unième siècle nous apportera.

Notions de culture

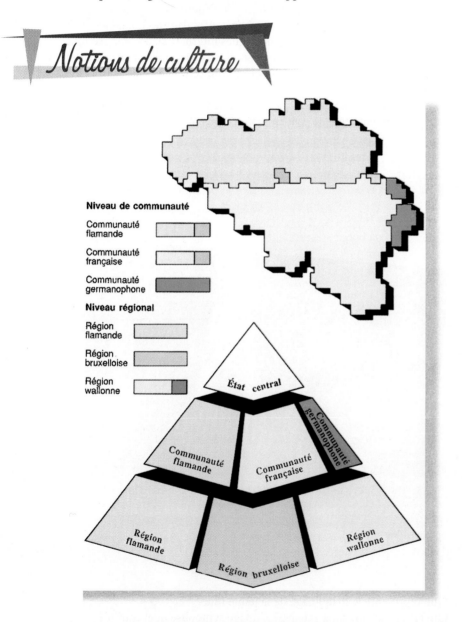

La structure administrative de la Belgique

La Belgique a été créée en 1830. Les tensions entre les Flamands (qui parlent néerlandais) et les Wallons (qui parlent français) durent depuis des siècles. Entre 1970 et 1993, l'état belge s'est transformé en fédération. Le dessin indique les différents niveaux des institutions gouvernementales en Belgique aujourd'hui.

Questions

1. Les « communautés » sont définies par leur langue. Quelles sont les trois communautés reconnues dans les institutions belges ?
2. Les « régions » sont des unités géographiques. La région de Bruxelles est divisée entre deux communautés. Lesquelles ?
3. La région wallonne comprend la communauté _____ et une partie de la communauté _____.
4. Les régions s'occupent de l'agriculture, de l'énergie et de l'économie intérieure. Les communautés sont compétentes dans les domaines culturel et social et pour les relations économiques internationales. Par exemple, à l'ambassade de Belgique à Washington, il y a des représentants de ces deux communautés. Quelles sont les fonctions qui restent à l'état central, à votre avis ?
5. Beaucoup de Belges pensent que ce système décentralisé est un avantage dans l'Union européenne. Qu'en pensez-vous ?

Discussion

1. Que représente le maquillage de la jeune fille ?
2. Quel drapeau voit-on à gauche ? L'image symbolise quel conflit ?
3. À votre avis, peut-on être un Français patriotique et aimer l'Union Européenne aussi ? Pourquoi ou pourquoi pas ?
4. À l'avenir, l'identité française ou belge existera-t-elle ? Ou bien, cette identité sera-t-elle remplacée par l'identité européenne ?

À la loupe

Voici les résultats de deux sondages demandant l'opinion du public français sur la construction de l'Europe.

LA PERCEPTION ÉMOTIONNELLE DE L'EUROPE

La construction européenne constitue-t-elle plutôt pour vous une source d'espoir ou une source de crainte ?

	Ensemble	Diplôme	
		Inférieur au bac	Bac et plus
Une source d'espoir	61	50	72
Une source de crainte	29	38	21
(Ni l'un, ni l'autre)	8	9	6
(NSP)	2	3	1
TOTAL	100	100	100

LES INSTITUTIONS EUROPÉENNES ENVISAGÉES

Êtes-vous pour ou contre :

	Pour	Contre	(NSP)
L'adoption d'une Constitution europénne	72	21	7
Rappel juin 99	62	22	16
La création d'une armée européenne	71	25	4
Rappel juin 99	65	28	7
L'élection d'un Président de l'Europe au suffrage universel	56	40	4
Rappel juin 99	46	45	9

Réfléchissez

1. Le niveau de scolarité est-il un facteur important en ce qui concerne la perception émotionnelle de l'Europe ? Expliquez votre jugement.
2. Comment est-ce que l'opinion du public a évolué vis-à-vis des les institutions européennes envisagées ?
3. Quelle institution semble le moins populaire ? Comment expliquez-vous cette opinion ?

Structure III

Pour rapporter le discours de quelqu'un : Le discours indirect

a. When you cite the exact words of another person using quotation marks, you are using direct discourse.

Elle m'a dit : « Je n'y mettrai jamais les pieds ! »	*She said to me, "I will never set foot there!"*

b. When you report the content of another person's message without using a direct quotation, you are using indirect discourse.

Elle m'a dit qu'elle n'y mettrait jamais les pieds !	*She said to me that she would never set foot there!*

c. Indirect discourse is introduced by a verb such as **dire, demander, expliquer, exprimer, répondre,** and **répéter**. The message reported is contained in a clause introduced by **que** (assertion) or **si** (question).

Il m'a dit qu'il retournerait à la Guadeloupe.	*He told me that he would go back to Guadeloupe.*
Il m'a demandé si je voulais retourner à la Guadeloupe avec lui.	*He asked me if I wanted to return to Guadeloupe with him.*

d. If the initial verb is in the present, imperative, future, or present conditional, the tense of the verb in the clause that follows does not change.

e. If the initial verb is in the past, the tense of the verb in the clause that follows may change.

verbe du message initial		verbe au style indirect	
présent	Il a dit : « J'ai faim. »	*imparfait*	Il a dit qu'il avait faim.
passé composé	Il a crié : « J'ai fini mon projet. »	*plus-que-parfait*	Il a crié qu'il avait fini son projet.
imparfait	Il a dit : « Tu portais une jolie robe à la soirée. »	*imparfait*	Il a dit qu'elle portait une jolie robe à la soirée.
plus-que-parfait	Elle a dit : « J'avais tout préparé avant de partir. »	*plus-que-parfait*	Elle a dit qu'elle avait tout préparé avant de partir.

verbe du message initial		verbe au style indirect	
futur	Elle lui a demandé : « Est-ce que tu pourras m'accompagner ? »	*conditionnel*	Elle lui a demandé s'il pourrait l'accompagner.
futur antérieur	Elle a déclaré : « J'aurai fini mon travail avant deux jours. »	*conditionnel passé*	Elle a déclaré qu'elle aurait fini son travail avant deux jours.
conditionnel	Il a dit : « Je le ferais avec plaisir. »	*conditionnel*	Il a dit qu'il le ferait avec plaisir.
conditionnel passé	Elle a dit : « Je n'aurais pas dû le faire. »	*conditionnel passé*	Elle a dit qu'elle n'aurait pas dû le faire.

f. Note that these tense shifts respect the time value of the tenses you have studied. In most cases, the same tense changes occur in English when switching from direct to indirect discourse.

Pratique et conversation

A. Un safari en Afrique. Votre amie Martine vient de faire un safari en Afrique. Elle vous raconte son voyage au téléphone. Ensuite, vous racontez ses expériences à un autre ami. Transformez les phrases suivantes selon le modèle.

> **Modèle :** « J'ai toujours voulu faire un safari en Afrique. »
> **Vous :** Elle m'a dit qu'elle avait toujours voulu faire un safari en Afrique.

1. « Avant de partir, je me suis fait vacciner. »
2. « Au début du voyage, j'ai perdu mon appareil-photo. »
3. « On a vu des éléphants et des lions. »
4. « J'avais un peu peur, même à distance. »
5. « Tu veux m'accompagner la prochaine fois ? »
6. « Je vais y retourner la semaine prochaine ! »

B. Discours rapporté. Répondez aux questions suivantes en utilisant le style indirect.

1. Est-ce que vous avez refusé une invitation récemment ? Qu'est-ce que vous avez dit à la personne qui vous a invité(e) ?
2. Est-ce qu'on vous a demandé de sortir récemment ? Quelle question est-ce que cette personne vous a posée ?
3. Est-ce qu'on a essayé de vous emprunter de l'argent récemment ? Quelle question est-ce que la personne vous a posée ?
4. Est-ce qu'on vous a fait un compliment récemment ? Qu'est-ce que cette personne vous a dit ?
5. Est-ce qu'on vous a annoncé une nouvelle récemment ? Qu'est-ce que cette personne vous a annoncé ?

C. Une anecdote. Votre partenaire vous racontera une petite anecdote amusante que vous rapporterez ensuite à la classe en utilisant le style indirect.

Structure IV

Pour narrer : Récapitulation des temps du verbe

Tense	Function	Examples
le présent	• talking about what happens, what is happening	Il prépare son cours en ce moment.
	• describing states, characteristics, truths	Je suis triste.
	• stating a condition	Si nous restons... (elle sera contente).
	• with **depuis**, to talk about an action that began in the past and continues into the present	Elle travaille depuis deux heures.
le passé composé	• talking about a completed past action	Je suis tombé en faisant du ski.
	• talking about a sequence of past actions	J'ai glissé, je suis tombé mais je me suis relevé.
l'imparfait	• describing in past time	Elle avait les cheveux blonds.
	• talking about ongoing past actions	Nous écoutions de la musique quand il est passé.
	• talking about habitual past actions	Tous les jours, nous allions à la plage.
	• talking about an eventuality or a hypothetical situation	Si tu avais besoin d'aide... (nous pourrions venir).
	• making a suggestion	Si on sortait ce soir ?
	• expressing a wish or a regret	Si j'avais le temps !
	• with **depuis**, to express a past action that had been going on before another action took place	J'attendais depuis une heure quand il est arrivé.
le plus-que-parfait	• talking about a past event that happened before another past event	Quand nous nous sommes levés, il avait déjà pris son petit déjeuner.
	• talking about a contrary-to-fact condition after **si**	Si j'avais su... (je n'aurais jamais appelé).
	• expressing a wish, condition, or regret in the past	Si seulement il était venu à temps.

le futur	• talking about what will happen	Je partirai en vacances lundi en huit.
	• talking about what will happen if a certain condition holds true	(Si nous restons...) elle sera contente.
le futur antérieur	• talking about a future action that will have taken place before another future action	Quand tu arriveras, j'aurai fini ce travail.
le conditionnel	• making polite requests	Est-ce-que vous pourriez me dire où se trouve la poste ?
	• talking about what you would do if another action/condition were to come about	(Si tu avais besoin d'aide...) nous pourrions venir.
le conditionnel passé	• expressing regret and reproach: talking about what you would have or should have done	Vous n'auriez pas dû faire ça.
	• expressing contrary-to-fact conditions: what would have happened if something else had happened	(Si j'avais su...), je n'aurais jamais appelé.
les temps du subjonctif	• used in dependent clauses after impersonal expressions denoting necessity, judgment, and uncertainty	Il faut que tu t'arrêtes.
	• used in dependent clauses after expressions of emotion, will, fear, and preference	Je suis content que tu aies posé cette question.
	• used after certain conjunctions expressing time, goal, concession, restriction, or condition	Ils nous ont donné de l'argent pour que nous puissions acheter la voiture.
	• used in dependent clauses to express an opinion after superlative expressions or after expressions of uniqueness	C'est le meilleur film que j'aie jamais vu.
	• used in dependent clauses to place in doubt the existence of the antecedent	Connais-tu quelqu'un qui puisse le réparer ?

Pratique et conversation

Anecdotes. Complétez les anecdotes en remplissant le blanc avec la forme correcte du verbe.

Je _____ (faire) la queue au supermarché où une seule caisse _____ (être) ouverte. Je _____ (décider) de prendre mon mal en patience quand, juste derrière moi, une jeune femme _____ (arriver) qui _____ (pousser) un chariot plein à ras bord. Elle _____ (avoir) l'air si épuisée que je _____ (se sentir) prête à voler à son secours.°

aid

« C'est scandaleux de nous _____ (faire) attendre ainsi, lui dis-je. Voulez-vous que j'_____ (aller) demander au gérant° de _____ (ouvrir) une autre caisse ? »

manager

—Non, je vous en prie, s'exclama-t-elle. « J'ai un enfant de deux ans et je _____ (venir) d'avoir des jumeaux. Croyez-moi, je ne suis pas du tout pressée de rentrer à la maison ! »

Ma fille, qui est étudiante, et sa compagne de chambre _____ (décider) de s'abonner à un service de messagerie vocale.

Au bout de (= après) quelques semaines, je leur _____ (demander) si elles en _____ (être) satisfaites.

friend

« Moi, » me _____ (répondre) la copine° de ma fille, « je crois que je _____ (préférer) quand on _____ (pouvoir) rentrer en _____ (se dire) :

« Il _____ (devoir) appeler pendant notre absence. »

Maintenant, nous savons qu'il _____ (ne... pas appeler). »

Source : Sélection du *Reader's Digest* ©, janvier 1991. Périodiques Reader's Digest, Westmount, Québec. Reproduite avec permission.

Lecture

Vous allez lire un extrait du livre Adieu à la France qui s'en va *de Jean-Marie Rouart. Dans son livre, qui mêle autobiographie et histoire, Rouart remet en question l'identité française. Comment préserver un équilibre entre une fidélité à la tradition et une ouverture à l'avenir ? S'agit-il d'une France qui « s'en va » ou d'une France qui demeure ? Romancier, membre de l'Académie française, Jean-Marie Rouart est l'auteur d'une quinzaine d'ouvrages où le thème de la « francité » revient souvent.*

Avant de lire

A. Optimiste ou pessimiste. Réfléchissez au titre du livre dont cet extrait est tiré. Pensez-vous que l'auteur est ouvert aux changements que l'Union européenne va apporter à la France ? Est-il nostalgique du passé ? Pense-t-il que les changements qu'il va évoquer sont permanents ou transitoires ?

B. L'idée européenne. L'auteur évoque la notion d'une « idée européenne ». Quels sont les composants de cette idée ? Choisissez parmi les éléments suivants.

- une devise commune
- une langue principale
- une union sans barrières commerciales
- un territoire où on peut se déplacer librement
- la disparition des pays individuels
- l'uniformisation des systèmes scolaires
- un parlement européen
- une politique unie

C. Les pronoms. Pour bien comprendre un texte, il faut identifier le substantif auquel un pronom fait référence (« l'antécédent »). Identifiez l'antécédent des pronoms en italique.

1. Ce qui attire [en revanche°] les Français dans l'idée européenne, c'est sa modernité, la révolution qu'*elle* contient. *Elle* apparaît comme un contrepoison° au nationalisme *dont* les fièvres ont lassé°.
2. Mais la France, dans une Europe telle qu'*elle* se fait°, sans conception préalable°, sans une idée claire du message qui est *le sien*, quel rôle pourra-t-*elle* jouer ?
3. Pour un Français la vérité est une valeur supérieure à la France, et la France n'est plus la France quand *elle* s'éloigne de cette vérité. Ce qui est pour *lui* au-dessus de tout, c'est la civilisation universelle.

on the other hand

antidote / whose appeal has diminished
as it is being constructed
preconceived notion

D. Les grandes questions. L'auteur du texte pose trois questions qui expriment ses inquiétudes vis-à-vis du rôle de la France dans l'Union européenne. Lisez-les et choisissez la meilleure interprétation.

1. Mais la France, dans une Europe telle qu'elle se fait, sans conception préalable, sans une idée claire du message qui est le sien, quel rôle pourra-t-elle jouer ?
   a. Quel rôle est-ce que la France pourra jouer dans une Europe dont le message est contraire à celui de la France ?
   b. Puisqu'on n'a pas encore identifié le grand sens d'une Europe unie, comment la France pourra-t-elle définir son rôle ?

2. Comment pourra-t-elle (= la France) coexister avec des pays dont le patriotisme est si différent du nôtre et qui ne peuvent élargir leur sentiment national dans une croyance plus vaste en l'humanisme ?
   a. La France, pourra-t-elle accepter le sentiment du nationalisme des autres pays de l'Union européenne ?
   b. La France, pourra-t-elle réussir à changer le sentiment du nationalisme des autres pays de l'Union européenne ?

Will she succeed / demoted / to the level

3. Parviendra-t-elle° à accepter d'être ravalée° au rang° d'une nation comme une autre... ?
   a. Est-ce que la France pourra accepter les autres nations de l'Union européenne en tant qu'égales ?
   b. La France aura-t-elle du mal à accepter de nouveaux membres dans l'Union européenne ?

Adieu à la France qui s'en va

Ce qui attire [en revanche] les Français dans l'idée européenne, c'est sa modernité, la révolution qu'elle contient. Elle apparaît comme un contrepoison au nationalisme dont les fièvres ont lassé. Tant de morts pour rien. Les Français ont trouvé ainsi une justification à leur pacifisme. Avec l'Europe, plus de guerres puisque les principaux conflits ont eu le territoire européen comme champ de bataille. [...]

Mais la France, dans une Europe telle qu'elle se fait, sans conception préalable, sans une idée claire du message qui est le sien, quel rôle pourra-t-elle jouer ? Ne regrettera-t-elle pas, elle qui a eu dans cette histoire de l'Europe une importance de premier plan, **d'éclaireur**, de se retrouver d'égal à égal avec des pays qui ne se sentent pas porteurs d'un message universel ?

Comment pourra-t-elle coexister avec des pays dont le patriotisme est si différent du nôtre et qui ne peuvent élargir leur sentiment national dans une croyance plus vaste en l'humanisme ? Imagine-t-on un Français avoir pour **devise** le « Right or wrong, my country » des Anglais ou le « **Deutschland über alles** » des Allemands ? Pour un Français la vérité est une valeur supérieure à la France, et la France n'est plus la France quand elle s'éloigne de cette vérité. Ce qui est pour lui au-dessus de tout, c'est la civilisation universelle.

Parviendra-t-elle à accepter d'être ravalée au rang d'une nation comme une autre, elle qui a toujours considéré que, fille aînée de l'Eglise, héritière de l'humanisme gréco-romain, elle était faite pour instruire le monde de sa véritable mission civilisatrice ? Elle risque de souffrir dans cette entreprise qui ne pourra se faire sans dépersonnalisation ni uniformisation.

Source : Jean-Marie Rouart, *Adieu à la France qui s'en va*. Paris : Grasset, 2003, pp. 234-235.

éclaireur *scout* / **devise** *motto* / « **Deutschland über alles** » *"Germany over all"*

Après la lecture

A. Avez-vous compris ? Répondez aux questions suivantes en vous référant au texte.

1. Pourquoi est-ce que l'idée de l'Union européenne attire les Français ?
2. Selon l'auteur, qu'est-ce que la France regretterait si elle se trouvait au rang d'une nation comme les autres ?
3. En quoi la France diffère-t-elle des autres nations, selon l'auteur ?
4. Quelles seraient les conséquences si la France acceptait « l'entreprise » de l'Union européenne ?

B. Images de la France. Quelles sont les images de la France que l'auteur évoque ?

C. Conclusions. En réfléchissant au titre et au texte, pensez-vous que l'auteur soit pour ou contre l'intégration de la France dans l'Union européenne ?

 Compréhension auditive

Dans cette interview, vous entendrez Stéphane Rozes, directeur d'un institut de sondage, qui essaie d'expliquer le rejet par les Français de la constitution européenne en mai 2005.

Consulter le site Web **www.wiley.com/college/siskin** puis sélectionner Book Companion Site pour écouter le texte sonore.

Faites la **Compréhension auditive** pour **le Chapitre 10** dans votre cahier d'exercices.

Vocabulaire

Pour discuter de la politique

échelon (*m.*)	*level*
raison d'être (*f.*)	*justification, reason for existing*
tendance (*f.*)	*tendency*
faire partie	*to be a part of*
tenir à	*to be due to*
actuel(le)	*current*
disposé	*willing*
semblable	*similar*
à l'égard de	*towards, regarding*
à titre personnel	*personally*
de toute façon	*in any case, anyway*
sur le plan (économique, politique)	*from a (political, economic) point of view*

Dire sa surprise

en revenir de	*to get over*
croyable / incroyable	*believable / unbelievable*
étonnant	*surprising, astonishing*
surprenant	*surprising*

Pour exprimer la bonne / mauvaise humeur

être de bonne humeur	*to be in a good mood*
être de mauvaise humeur	*to be in a bad mood*
être déprimé	*to be depressed*
être en (bonne) forme	*to be feeling good*
fatigant	*tiresome*
pénible	*annoying*

Pour montrer sa colère

avoir du culot	*to have nerve*
être gonflé	*to have nerve*
Pour qui vous (te) prenez-vous (prends-tu) ?	*Who do you think you are?*

Expressions

à condition que	*on the condition that*
à moins que (+ ne)	*unless*
afin que	*in order that*
après que	*after*
avant que (+ ne)	*before*
bien que	*although*
jusqu'à ce que	*until*
pour que	*in order that*
pourvu que	*provided that, as long as*
quoique	*although*
sans que	*without*
à condition de	*on the condition*
à moins de	*unless*
à partir de	*beginning*
afin de	*in order to*
avant de	*before*
pour	*in order to*
sans	*without*
vers	*towards, around*

Autres verbes

rendre	*to return (something to someone)*
rentrer	*to go or come home*
retourner	*to go back (there)*
revenir	*to come back (here)*

Révision

à côté de	*beside*
au-dessus de	*above*
dans	*in (at the end of)*
depuis	*since*
derrière	*behind*
devant	*in front of*
en	*in (the space of)*
en dessous de	*below*
en face de	*opposite*
pendant	*during*
pour	*for*
sous	*under*
sur	*on*

Répertoire géographique

The **Répertoire géographique** that follows provides basic information on a few of the places in the world where the French language plays an important role. We have chosen places primarily to complement the materials that appear elsewhere in the textbook, but we have made a few additional entries in hopes of demonstrating more clearly the multifaceted nature of the French-speaking world. We have not been consistent in choosing nations as our entries, simply because political boundaries often do not correspond to cultural geography. Thus, Guadeloupe is presented separately from France, and Louisiana has its own entry. Where an entry is not a nation in itself, the nation of which it is a part is indicated in parentheses. By looking in the **Répertoire géographique**, you should be able to find the information that you will need to discuss the places that come up in the text. Thus, when you hear about Senegalese values in Chapter 6 or read about the decentralization of Belgium in Chapter 10, you will find that the **Répertoire géographique** will help you to better understand the dialogues and exercises of the text.

Because we believe very strongly in language study as preparation for world citizenship, we have added to this section enough information on recent history to allow you to make some sense of current political strife in certain countries. Our hope is that the brief notes here will make you eager to seek out further insights. Moreover, because the level of language ability required to access basic information of the type included here is not especially high, we have written this section in French. Consulting it will therefore allow you to begin to use the language you are studying as a tool for retrieving information. The **Répertoire géographique**, then, is an adjunct to the material presented elsewhere in the book and a path toward the independent use of French to gain a better understanding of the world.

L'Algérie

Superficie : 2.381.741 km^2, un des plus grands pays africains, à peu près un quart de la superficie des États-Unis.

Population : 32.100.000

Langues principales : L'arabe et le berbère. La langue nationale est l'arabe. Le français est souvent mêlé à l'arabe parlé, et il joue un rôle important dans l'éducation et dans les domaines techniques, mais l'arabisation de l'enseignement est en cours.

Capitale : Alger.

Gouvernement : République démocratique et populaire ; régime présidentiel. Abdelaziz Bouteflika, combattant de la guerre d'indépendence et modéré politique, est président depuis 1999.

Devise : Le dinar.

Histoire : La conquête arabe et l'introduction de l'islam ont commencé en 680. Les Français sont entrés en Algérie en 1830 sous prétexte de mettre fin aux attaques des corsaires arabes. Une guerre sanglante contre la France (1954–1962) a mené à l'indépendance. Le Front de libération nationale (FLN) a installé un système politique à parti unique. Une émigration massive vers la France a suivi, dont l'économie était en pleine expansion (1968–1975). En 1988, une nouvelle constitution a permis la participation d'autres partis à la vie politique. Mais en 1992, au moment où le Front islamique du Salut paraissait sur le point de gagner une majorité au Parlement, les élections ont été annulées et un comité dominé par l'armée a pris le pouvoir. Au cours des années 90, les Algériens ont subi une guerre civile extrêmement violente entre le gouvernement militaire et la guérilla islamique.

L'Alsace (France)

Superficie : 8.310 km^2, à peu près 2/3 de la taille du Connecticut. La plus petite région française.
Population : 1.793.200
Langues principales : Dialecte germanique en recul devant le français, seule langue officielle.
Capitale : Strasbourg (capitale de la région).
Gouvernement : voir *la France*.
Devise : L'euro.
Histoire : À partir de 870, l'Alsace a fait partie de l'Empire germanique. Au 14e siècle, dix villes alsaciennes se sont déclarées « villes libres ». À la fin de la guerre de Trente Ans, en 1648, la France a annexé la plus grande partie de l'Alsace. La dernière ville libre est devenue française en 1798. En 1871, l'Alsace a été reprise par l'Empire allemand. Après la Première Guerre mondiale, elle est revenue à la France. Aujourd'hui, le Parlement européen siège à Strasbourg.

La Belgique

Superficie : 30.518 km^2, un des plus petits pays de l'Europe, à peu près la moitié de la taille de la Virginie-Occidentale.
Population : 10.350.000
Langues principales : Le néerlandais, le français, l'allemand. Ces trois langues ont un statut officiel.
Capitale : Bruxelles.
Gouvernement : Monarchie constitutionnelle et parlementaire à partir de 1831 ; décentralisation vers une structure fédéraliste depuis 1977.
Devise : L'euro.
Histoire : Les Flamands et les Wallons, les deux peuples qui habitent la Belgique, ont été dominés au cours de l'histoire par des pouvoirs extérieurs (la Bourgogne, l'Espagne, l'Autriche, la France). La révolution bruxelloise de 1830 mène à l'indépendance de la Belgique (et à sa séparation des Pays-Bas). Formation en 1950 du Benelux (union douanière avec les Pays-Bas et le Luxembourg) : c'est le

premier pas vers le Marché commun. Entre 1970 et 1993, la Belgique a été séparée en trois régions autonomes : la Flandre, la Wallonie, Bruxelles.

La République démocratique du Congo (ancien Zaïre)

Superficie : 2.344.855 km^2, à peu près la taille de l'Algérie, un quart de la superficie des États-Unis.

Population : 58.300.000

Langues principales : Le swahili, le tshiluba, le lingala, le kikongo. Le français est la langue officielle.

Capitale : Kinshasa.

Gouvernement : République démocratique ; Période de transition et d'instabilité. En 2001 le président Laurent Kabila a été assassiné et son fils Joseph Kabila a pris le pouvoir. Des élections doivent avoir lieu en 2005.

Devise : Le zaïre.

Histoire : En 1876, le roi Léopold II de Belgique a formé l'Association internationale africaine, chargée « d'ouvrir l'Afrique à la civilisation » et d'abolir la traite des esclaves. Avec l'explorateur Stanley, l'AIA a créé le noyau de ce qui deviendra le Congo. L'indépendance a été acquise en 1960 ; une période de violence et de guerres civiles a commencé. En 1970, le général Mobutu a été élu président ; il a procédé à la nationalisation de toutes les grandes entreprises et a établi un régime à parti unique. En 1990, une nouvelle constitution a rétabli la démocratie et le multipartisme. Un congrès national, qui devait promouvoir l'évolution démocratique du pays, a été suspendu par Mobutu en 1992. Mobutu a été obligé de s'enfuir à l'arrivée des forces rebelles de Laurent Kabila, arrivées devant Kinshasa en mai 1997.

La Côte d'Ivoire

Superficie : 322.462 km^2, à peu près la taille du Nouveau-Mexique.

Population : 17.300.000

Langues principales : Le dioula et le baoulé. Le français sert de langue officielle.

Capitale : Abidjan (et, depuis 1983, Yamoussoukro, ville natale de l'ancien président).

Gouvernement : République présidentielle.

Devise : Le franc C.F.A. (Communauté financière africaine)

Histoire : La colonisation française date de 1893. En 1889, un accord avec l'Angleterre a confirmé la domination française dans ces régions. Le pays a gagné son indépendance sans violence en 1960. Grande expansion économique dans les années 60 et 70 grâce aux exportations (café, cacao, etc.). Un régime à parti unique (le Parti démocratique de la Côte d'Ivoire) a permis au président Houphouët-Boigny de rester au

pouvoir pendant plus de trente ans. Le multipartisme a été autorisé pour la première fois en 1990. En 2000, Laurent Gbagbo a été élu président et a remplacé
Robert Guei, qui avait pris le pouvoir après un coup d'état militaire.

La France

Superficie : 551.602 km², à peu près la taille de
la Californie plus la Floride.
Population : 60.400.000
Langues principales : Le francais, qui est à la
fois la langue nationale et la langue maternelle
de la vaste majorité des Français.
Capitale : Paris.
Gouvernement : République de type
parlementaire.
Devise : L'euro.
Histoire : À la suite des campagnes de Jules
César (1er siècle av. J.-C.), la Gaule a été roman-
isée. En 843, le royaume de Charlemagne a été
divisé en trois parties : celle de l'ouest, de

langue romane, est devenue la France. Le régime de Louis XIV (1643–1715) a
marqué l'apogée de la monarchie française. La Révolution de 1789 a donné naissance à des passions politiques qui ont duré presque deux siècles (mais la
République a été définitivement installée en 1871 seulement). En 1958, en pleine
guerre d'Algérie, une nouvelle constitution a été écrite : elle a mené le général de
Gaulle au pouvoir et a établi la Vᵉ République. En 1981, les socialistes ont gagné
le pouvoir : François Mitterrand est resté président de la République pendant
14 ans. Jacques Chirac est président depuis 1995. Il a été réélu en 2002 au cours
d'une élection où l'extrême droite a surpris par le nombre de voix qu'elle
a recueillies.

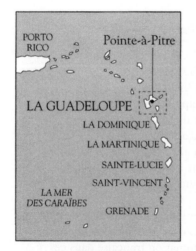

La Guadeloupe (France)

Superficie : Un archipel de 9 îles habitées : 1.780
km², la moitié de la taille du Rhode Island.
Population : 444.000
Langues principales : Le créole et le français,
qui est langue officielle.
Capitale : Pointe-à-Pitre (préfecture).
Gouvernement : Département français
d'outre-mer (comme pour le reste de la France :
représenté au Parlement de la République
française et administré par un préfet nommé
par le gouvernement français).
Devise : L'euro.
Histoire : Découverte par Christophe Colomb,
la Guadeloupe a été occupée par les Français à
partir de 1635. Prise par les Anglais en 1758, elle a été rendue à la France en 1763
(l'Angleterre garde le Canada). L'esclavage a été aboli en 1848. Devenues département français en 1946, les îles connaissent l'agitation autonomiste, quelquefois
violente, depuis les années 60.

Haïti[1]

Superficie : 27.750 km², à peu près la taille du Maryland.

Population : 7.660.000

Langues principales : Le créole, qui est la langue maternelle de la vaste majorité des Haïtiens, est la langue officielle. Le français joue un grand rôle dans l'enseignement et l'administration et, jusqu'en 1987, était le seule langue officielle du pays.

Capitale : Port-au-Prince.

Gouvernement : République de type présidentiel.

Devise : La gourde.

Histoire : La colonisation française a commencé en 1659. Des rébellions d'esclaves dirigées par Toussaint Louverture ont mené à l'indépendance dès 1804. La dictature brutale de la famille Duvalier a duré de 1956 jusqu'en 1986. Une nouvelle constitution a été approuvée en 1987, mais le premier président à être élu librement, Jean-Bertrand Aristide, a été obligé de s'enfuir du pays à la suite d'un coup d'état en 1991. Il a été rétabli dans ses fonctions en 1994 à l'aide d'une force armée américaine. Le pays est caractérisé actuellement par l'instabilité politique et par une situation économique désastreuse. En 2004, Aristide a démissionné, et Boniface Alexandre, chef de la Cour suprême, lui a succédé.

La Louisiane (USA)

Superficie : 123.677 km²

Population : 4.496.000

Langues principales : L'anglais et le français ; les deux langues sont officielles dans l'état (en droit, sinon en pratique).

Capitale : Baton Rouge.

Gouvernement : État des États-Unis, divisé en « paroisses ». Le droit dans la Louisiane est un compromis entre le droit commun anglais et le droit civil du Code Napoléon.

Devise : Le dollar américain.

Histoire : En 1682, La Salle a pris possession de la Louisiane pour la France ; les Français ont établi le port de La Nouvelle-Orleans en 1718. Dans les années 1760, l'arrivée des Acadiens expulsés du Canada a contribué à renforcer la population francophone : ils deviendront les « Cajuns ». Les États-Unis ont acheté la Louisiane à Napoléon en 1803 ; elle est devenue état américain en 1812. La constitution de 1921 a interdit aux enfants de parler français à l'école ; celle de 1974 a rétabli le statut officiel du français.

---

[1] Haiti, unlike most names of countries, does not take a definite article. Other examples: Israël, Monaco.

Le Maghreb

« L'Ouest » du monde arabe et islamique, il comprend aujourd'hui le Maroc, l'Algérie et la Tunisie. Voir les deux premiers pays dans ce *Répertoire géographique*.

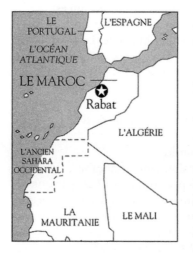

Le Maroc

Superficie : 710.850 km^2, à peu près la taille de la Californie plus le Nevada.
Population : 32.200.000
Langues principales : L'arabe et le berbère. L'arabe est la langue officielle. Le français joue un rôle important dans les affaires, dans l'enseignement et dans les domaines techniques.
Capitale : Rabat.
Gouvernement : Monarchie constitutionnelle.
Devise : Le dirham.
Histoire : La conquête arabe et l'introduction de l'islam ont commencé en 683. La France, l'Angleterre et l'Espagne ont pénétré progressivement au Maroc au 19e siècle ; en 1912, le sultan a accepté le statut de protectorat français. L'indépendance a été négociée en 1956. Hassan II règne à partir de 1961. Conflit avec la Mauritanie et l'Algérie au sujet du Sahara occidental à partir de 1975 ; le Maroc veut annexer cet ancien territoire espagnol. Hassan II meurt en 1999. Son fils prend le pouvoir.

Le Québec (Canada)

Superficie : 1.540.680 km^2, à peu près la taille de l'Alaska.
Population : 7.560.000
Langues principales : Le français, l'anglais. Le français est la seule langue officielle au Québec.
Capitale : Québec.
Gouvernement : Province du Canada (état fédératif, membre du Commonwealth). La question de la place du Québec à l'intérieur de la fédération canadienne (à majorité anglophone) n'est toujours pas résolue.
Devise : Le dollar canadien.
Histoire : Jacques Cartier a exploré le Canada pour la France en 1534 ; Samuel de Champlain a fondé la ville de Québec en 1608. Québec est tombé aux mains des Anglais à la suite de la bataille des plaines d'Abraham en 1759, et en 1763 la Nouvelle-France a été cédée à l'Angleterre. Montréal était dominé de plus en plus par les marchands anglais. « Les Patriotes » se sont révoltés contre le régime britannique en 1837. En 1867 le British North America Act a créé la confédération canadienne. « La Révolution tranquille » a modernisé et transformé la société québécoise au cours des années 1960. En 1970, le Front de libération du Québec a lancé une campagne de terrorisme. Le Parti québécois (autonomiste) est arrivé au

pouvoir en 1976, mais l'indépendance n'a pas été approuvée au scrutin de 1980. Les lois linguistiques en faveur du français irritent la population anglophone. En 1990, l'accord du Lac Meech, qui devait régler la place du Québec comme « société distincte » au sein de la fédération canadienne, a échoué. Au référendum de 1995 l'indépendance du Québec a été approuvée par 49,4 % de la population.

Le Sénégal

Superficie : 196.192 km^2, à peu près la taille du Dakota du Sud.
Population : 10.900.000
Langues principales : Le wolof, le sérère, le peul, le mandingue. Le français est langue officielle.
Capitale : Dakar.
Gouvernement : République présidentielle, multipartisme.
Devise : Le franc C.F.A. (Communauté financière africaine).
Histoire : Les Français se sont installés au Sénégal au 17e siècle, en partie pour la traite des esclaves. Au 19e siècle, la France a achevé la conquête du pays, qui est devenue en quelque sorte la capitale des colonies françaises en Afrique noire. L'indépendance a été négociée en 1960 et Léopold Sédar Senghor est resté président jusqu'en 1980. La vie politique est plus libre sous son successeur, Abdou Diouf. Depuis 1989, une situation économique difficile, des conflits avec la Mauritanie et l'agitation séparatiste du sud du pays sont à l'origine de troubles sociaux graves. Défaite de Diouf aux élections de 2000.

La Suisse

Superficie : 41.293 km^2, à peu prés deux fois la taille du New Jersey.
Population : 7.450.000
Langues principales : L'allemand (64 %), le français (19 %), l'italien (8 %) et le romanche (1 %). Ces quatre langues sont désignées « langues nationales », mais seules les trois premières sont « langues officielles ». Ce statut est établi au niveau du canton, et chaque canton n'a qu'une seule langue officielle.
Capitale : Berne.
Gouvernement : République fédérative, constituée de 20 cantons et 6 demi-cantons souverains. Les cantons sont représentés dans une Assemblée fédérale ; l'exécutif consiste en un Conseil fédéral (7 membres).
Devise : Le franc suisse.
Histoire : La Confédération des cantons suisses a pris forme au 14e siècle dans les régions germaniques. Les régions de langue française (avec Genève) étaient des centres intellectuels importants au moment de la Réforme (Calvin) et au siècle des

Lumières (Voltaire, Rousseau). En 1815, le statut politique et la neutralité de la Suisse ont été fixés par le Congrès de Vienne. Genève est devenu un grand centre d'organisations internationales au 20ᵉ siècle. En 1984, la population suisse a rejeté une proposition qui aurait fait entrer leur pays aux Nations Unies.

L'Union Européenne

Superficie : 3.929.000 km²
Population : 457.900.000
Langues principales : 20 langues officielles ; l'anglais et le français sont celles qui sont les plus utilisées dans les institutions européennes.
Capitales : le Parlement se réunit à Bruxelles, à Luxembourg, et à Strasbourg. La plupart des autres institutions se trouvent à Bruxelles et à Luxembourg.
Gouvernement : Les lois sont décidées et le budget adopté par le Conseil des Ministres (un représentant par pays) et le Parlement (élu au suffrage universel).
Devise : l'euro, qui remplace les monnaies locales dans la plupart des pays en 2002.
Histoire : En 1952, la Belgique, la France, l'Allemagne de l'Ouest, l'Italie, le Luxembourg, et les Pays-Bas ont formé la Communauté européenne du charbon et de l'acier. En 1958, le traité de Rome a fondé le marché commun. À partir de 1973, d'autres pays rejoignent les six pays fondateurs (les premiers sont le Royaume Uni, l'Irlande, et le Danemark). En 1979, le premier Parlement Européen est élu. Le traité de l'Union Européenne est signé en 1992. En 2005, le nombre de pays membres est monté à 25, mais les Français et les Néerlandais ont voté contre la nouvelle constitution. L'avenir politique de l'UE est en doute.

Le Viêt-nam

Superficie : 329.566 km², à peu près la taille du Nouveau-Mexique.
Population : 82.690.000
Langues principales : Le vietnamien est la langue officielle. Le français et l'anglais sont présents dans l'enseignement supérieur et chez certains intellectuels.
Capitale : Hanoï.
Gouvernement : République socialiste à parti unique (Parti communiste du Viêt-nam).
Devise : Le nouveau dông.
Histoire : Dans la seconde moitié du 19ᵉ siècle, la France est intervenue au Viêt-nam pour des raisons économiques et a imposé un protectorat en 1883. Les premiers combats (menés par Hô Chi Minh) contre les Français ont eu lieu en 1945. Après la chute de Diên Biên Phu en 1954, la France s'est retirée et le pays a été divisé en deux. La guerre civile dans le Viêt-nam du Sud a entraîné l'intervention des États-Unis. En 1973, les Américains se sont retirés et le pays a été unifié sous le contrôle de Hanoï. En 1995, les relations diplomatiques ont été rétablies avec les États-Unis.

Verb Appendix

Les verbes avec changement d'orthographe

	préférer	acheter	manger	payer
présent	je préfère tu préfères il/elle/on préfère nous préférons vous préférez ils/elles préfèrent	j'achète tu achètes il/elle/on achète nous achetons vous achetez ils/elles achètent	je mange tu manges il/elle/on mange nous mangeons vous mangez ils/elles mangent	je paie tu paies il/elle/on paie nous payons vous payez ils/elles paient
passé composé	j'ai préféré...	j'ai acheté...	j'ai mangé...	j'ai payé...
imparfait	je préférais...	j'achetais...	je mangeais/nous mangions	je payais...
futur	je préférerai...	j'achèterai...	je mangerai...	je paierai...
conditionnel	je préférerais...	j'achèterais...	je mangerais...	je paierais...
présent du subjonctif	que je préfère que tu préfères qu'il préfère que nous préférions que vous préfériez qu'ils préfèrent	que j'achète que tu achètes qu'il achète que nous achetions que vous achetiez qu'ils achètent	que je mange que tu manges qu'il mange que nous mangions que vous mangiez qu'ils mangent	que je paie que tu paies qu'il paie que nous payions que vous payiez qu'ils paient

	appeler
présent	j'appelle tu appelles il appelle nous appelons vous appelez ils/elles appellent
passé composé	j'ai appelé...
imparfait	j'appelais...
futur	j'appellerai...
conditionnel	j'appellerais...

Les verbes être et avoir

	être	avoir
présent	je suis tu es il/elle/on est nous sommes vous êtes ils/elles sont	j'ai tu as il/elle/on a nous avons vous avez ils/elles ont
passé composé	j'ai été tu as été il/elle/on a été nous avons été vous avez été ils/elles ont été	j'ai eu tu as eu il/elle/on a eu nous avons eu vous avez eu ils/elles ont eu
imparfait	j'étais tu étais il/elle/on était nous étions vous étiez ils/elles étaient	j'avais tu avais il/elle/on avait nous avions vous aviez ils/elles avaient
futur	je serai tu seras il/elle/on sera nous serons vous serez ils/elles seront	j'aurai tu auras il/elle/on aura nous aurons vous aurez ils/elles auront
conditionnel	je serais tu serais il/elle/on serait nous serions vous seriez ils/elles seraient	j'aurais tu aurais il/elle/on aurait nous aurions vous auriez ils/elles auraient
présent du subjonctif	que je sois que tu sois qu'il/elle/on soit que nous soyons que vous soyez qu'ils/elles soient	que j'aie que tu aies qu'il/elle/on ait que nous ayons que vous ayez qu'ils/elles aient
participe présent	étant	ayant

Narrer au passé : le passé simple

a. The **passé simple** is a literary tense found primarily in the written language. In most of its uses, it is equivalent in meaning to the **passé composé**.

b. Learn to recognize the forms of the **passé simple**. You will not need to produce them.

c. Study the forms of regular verbs in the **passé simple**. Note that the stem is derived from the infinitive minus the endings **-er**, **-ir**, and **-re**. The endings are highlighted.

chanter		finir		répondre	
je chant**ai**	nous chant**âmes**	je fin**is**	nous fin**îmes**	je répond**is**	nous répond**îmes**
tu chant**as**	vous chant**âtes**	tu fin**is**	vous fin**îtes**	tu répond**is**	vous répond**îtes**
il chant**a**	elles chant**èrent**	elle fin**it**	ils fin**irent**	il répond**it**	elles répond**irent**

d. Irregular verbs form the **passé simple** by adding the endings **-s, -s, -t, -^mes, -^tes, -rent** to the stem. (An exception is the verb **aller**, which forms the **passé simple** like other **-er** verbs.) The stem of many irregular verbs is the past participle. A list of these irregular stems follows.

apercevoir : aperçu-   courir : couru-
avoir : eu-   craindre : craigni-
boire : bu-   croire : cru-
conduire : conduisi-   devenir : devin-
connaître : connu-   devoir : du-
dire : di-   plaire : plu-
écrire : écrivi-   pleuvoir : il plut
être : fu-   pouvoir : pu-
faire : fi-   prendre : pri-
falloir : il fallut   recevoir : reçu-
lire : lu-   savoir : su-
mettre : mi-   suivre : suivi-
mourir : mouru-   venir : vin-
naître : naqui-   vivre : vécu-
offrir : offri-   voir : vi-
ouvrir : ouvri-   vouloir : voulu-
paraître : paru-

e. Here is the full conjugation of the verbs **être** and **avoir** in the **passé simple**.

être		avoir	
je fus	nous fûmes	j'eus	nous eûmes
tu fus	vous fûtes	tu eus	vous eûtes
il fut	elles furent	elle eut	elles eurent

Pratique et conversation

Le passé composé peut traduire le passé simple dans la plupart des cas. Donnez le passé composé des verbes suivants.

1. nous mîmes
2. je fus
3. il alla
4. tu vis
5. elles voulurent
6. je dus
7. vous vîntes
8. il devint
9. tu bus
10. elles naquirent

Les verbes

The list that follows gives the full conjugation of the simple tenses of regular and irregular verbs, as well as a partial conjugation of the compound tenses. For the remaining forms of the compound tenses, consult the conjugation of the auxiliaries **avoir** and **être**.

Les verbes réguliers

Temps simples

	parler	**finir**	**répondre**
présent	je parle tu parles il/elle/on parle nous parlons vous parlez ils/elles parlent	je finis tu finis il/elle/on finit nous finissons vous finissez ils/elles finissent	je réponds tu réponds il/elle/on répond nous répondons vous répondez ils/elles répondent
impératif	parle ! parlons ! parlez !	finis ! finissons ! finissez !	réponds ! répondons ! répondez !
participe présent	parlant	finissant	répondant
imparfait	je parlais tu parlais il parlait nous parlions vous parliez ils parlaient	je finissais tu finissais il finissait nous finissions vous finissiez ils finissaient	je répondais tu répondais il répondait nous répondions vous répondiez ils répondaient
futur	je parlerai tu parleras il parlera nous parlerons vous parlerez ils parleront	je finirai tu finiras il finira nous finirons vous finirez ils finiront	je répondrai tu répondras il répondra nous répondrons vous répondrez ils répondront
conditionnel	je parlerais tu parlerais il parlerait nous parlerions vous parleriez ils parleraient	je finirais tu finirais il finirait nous finirions vous finiriez ils finiraient	je répondrais tu répondrais il répondrait nous répondrions vous répondriez ils répondraient
présent du subjonctif	que je parle que tu parles qu'il parle que nous parlions que vous parliez qu'ils parlent	que je finisse que tu finisses qu'il finisse que nous finissions que vous finissiez qu'ils finissent	que je réponde que tu répondes qu'il réponde que nous répondions que vous répondiez qu'ils répondent

Temps composés

passé composé	j'ai parlé...	j'ai fini...	j'ai répondu...
plus-que-parfait	j'avais parlé...	j'avais fini...	j'avais répondu...
futur antérieur	j'aurai parlé...	j'aurai fini...	j'aurai répondu...
conditionnel passé	j'aurais parlé...	j'aurais fini...	j'aurais répondu...
subjonctif passé	... que j'aie parlé	... que j'aie fini	... que j'aie répondu

Les verbes irréguliers

	présent	présent du subjonctif	passé composé	imparfait	futur	conditionnel
aller	je vais	que j'aille	je suis allé(e)	j'allais	j'irai	j'irais
	tu vas	que tu ailles				
	il va	qu'il aille				
	nous allons	que nous allions				
	vous allez	que vous alliez				
	ils vont	qu'ils aillent				
boire	je bois	que je boive	j'ai bu	je buvais	je boirai	je boirais
	tu bois	que tu boives				
	il boit	qu'il boive				
	nous buvons	que nous buvions				
	vous buvez	que vous buviez				
	ils boivent	qu'ils boivent				
conduire	je conduis	que je conduise	j'ai conduit	je conduisais	je conduirai	je conduirais
	tu conduis	que tu conduises				
	elle conduit	qu'elle conduise				
	nous conduisons	que nous conduisions				
	vous conduisez	que vous conduisiez				
	ils conduisent	qu'ils conduisent				

(Like **conduire: construire, détruire, produire, traduire**)

	présent	présent du subjonctif	passé composé	imparfait	futur	conditionnel
connaître	je connais	que je connaisse	j'ai connu	je connaissais	je connaîtrai	je connaîtrais
	tu connais	que tu connaisses				
	il connaît	qu'il connaisse				
	nous connaissons	que nous connaissions				
	vous connaissez	que vous connaissiez				
	ils connaissent	qu'ils connaissent				

(Like **connaître: apparaître, disparaître, paraître, reconnaître**)

	présent	présent du subjonctif	passé composé	imparfait	futur	conditionnel
courir	je cours	que je coure	j'ai couru	je courais	je courrai	je courrais
	tu cours	que tu coures				
	il court	qu'elle coure				
	nous courons	que nous courions				
	vous courez	que vous couriez				
	elles courent	qu'elles courent				
craindre	je crains	que je craigne	j'ai craint	je craignais	je craindrai	je craindrais
	tu crains	que tu craignes				
	il craint	qu'il craigne				
	nous craignons	que nous craignions				
	vous craignez	que vous craigniez				
	elles craignent	qu'elles craignent				

(Like **craindre: [se] plaindre**)

	présent	présent du subjonctif	passé composé	imparfait	futur	conditionnel
croire	je crois tu crois il croit nous croyons vous croyez ils croient	que je croie que tu croies qu'il croie que nous croyions que vous croyiez qu'ils croient	j'ai cru	je croyais	je croirai	je croirais
devoir	je dois tu dois il doit nous devons vous devez ils doivent	que je doive que tu doives qu'il doive que nous devions que vous deviez qu'ils doivent	j'ai dû	je devais	je devrai	je devrais
dire	je dis tu dis il dit nous disons vous dites ils disent	que je dise que tu dises qu'il dise que nous disions que vous disiez qu'ils disent	j'ai dit	je disais	je dirai	je dirais
dormir	je dors tu dors elle dort nous dormons vous dormez ils dorment	que je dorme que tu dormes qu'elle dorme que nous dormions que vous dormiez qu'ils dorment	j'ai dormi	je dormais	je dormirai	je dormirais

(Like **dormir: mentir, partir, [se] sentir, servir, sortir**)

	présent	présent du subjonctif	passé composé	imparfait	futur	conditionnel
écrire	j'écris tu écris il écrit nous écrivons vous écrivez ils écrivent	que j'écrive que tu écrives qu'il écrive que nous écrivions que vous écriviez qu'ils écrivent	j'ai écrit	j'écrivais	j'écrirai	j'écrirais

(Like **écrire: décrire, s'inscrire**)

	présent	présent du subjonctif	passé composé	imparfait	futur	conditionnel
envoyer	j'envoie tu envoies il envoie nous envoyons vous envoyez ils envoient	que j'envoie que tu envoies qu'il envoie que nous envoyions que vous envoyiez qu'ils envoient	j'ai envoyé	j'envoyais	j'enverrai	j'enverrais
faire	je fais tu fais il fait nous faisons vous faites ils font	que je fasse que tu fasses qu'il fasse que nous fassions que vous fassiez qu'ils fassent	j'ai fait	je faisais	je ferai	je ferais

	présent	présent du subjonctif	passé composé	imparfait	futur	conditionnel
falloir	il faut	qu'il faille	il a fallu	il fallait	il faudra	il faudrait
lire	je lis tu lis il lit nous lisons vous lisez ils lisent	que je lise que tu lises qu'il lise que nous lisions que vous lisiez qu'ils lisent	j'ai lu	je lisais	je lirai	je lirais
mettre	je mets tu mets il met nous mettons vous mettez ils mettent	que je mette que tu mettes qu'il mette que nous mettions que vous mettiez qu'ils mettent	j'ai mis	je mettais	je mettrai	je mettrais

(Like **mettre: admettre, permettre, promettre**)

	présent	présent du subjonctif	passé composé	imparfait	futur	conditionnel
mourir	je meurs tu meurs il meurt nous mourons vous mourez elles meurent	que je meure que tu meures qu'elle meure que nous mourions que vous mouriez qu'elles meurent	je suis mort(e)	je mourais	je mourrai	je mourrais
naître	je nais tu nais il naît nous naissons vous naissez elles naissent	que je naisse que tu naisses qu'il naisse que nous naissions que vous naissiez qu'elles naissent	je suis né(e)	je naissais	je naîtrai	je naîtrais
ouvrir	j'ouvre tu ouvres il ouvre nous ouvrons vous ouvrez ils ouvrent	que j'ouvre que tu ouvres qu'il ouvre que nous ouvrions que vous ouvriez qu'ils ouvrent	j'ai ouvert	j'ouvrais	j'ouvrirai	j'ouvrirais

(Like **ouvrir: couvrir, découvrir, offrir, souffrir**)

	présent	présent du subjonctif	passé composé	imparfait	futur	conditionnel
plaire	il plaît	qu'il plaise	il a plu	il plaisait	il plaira	il plairait

(Like **plaire: déplaire**)

	présent	présent du subjonctif	passé composé	imparfait	futur	conditionnel
pleuvoir	il pleut	qu'il pleuve	il a plu	il pleuvait	il pleuvra	il pleuvrait
pouvoir	je peux tu peux il peut nous pouvons vous pouvez ils peuvent	que je puisse que tu puisses qu'il puisse que nous puissions que vous puissiez qu'ils puissent	j'ai pu	je pouvais	je pourrai	je pourrais

	présent	présent du subjonctif	passé composé	imparfait	futur	conditionnel
prendre	je prends	que je prenne	j'ai pris	je prenais	je prendrai	je prendrais
	tu prends	que tu prennes				
	il prend	qu'il prenne				
	nous prenons	que nous prenions				
	vous prenez	que vous preniez				
	ils prennent	qu'ils prennent				

(Like **prendre: apprendre, comprendre**)

	présent	présent du subjonctif	passé composé	imparfait	futur	conditionnel
recevoir	je reçois	que je reçoive	j'ai reçu	je recevais	je recevrai	je recevrais
	tu reçois	que tu reçoives				
	il reçoit	qu'il reçoive				
	nous recevons	que nous recevions				
	vous recevez	que vous receviez				
	ils reçoivent	qu'ils reçoivent				

(Like **recevoir: décevoir**)

	présent	présent du subjonctif	passé composé	imparfait	futur	conditionnel
savoir	je sais	que je sache	j'ai su	je savais	je saurai	je saurais
	tu sais	que tu saches				
	il sait	qu'il sache				
	nous savons	que nous sachions				
	vous savez	que vous sachiez				
	ils savent	qu'ils sachent				

	présent	présent du subjonctif	passé composé	imparfait	futur	conditionnel
suivre	je suis	que je suive	j'ai suivi	je suivais	je suivrai	je suivrais
	tu suis	que tu suives				
	il suit	qu'il suive				
	nous suivons	que nous suivions				
	vous suivez	que vous suiviez				
	ils suivent	qu'ils suivent				

	présent	présent du subjonctif	passé composé	imparfait	futur	conditionnel
tenir	je tiens	que je tienne	j'ai tenu	je tenais	je tiendrai	je tiendrais
	tu tiens	que tu tiennes				
	elle tient	qu'elle tienne				
	nous tenons	que nous tenions				
	vous tenez	que vous teniez				
	ils tiennent	qu'ils tiennent				

(Like **tenir: appartenir, contenir, maintenir, obtenir**)

	présent	présent du subjonctif	passé composé	imparfait	futur	conditionnel
venir	je viens	que je vienne	je suis venu(e)	je venais	je viendrai	je viendrais
	tu viens	que tu viennes				
	il vient	qu'il vienne				
	nous venons	que nous venions				
	vous venez	que vous veniez				
	ils viennent	qu'ils viennent				

(Like **venir: devenir, revenir, se souvenir**)

	présent	présent du subjonctif	passé composé	imparfait	futur	conditionnel
vivre	je vis	que je vive	j'ai vécu	je vivais	je vivrai	je vivrais
	tu vis	que tu vives				
	il vit	qu'il vive				

	présent	présent du subjonctif	passé composé	imparfait	futur	conditionnel
	nous vivons	que nous vivions				
	vous vivez	que vous viviez				
	elles vivent	qu'elles vivent				

(Like **vivre: survivre**)

	présent	présent du subjonctif	passé composé	imparfait	futur	conditionnel
voir	je vois	que je voie	j'ai vu	je voyais	je verrai	je verrais
	tu vois	que tu voies				
	il voit	qu'il voie				
	nous voyons	que nous voyions				
	vous voyez	que vous voyiez				
	ils voient	qu'ils voient				
vouloir	je veux	que je veuille	j'ai voulu	je voulais	je voudrai	je voudrais
	tu veux	que tu veuilles				
	il veut	qu'il veuille				
	nous voulons	que nous voulions				
	vous voulez	que vous vouliez				
	ils veulent	qu'ils veuillent				

Les verbes qui se conjuguent avec être au passé composé

aller	entrer	partir	revenir
arriver	monter	passer	sortir
descendre	mourir	rentrer	tomber
devenir	naître	rester	venir

Les verbes irréguliers

Below is a list of irregular verbs. Verbs conjugated in a similar fashion are listed under a single heading. Consult this list for the model conjugation.

admettre	*to admit*	*see* mettre
aller	*to go*	
apparaître	*to appear*	*see* connaître
appartenir	*to belong*	*see* tenir
apprendre	*to learn*	*see* prendre
boire	*to drink*	
comprendre	*to understand*	*see* prendre
conduire	*to drive; to conduct*	
connaître	*to know*	
construire	*to construct*	*see* conduire
contenir	*to contain*	*see* tenir
courir	*to run*	
couvrir	*to cover*	*see* ouvrir

craindre	*to fear*	
croire	*to believe*	
décevoir	*to disappoint*	*see* recevoir
découvrir	*to discover*	*see* ouvrir
décrire	*to describe*	*see* écrire
déplaire	*to displease*	*see* plaire
détruire	*to destroy*	*see* conduire
devenir	*to become*	*see* venir
devoir	*must, to have to; to owe*	
dire	*to say; to tell*	
disparaître	*to disappear*	*see* connaître
dormir	*to sleep*	
écrire	*to write*	
envoyer	*to send*	
faire	*to make; to do*	
falloir	*to be necessary*	
s'inscrire	*to register, to sign up*	*see* écrire
lire	*to read*	
maintenir	*to maintain*	*see* tenir
mentir	*to lie*	*see* dormir
mettre	*to put, to place*	
mourir	*to die*	
naître	*to be born*	
obtenir	*to obtain*	*see* tenir
offrir	*to offer*	*see* ouvrir
ouvrir	*to open*	
paraître	*to appear*	*see* connaître
partir	*to leave*	*see* dormir
permettre	*to permit*	*see* mettre
plaindre	*to pity*	*see* craindre
se plaindre	*to complain*	*see* craindre
plaire	*to please*	
pleuvoir	*to rain*	
pouvoir	*to be able, can*	
prendre	*to take*	
produire	*to produce*	*see* conduire
promettre	*to promise*	*see* mettre
recevoir	*to receive, to get*	
reconnaître	*to recognize*	*see* connaître
revenir	*to come back*	*see* venir
savoir	*to know*	
sentir	*to smell*	*see* dormir
se sentir	*to feel*	*see* dormir
servir	*to serve*	*see* dormir
sortir	*to go out*	*see* dormir
souffrir	*to suffer*	*see* ouvrir
se souvenir	*to remember*	*see* venir
suivre	*to follow*	
survivre	*to survive*	*see* vivre
tenir	*to hold*	
traduire	*to translate*	*see* conduire
venir	*to come*	
vivre	*to live*	
voir	*to see*	
vouloir	*to wish, to want*	

Verbe + infinitif

This list contains verbs that are frequently followed by an infinitive, along with the linking preposition, if required. The verb **faire** is used to stand for any infinitive complement. The following abbreviations are used:

qqch quelque chose

qqn quelqu'un

accepter de faire qqch	*to accept (agree) to do something*
aider qqn à faire qqch	*to help someone to do something*
s'amuser à faire qqch	*to have a good time doing something*
apprendre à faire qqch	*to learn to do something*
(s')arrêter de faire qqch	*to stop doing something*
avoir à faire qqch	*to have to do something*
avoir besoin de faire qqch	*to need to do something*
avoir envie de faire qqch	*to want to do something*
avoir l'intention de faire qqch	*to intend to do something*
cesser de faire qqch	*to stop doing something*
choisir de faire qqch	*to choose to do something*
commencer à/de faire qqch	*to begin to do something*
commencer par faire qqch	*to begin by doing something*
compter faire qqch	*to count on, to intend to do something*
conseiller à qqn de faire qqch	*to advise someone to do something*
continuer à/de faire qqch	*to continue to do something*
craindre de faire qqch	*to fear doing something*
décider de faire qqch	*to decide to do something*
décourager qqn de faire qqch	*to discourage someone from doing something*
demander à qqn de faire qqch	*to ask someone to do something*
désirer faire qqch	*to want to do something*
détester faire qqch	*to hate doing something*
devoir faire qqch	*to have to do something*
dire qqch à qqn	*to tell someone something*
écrire à qqn de faire qqch	*to write someone to do something*
encourager qqn à faire qqch	*to encourage someone to do something*
enseigner à qqn à faire qqch	*to teach someone to do something*
espérer faire qqch	*to hope to do something*
essayer de faire qqch	*to try to do something*
éviter de faire qqch	*to avoid doing something*
falloir faire qqch	*to have to do something*
finir de faire qqch	*to finish doing something*
finir par faire qqch	*to end up doing something*
forcer qqn à faire qqch	*to force someone to do something*
hésiter à faire qqch	*to hesitate to do something*
inviter qqn à faire qqch	*to invite someone to do something*
laisser qqn faire qqch	*to allow someone to do something*
se mettre à faire qqch	*to begin to do something*
négliger de faire qqch	*to neglect to do something*
obliger qqn à faire qqch	*to oblige someone to do something*
oublier de faire qqch	*to forget to do something*
parler de qqch	*to speak about something*

passer (du temps) à faire qqch	*to spend time doing something*
penser (à) faire qqch	*to think of doing something*
permettre à qqn de faire qqch	*to allow someone to do something*
persuader qqn de faire qqch	*to persuade someone to do something*
pouvoir faire qqch	*to be able to do something*
préférer faire qqch	*to prefer to do something*
promettre à qqn de faire qqch	*to promise someone to do something*
proposer à qqn de faire qqch	*to propose (suggest) to someone to do something*
recommander à qqn de faire qqch	*to recommend to someone to do something*
refuser de faire qqch	*to refuse to do something*
regretter de faire/d'avoir fait qqch	*to regret doing (having done) something*
remercier qqn de faire/d'avoir fait qqch	*to thank someone for doing (having done) something*
réussir à faire qqch	*to succeed in doing something*
rêver de faire qqch	*to dream of doing something*
risquer de faire qqch	*to risk doing something*
savoir faire qqch	*to know how to do something*
souhaiter faire qqch	*to want (wish) to do something*
suggérer à qqn de faire qqch	*to suggest to someone to do something*
téléphoner à qqn pour faire qqch	*to telephone someone to do something*
tenir à faire qqch	*to be determined to do something*
valoir mieux faire qqch	*to be better to do something*
venir de faire qqch	*to have just done something*
vouloir faire qqch	*to want to do something*

Verbe + complément

This list contains verbs that are frequently followed by noun complements, along with the preposition (if any) that introduces the complement.

appartenir à qqn	*to belong to someone*
assister à qqch	*to attend something*
attendre qqch/qqn	*to wait for something/someone*
avoir besoin de qqch/qqn	*to need something/someone*
avoir peur de qqch/qqn	*to be afraid of something/someone*
conseiller qqch à qqn	*to advise something to someone*
demander qqch à qqn	*to ask someone something*
dire qqch à qqn	*to say something to someone*
divorcer de (d'avec) qqn	*to divorce someone*
donner qqch à qqn	*to give something to someone*
douter de qqch	*to doubt something*
écouter qqch/qqn	*to listen to something/someone*
écrire qqch à qqn	*to write something to someone*
entrer dans qqch	*to enter something*
être à qqn	*to belong to someone*
être amoureux/-euse de qqn	*to be in love with someone*
expliquer qqch à qqn	*to explain something to someone*
se fier à qqch/qqn	*to trust something/someone*
jouer à qqch	*to play (a game)*

jouer de qqch	*to play (an instrument)*
se marier avec qqn	*to marry someone*
obéir à qqn	*to obey someone*
parler à qqn	*to speak to someone*
penser à qqch/qqn	*to think about something/someone*
penser qqch de qqch/qqn	*to have an opinion about something/someone*
permettre qqch à qqn	*to permit something to someone*
plaire à qqn	*to be pleasing to someone*
promettre qqch à qqn	*to promise something to someone*
raconter qqch à qqn	*to tell something to someone*
rendre visite à qqn	*to visit someone*
répondre à qqch/qqn	*to answer something/someone*
ressembler à qqn	*to resemble someone*
se souvenir de qqch	*to remember something*
suggérer qqch à qqn	*to suggest something to someone*
téléphoner à qqn	*to telephone someone*

Glossary

adj. adjective
f. feminine
irreg. irregular

m. masculine
n. noun

pl. plural
pp. past participle

A

à (au, aux) ; à travers to, in; through
à moins de / que (+ ne) unless
abandonner to abandon
abattre to cut down
abnégation *f.* self-denial
accepter to accept
accompagner to accompany
accomplissement *m.*
   accomplishment
acheter to buy
acte *m.* act
acteur/actrice *m., f.* actor/actress
actif/active active
adieu farewell
admettre to admit
administrateur/administratrice *m., f.*
   administrator
administration des affaires *f.*
   business administration
adoptif/adoptive adoptive
affaires *f.pl.* business
affreux/affreuse ugly
afin de / que in order to/that
agent de police *m.* policeman
agir to act; **il s'agit de** it is about,
   it concerns
agresseur *m.* mugger
agressif/aggressive aggressive
agression *f.* mugging
aigrelet/aigrelette shrill
ail *m.* garlic
aîné eldest
ainsi thus
aisé easy, well-off
ajouter to add
alcool *m.* alcohol; spirits
alcoolique *m., f.* alcoholic
alcoolisme *m.* alcoholism
allée *f.* alley; path; driveway
Allemagne *f.* Germany
allemand German
aller to go; **s'en aller** to go away

allié *m.* ally
allocations de chômage *f. pl.*
   unemployment benefits
allumette *f.* match
alors then, so
amateur/amatrice *m., f.* fan
âme *f.* soul; **âme sœur** soulmate
ami friend
amitié *f.* friendship
amour *m.* love; **film d'amour** love
   story movie
amuser to amuse; **s'amuser** to
   have a good time, have fun
an *m.* year
analyste en informatique *m., f.*
   computer analyst
ancien/ancienne former; old
anglais English
animé animated; **dessin animé**
   cartoon
année *f.* year
ânonné halting
antique antique; old
apaisant calming
apéritif *m.* before-dinner drink
apothéose summit; apogee
apparaître to appear
apparition *f.* arrival; apperance
appartenance *f.* belonging,
   affiliation
appartenir à to belong to
appel *m.* call, roll call
appeler to call; **s'appeler** to be
   named
apprendre to learn; **apprendre par
   cœur** to memorize
après (que) after; **d'après moi** in
   my opinion, according to me
après-midi *m., f.* afternoon
arabe *m., f.* Arab (person); *m.* Arabic
   (language)
arbre *m.* tree
arc-bouté buttressed
ardeur *f.* passion

argent *m.* money
armoire *f.* closet
arrêter to stop
arriver to arrive; to happen
arrogant arrogant
assaisonné seasoned
assez enough
assis seated
assister à to attend
assurance *f.* insurance; assurance
atroce horrible
attaquer to attack
attendre to wait for
attirer to attract
attribuer to attribute; to allocate;
   to grant
aube *f.* dawn
aucun none; **ne … aucun** no
au-delà beyond
au-dessous (de) below
au-dessus (de) above
augmenter to increase
aujourd'hui today
aussi also, as well
autorisé authorized
autour around
autre other, another
avant (de / que)(+ ne) before
avarice *f.* greed
avec with
aventure *f.* adventure; **film
   d'aventures** adventure movies
avis *m.* opinion; **à mon avis** in my
   opinion
avocat(e) *m., f.* lawyer
avoir to have; **avoir besoin de** to
   need; **avoir chaud** to be hot;
   avoir du culot to have nerve;
   avoir de la chance to be lucky;
   avoir de la veine to be lucky;
   avoir envie de to want, to feel
   like; **avoir faim** to be hungry;
   avoir froid to be cold; **avoir
   honte (de)** to be ashamed; **avoir**

avoir (*cont.*)
l'habitude to be in the habit of, to be accustomed to; **avoir l'impression** to have the feeling, to be of the opinion; **avoir mal au cœur** to have an upset stomach, indigestion; **avoir peur (de)** to be afraid (of); **avoir raison** to be right; **avoir soif** to be thirsty; **avoir sommeil** to be sleepy; **avoir tort** to be wrong; **avoir une crise de foie** to have an upset stomach, an indigestion; **en avoir assez** to be fed up; **en avoir jusqu'ici** to be fed up; **en avoir marre** to be fed up; **en avoir ras-le-bol** to be fed up.

B

baccalauréat *m.* competitive exam taken at the end of the *lycée*
badaud *m.* gaper
bafouillé stuttered, stammered
balayer to sweep
banal ordinary
baraque *f.* shed, hut, shack
barbe *f.* beard
barber to bore
bas low; **en bas** downstairs, down
bataille *f.* battle
bâtir to build
battre to beat; **se battre (avec)** to fight
beau (bel, belle [beaux, belles]) beautiful; **beau-frère/belle sœur** step-brother/sister; brother-in-law/sister-in-law; **beaux-parents** step parents; in-laws
beaucoup (de) a lot (of), many
besoin *m.* need; **avoir besoin de** to need
beurre *m.* butter
bidonville *m.* shanty town
bien well
bien que although
bientôt soon; **à bientôt** see you soon
bière (brune / blonde) *f.* beer (dark/light)
bistrot *m.* bistro
blanc (blanche) white
bleu blue
blond blond; **bière blonde** light (pale) beer
blouse *f.* blouse
bœuf *m.* beef
boire to drink
boisson *f.* drink

boîte can, box; nightclub
bon good; **bon marché** cheap
bonheur *m.* happiness
borne *f.* limite; **sans bornes** without limitis
bosser to study hard
boucher/bouchère *m., f.* butcher
bouger to move
boulanger/boulangère *m., f.* baker
bourgeois upper middle-class
bourse *f.* scholarship
bousculer to shove
bout *m.* end; **au bout de** at the end of
bouteille *f.* bottle
branche *f.* branch
breuvage *m.* beverage, drink
bricolage *m.* do-it-yourself
briller to shine
brosser to brush; **se brosser les dents / les cheveux:** to brush one's teeth/hair
brouillé mixed up; **œufs brouillés** scrambled eggs
brouter to graze
bruit *m.* noise
brûlé burned
brun brown; dark-haired; **bière brune** dark beer
bruyant noisy
bûcher to study hard
bureau *m.* office

C

c'est-à-dire that is to say
cacahuète *f.* peanut
cacher to hide
cadeau *m.* gift
cadet/cadette youngest
cadre *m., f.* executive
café *m.* coffee
caisse *f.* cash register
caissier/caissière *m., f.* cashier
cajoler to cuddle
calme calm
camarade *m., f.* friend; **camarade de chambre** roommate; **camarade de classe** classmate
cancre *m.* dunce
cannette *f.* can
cantatrice *f.* opera singer
capitulation *f.* surrender, capitulation
capituler to capitulate, to surrender
capricieux temperamental, whimsical, fickle

car because
caractériser to characterize
carbonisé charred, burned to a cinder
carnet *m.* notebook, book
carotte *f.* carrot
carrière *f.* career
carte *f.* map, card
cas *m.* case, instance; **au cas où** in case
catastrophe *f.* catastrophe
cause *f.* cause; **à cause de** because of
cave *f.* basement
celui (celle, ceux, celles) this (that) one, the one
centime *m.* centime: 1/100 euro
cependant however
cerner to surround
certains some people
chambre *f.* bedroom
champ *m.* field
champignon *m.* mushroom
chance *f.* luck; **bonne chance** good luck
changer to change
chanson *f.* song
chanteur/chanteuse *m., f.* singer
chaque each, every
charges (comprises) *f. pl.* utilities (included)
charolaise a type of cow from the Charolais region
châtain brown
chauffé heated
chaut; peut me chaut it is of little importance to me
chef *m.* boss, chief, head; **chef d'œuvre** masterpiece; **chef du personnel** head of personnel
chemise *f.* shirt
cher/chère dear, expensive
chevaleresque chivalrous
cheveux *m. pl.* hair
chèvre *f.* goat
chez at the house or business of
chien *m.* dog
chimie *f.* chemistry
choisir to choose
choix *m.* choice
chômage *m.* unemployment
chômeur/chômeuse *m., f.* unemployed person
chose *f.* thing
choucroute *f.* sauerkraut
ciel *m.* sky

cinéaste *m., f.* director
cité *f.* city, housing project
citer to quote
civilisateur/civilisatrice civilizing
civilisation *f.* civilization
clair clear, light
clair-obscur *m.* half-light, twilight
classement *m.* classification
client *m.* customer
clôture *f.* enclosure
cœur *m.* heart
coexister to coexist
coin *m.* corner
colère *f.* anger; **en colère** angry
collaborer to collaborate
coller : se faire coller/être collé (à un examen) to fail (an exam)
combattre to fight, to combat
combien de... ? how much; how many . . . ?
commandement *m.* commandment
commander to order, to command
commencer to begin
comment... ? how . . . ? **Comment est... ?/Comment sont... ?** What is . . . like? What are . . . like?
commerce *m.* business
commettre to commit
commissions *f. pl.* errands; **faire des commissions** to go grocery shopping
commun common
communication *f.* oral presentation
complet complete; **pain complet** whole-wheat bread
complicité *f.* complicity, help
comportement *m.* behavior
compositeur/compositrice *m., f.* composer
comprendre to understand
comptable *m., f.* accountant, bookkeeper
comptant cash
compte *m.* account; **se rendre compte (de)** to realize
conception *f.* conception
concert *m.* concert
concordance *f.* agreement
concours *m.* competitive exam
conçu conceived
condition *f.* condition; **à condition de/que** on the condition (that)
conduire to drive
conférence *f.* lecture
conflit *m.* conflict
confortable comfortable

confusément confusedly, vaguely
connaître to be acquainted with
conquérant conquering
conservateur/conservatrice *m., f.* conservative
conserver to save, to conserve
considérer to consider
consistance consistency
consoler to console
constater to state, to note
constituer to constitute
construire to build, to construct
contenir to contain
content happy
contentement *m.* happiness
conteur *m.* narrator, story-teller
continuer (à, de) to continue
contre again
contrepoison *m.* antidote
contrôle *m.* check, control
cor *m.* horn
Coran *m.* Koran (holy book in the Islamic religion)
corde *f.* rope
coriace stubborn, tough
corne *f.* horn (of an animal)
côté *m.* side; **à côté de** beside
cou *m.* neck
coucher to put to bed; **se coucher** to go to bed
couler to flow
couleur *f.* color
coup *m.* blow; **tout d'un coup** all of a sudden
courgette *f.* zucchini
courir to run
cours *m.* course
course *f.* race; **faire des/les courses** to run errands, to shop
courtoisie *f.* courtesy
couscous *m.* a North African dish made with semolina, vegetables and meat
cousin/cousine *m., f.* cousin
coûter to cost; **coûte que coûte** at whatever cost
couvrir to cover
crabe *m.* crab
craindre to fear
crasse *f.* filth
crème *f.* cream
crêpe *f.* thin pancake
crime *m.* crime
criminel(le) *m., f.* criminal
critique *m., f.* critic; *f.* criticism
croire (à) (en) to believe

croissant *m.* crescent-shaped pastry
Croissant d'Or geographic region formed by Turkey, Afganistan, and Iran
croyable believable
croyance *f.* belief
cuire (*pp.* **cuit**) to cook
cuisine *f.* kitchen; **coin-cuisine** *m.* kitchenette
cuisiner to cook
cuit : bien cuite well done (meat)
curieux curious, inquisitive
curriculum vitæ (C.V.) *m.* résumé

D

d'abord first of all
d'ailleurs moreover
d'habitude usually
dans in
danseur/danseuse *m., f.* dancer
débat *m.* debate
débrouillard *m.* resourceful
début *m.* beginning; **au début** at the beginning, first of all
décapsulé with the top off
déconcerté disconcerted
déconseillé not recommended
décor *m.* setting, scenery, set
découvrir to discover
dégoûtant disgusting
dégoûter to disgust
déguiser to disguise
dehors outside
demande d'emploi *f.* employment application
demander to ask
demeure *f.* residence, dwelling
demi-frère/demi-sœur half-brother/sister
dénouement *m.* ending
dent *f.* tooth
dentiste *m., f.* dentist
dépanneur *m.* repairman
dépêcher : se dépêcher to hurry
déployer to display, to deploy, to spread
déprimé depressed
depuis for, since
dernier/dernière last, preceding
dérober to hide, to steel
derrière behind
dès since
descendre to go down, to get off
désigner to designate, to refer to
désir *m.* desir
désolé sorry

désormais henceforth
dessin *m.* drawing; **dessin animé** cartoon
destin *m.* destiny
détestable detestable
deuil *m.* mourning
deux-pièces *m.* one-bedroom apartment
devant in front of
devenir to become
devise *f.* currency; motto
devoir to have to; must
devoir *m.* homework assignment, duty
dicter to dictate
Dieu *m.* God
dilettante amateur, dilettant
dimanche *m.* Sunday
diplôme *m.* diploma, degree
dire to say
directeur/directrice *m., f.* director
discipline *f.* subject matter
discuter to argue, to debate; **discuter de** to discuss
disparaître to disappear
dispenser to give
disposé willing
se disputer to argue
dissoudre to dissolve
doigt *m.* finger
domaine *m.* field, domain
donc so, therefore
donner to give
dont of whom, whose
dormir to sleep
douanier/douanière *m., f.* customs agent
doublé dubbed
doucement slowly, sweetly, quietly
douche *f.* shower
doute *m.* doubt
douteux doubtful
doux/douce sweet, soft
drame *m.* drama
drapeau *m.* flag
drogue *f.* drug
drogué *m.* drug addict
droit *m.* law
droite *f.*; **à droite** to the right
drôle funny
duo *m.* duet
dur hard, tough; **dur comme de la semelle** tough as shoe leather
durement harshly, severly
durer to last

E

eau *f.* water; **eau minérale** mineral water
échapper to escape; **s'échapper** to run away, to escape
échelon *m.* level
échouer (à) to fail
éclairé lit; **bien / mal éclairé** well/poorly lit
éclat *m.* brillance, splendor
écœurant disgusting
écœurer to disgust
école *f.* school
économie *f.* economy; **faire des économies** to save, to economize
écouter to listen to
écrire to write
efficace efficient
égal equal
égal (*pl.* **égaux**) equal
égalité *f.* equality
égard : à l'égard de towards, regarding
église *f.* church
égoïste selfish
élaborer to work out, to develop, to elaborate
élargir to enlarge
élever to raise
éloigner to move away from, to wander/to stray from
embauche *f.* hiring
embêtant annoying, boring
éminemment eminently
emploi *m.* job
employé *m., f.* employee
emporter to carry off, to take out, to win
en in (in the space of); **en bas** below; **en dessous de** below; **en effet** indeed actually; **en face de** facing, opposite; **en même temps** at the same time; **en plus** in addition, moreover; **en revenir de** to get over
enceinte pregnant
encore still, yet; **ne … pas encore** not yet
endormir to put to sleep; **s'endormir** to fall asleep
énervé irritated, angry
enfance *f.* childhood
enfant *m., f.* child
enfin finally
enflammer to inflame, set fire to

engager to hire; **s'engager** to promise, to undertake, to become involved
engendrer to engender, to generate
enluminer to illuminate
ennuyeux boring
enseignant teacher, instructor
enseignement *m.* education
enseigner to teach
ensemble together
ensuite then
entasser to heap, to stack up
entendre to hear; **s'entendre bien/mal avec** to get along well/badly with
entier/entière entire
entre between
entrecôte *f.* steak
entretien *m.* upkeep, interview
envers toward
épargner to save
éphémère ephemeral, fleeting
épicerie *f.* grocery store
épicier/épicière *m., f.* grocer
épouvantable frightful
épreuve *f.* trial, test
épuisé exhausted
escroquer to swindle
espace *m.* space
espérance *f.* hope, expectation
espérer to hope
esprit *m.* spirit
essayer to try
essentiellement essentially
essoufflé out of breath
est east
estomac *m.* stomach
établir to set up, to establish
établissement *m.* establishment
étage *m.* floor
étal *m.* stall
état *m.* state
étoilé *m.* starry
étonnant surprising, astonishing
étonné astonished, surprised
étranger strange, foreign
être to be; **être de bonne / mauvaise humeur** to be in a good / bad mood; **être gonflé** to have nerve
étroit narrow
étude *f.* study
étudier to study
éviter to avoid
évoquer to recall, to bring back, to mention

examen *m.* test
exclu excluded
exercer to practice (*a profession*);
s'exercer to practice
exiger to demand
exposé (oral) *m.* oral report
extra great
extraverti extroverted

F

fabuleux/fabuleuse fabulous
fâché sorry, angry
facile easy
façon *f.* fashion, manner; **de toute
façon** in any case, anyway
facultatif elective (course)
faible weak
faire to make, to do; **ça fait +
expression temporelle + que** it has
been . . . since . . . ; **faire attention**
to pay attention; **faire partie** to be a
part of, to belong; **faire ses études**
to do one's studies, to attend; **faire
une promenade** to take a walk
fait *m.* fact
falloir to be necessary; **il faut** it is
necessary
fatigant tiresome
fatigué tired
faux/fausse false
femme *f.* wife
fenêtre *f.* window
ficher to do; to give; **se ficher de
quelqu'un** to make fun of
someone
fier/fière proud
fierté *f.* pride
fièvre *f.* fever
filial filial
filiforme spindly, thin
fille *f.* daughter
film *m.* film; **film d'aventures**
adventure movies; **film
d'épouvante** horror movies; **film
d'espionnage** spy movie; **film
d'horreur** horror movie; **film
policier** police film
fils *m.* son
filtrer to filter, to screen
fin *f.* end; **à la fin** at the end, finally
finalement finally
finir to finish
fixer to set, to establish
flânerie *f.* stroll
fléchir to bend, to sway, to weaken
flic cop

foi *f.* faith
fois *f.* time, occasion
foncé dark
fonctionnaire *m., f.* civil servant
fond bottom, back, background; **au
fond** at the back; at the bottom
forêt *f.* forest
former to train
fort strong
fortement strongly
fou/folle crazy
four à micro-ondes *m.* microwave
oven
frais/fraîche fresh
franchir to cross, to overcome
frapper to knock, to strike
fréquemment frequently
fréquenter to go (somewhere) often,
to attend, to associate with;
fréquenter une université
to attend a university
frigo *m.* refrigerator
frites *f. pl.* french fries
froid *m.* cold
froideur *f.* coldness

G

gagner to win
garagiste *m., f.* mechanic
garçon *m.* boy
garder to keep, to look after
gauche *f.* left; **à gauche**
to the left
Gaulois Gaul, Gaulish
gendre *m.* brother-in-law
généralement generally
généreux generous
gens *m. pl.* people
géographie (géo) *f.* geography
géologie *f.* geology
geste *m.* gesture
gestion *f.* management
glace *f.* ice
gloire *f.* glory
gourmand one who loves to eat;
gourmandise *f.* love of food
goût *m.* taste
goûter to taste
grand big; **la grande majorité des**
the great majority of
grandir to grow
grand-mère grandmother
grand-père grandfather
greffer to graft
grenier *m.* attic
gris gray

gros/grosse big, fat
guerre *f.* war

H

habiller to dress; **s'habiller** to get
dressed
habiter to live
habitude *f.* habit; **d'habitude** usually
hasard *m.* chance
herbe *f.* grass
héritier heir
heure *f.* hour
heureux/heureuse happy
hier (matin, après-midi, soir)
yesterday (morning, afternoon,
evening)
hiérarchique hierarchical
histoire *f.* history
honnêteté *f.* honesty
honte *f.* shame; **avoir honte**
to be ashamed
humeur *f.* mood; **être de
bonne/mauvaise humeur** to be
in a good/bad mood
hutte *f.* hut
hypocrite hypocritical

I

ici here
idée *f.* idea
il y a + expression temporelle + que
it has been . . . since . . .
impressionnant impressive
impromptu impromptu,
spontaneous
inconnu unknown; *n. m.* a stranger
incroyable unbelievable
indéfiniment indefinitely
indépendance *f.* independance
indigne unworthy
indiscipliné undisciplined
individualiste individualist
industrie *f.* industry
inégal unequal
infime tiny, minute
informaticien(ne) *m., f.*
computer scientist
informatique *f.* computer science
ingénieux ingenious
inquiet/inquiète worried
insouciant carefree
inspirer to inspire
installer to install, to put in;
s'installer to settle
instituteur/institutrice *m., f.*
kindergarten, primary school teacher

instruire to instruct
insuffisant insufficient
interdit forbidden, prohibited
intéressant interesting
interview *f.* interview
intitulé entitled
intrigue *f.* plot
intriguer to intrigue, to scheme
introverti introverted
ivoire *f.* ivory
ivresse *f.* intoxication, drunkenness;
 ivresse au volant drunk driving;
 ivresse publique public
 drunkeness

J

jadis formerly
jamais ever; **ne… jamais** never
jambe *f.* leg
jambon *m.* ham
jardin *m.* garden
jeter to throw
jeu *m.* game
jeune young
joie *f.* joy
joie de vivre *f.* enjoyment of life
joindre les deux bouts to make
 ends meet
joli pretty
jouer to play; **jouer à** to play (a
 game); **jouer de** to play (an
 instrument)
journée *f.* day, daytime period
juif/juive Jew; Jewish
jumeaux/jumelles twins
jusqu'à (ce que) until; **jusqu'ici**
 up until now
juste fair, right

K

kir *m.* white wine with cassis liqueur

L

là there
lâcher to let go of, to release
laine *f.* wool
laisser to leave (behind)
lamentable pitiful
langue (étrangère) *f.* language
 (foreign)
larme *f.* tear
lassé bored, weary
lassitude weariness
lave-linge *m.* washing machine
laver to wash; **se laver** to wash up
lave-vaiselle *m.* dishwasher

leçon *f.* lesson
lecture *f.* reading
léger/légère light, slight
légèrement lightly, slightly
légèreté *f.* lightness
lendemain the following day
lever to raise; **se lever** to get up
liberté *f.* liberty
liberté d'expression *f.* freedom of
 speech
libertinage libertinage, debauchery
ligne *f.* (melodic) line
linge *m.* linen, laundry
liqueur *f.* liqueur
lire to read
littéraire literary
littérature *f.* literature
logement *m.* housing
loi *f.* law
loin (de) far (from)
lointain far-off
long/longue long
longtemps for a long time
longuement at length, for a
 long time
lorsque when
loup *m.* wolf
lourdement heavily
luisant shining
lutter to fight
lycée French institution of
 secondary studies

M

machine à laver *f.* washing machine
magasin *m.* store
magistrat *m.* magistrate
main *f.* hand
maintenant now
maintenir to maintain
mais but
maison *f.* house
maître *m.* master, school teacher
majeur of legal age
mal badly
maladie *f.* illness
malin/maligne clever
manière *f.* manner
manières *f.* manners
manifester to demonstrate
manque *m.* lack, shortage
manquer to miss; **à ne pas manquer**
 not to be missed; **manquer un
 cours** to miss a class
marchand *m., f.* merchant
marché *m.* market

mari *m.* husband
marier to marry; **se marier (avec)**
 to marry
marin *m.* sailor; *adj.* marine
marrant funny
marron brown (eyes)
masse *f.* mass
mathématiques (maths) *f.* math
matière *f.* subject matter
matin *m.* morning
mécanicien *m.* mechanic
médecin *m.* doctor
méfiance *f.* suspicion, mistrust
mêler to mix; **se mêler de** to
 meddle in
même same, very
mémoire *m.* paper, dissertation;
 f. memory
menteur *m.* liar
mentir to lie
merguez *f.* a spicy sausage
merveilleux/merveilleuse
 wonderful
mesquinerie meanness, stinginess
mesure *f.* measure, measurement
métier *m.* trade
metteur/metteuse en scène director
mettre to place, to put; **se mettre à**
 to begin
meublé furnished
meurtre *m.* murder
meurtrier/meurtrière *m., f.*
 murderer
mieux better
milieu *m.* atmosphere; sector; circle;
 middle
militaire *m.* soldier; *adj.* military
minable pathetic, lousy
minuit *m.* midnight
moche ugly
mode *m.* mode; *f.* fashion
modeste modest, simple
moelleux smooth, mellow
moindre least
moins less; minus
mois *m.* month
moment *m.* moment; **à ce
 moment-là** then
monde *m.* world
monter to go up
montrer to show
moquer : se moquer de to make
 fun of
moquerie to mockery
mort dead; *f.* death
mot *m.* word

mourir to die
moustachu moustached
moyen *m.* middle; *adj.* average
muet/muette deaf
museau *m.* snout
musicien/musicienne *m., f* musician
musulman Muslim (noun and adjective)
muter to transfer

N

naïf/naïve naive
naître to be born
national national
navet *m.* turnip; flop
ne not; **ne... jamais** never; **ne... ni... ni** neither . . . nor; **ne... pas** (simple) negation; **ne... pas encore** not yet; **ne... personne** no one; **ne... plus** no more, no longer; **ne... que** only; **ne... rien** nothing
nez *m.* nose
ni (ne... ni... ni...) neither; nor
nivernaise *f.* a cow from the Nivernais region of France
noblesse *f.* nobility
noir black
noisette hazel (eyes)
nom *m.* name
nombre *m.* number
normalement usually, normally
notamment notably
note *f.* grade
nouer to knot
nourriture *f.* food
nouveau (nouvel ; nouveaux ; nouvelles) new
nuit *f.* night

O

obéir (à) to obey
obéissance *f.* obedience
obéissant obediant
obligatoire required (course)
obtenir to obtain; **obtenir un dîplome** to graduate; **obtenir de bonnes notes** to get good grades
occuper to live in, to occupy; **s'occuper de** to take care of, to be in charge of
œil (*pl.* **yeux)** *m.* eye
œuf *m.* egg
œuvre *f.* work (of art, music); **chef d'œuvre** *m.* masterpiece
offrir to offer, to give as a gift

oignon *m.* onion
omettre to omit
on one, people
ondulé wavy
ongle *m.* nail
opportunité *f.* opportunity
opposer to oppose; **s'opposer** to be opposed to
or yet, now
orchestre *m.* orchestra
ordre *m.* order
oreille *f.* ear
orge *m.* barley
orphelin/orpheline orphan
os *m.* bone
où... ? where . . . ?
oued *m.* wadi
ouest *m.* west
ouvert open
ouverture d'esprit *f.* open-mindedness
ouvrier/ouvrière *m., f.* worker
ouvrir to open

P

pain *m.* bread; **pain complet** whole-wheat bread; **pain d'orge** bread with barley; **pain de seigle** rye bread
paix *f.* peace
papier *m.* paper
paradoxal paradoxical
paraître to seem
pareil similar
parler to speak
parmi among
paroisse *f.* parish
parole *f.* word; **paroles** *f. pl.* lyrics
part *f.* slice, portion (cake, tart, pizza)
partager to share
particulier *m.* individual; *adj.* unusual, particular
partie *f.* part; **faire partie de** to be a part of, to belong
partir to leave; **à partir de** beginning (with)
partir to leave
partout everywhere
paru (*pp.* **paraître)**
parvenir (à) to reach; to succeed
pas *m.* step
passer to pass, to go past; **passer un examen** to take a test; **se passer** to happen;
passer (une interview) to have an interview

passionnant exciting
passionné passionate; impassionned
pâte *f.* crust, pastry, dough, pasta
pâtir to suffer
patrie *f.* homeland
pauvre *m., f.* unfortunate, poor person; *adj.* poor
pauvreté *f.* poverty
payer to pay
pays *m.* country
paysan/paysanne peasant
peau *f.* skin
peindre to paint
peine *f.* pain; **ce n'est pas la peine** there's no need; **valoir la peine de** (+ infinitif) it isn't worth (+ infinitive)
pendant during
penderie *f.* walk-in closet
pénible annoying
pensée *f.* thought
penser (à / de) to think (of /about); **penser (de) (que)** to think (of) (that)
perdre to lose
père *m.* father
permettre to permit
persistance *f.* persistence, perserverance
petit small
petite entreprise *f.* small business
petit-fils/petite fille grandson/granddaughter
peu little, not much
peu de/un peu de few/a little, a few
peuple *m.* people
peur *f.* fear; **avoir peur de** to be afraid of
peut-être perhaps
philosophie (philo) *f.* philosophy
physique *f.* physics
pièce *f.* room
pied *m.* foot
piment *m.* hot pepper
piocheur/piocheuse hard-working
pis worse
pistache *f.* pistachio
placard *m.* closet
placer to put, to place; to invest
plaisanter to joke
plan *m.* plan; outline
planche plank
plat *m.* dish; *adj.* flat
platement abjectly, unimaginatively, blandly
plein full

pleuvoir (*pp.* **plu**) *irreg.* to rain; **il pleut** it's raining
plombier *m.* plumber
plonger to dive (into)
pluie *f.* rain
plupart, la plupart des most
plus more; **en plus** in addition; **ne... plus** no more, no longer
plusieurs several
plutôt rather
point *m.* point; **à point** medium (meat)
pointe *f.* point
poivre *m.* pepper
polariser to polarise, to divide
policier/policière *adj.* (*having to do with*) police; **film policier** police/mystery movie
politesse *f.* politeness
pollueur *m.* polluter
pomme *f.* apple
porc *m.* pork
porte-monnaie *m.* change purse
porter to carry; to bear; to wear
porteur/porteuse bearer
pour (que) in order to (that), for
pourquoi ... ? why . . . ?
pourtant however
pourvu que provided that, as long as
pouvoir to be able to, can; **il se peut** it is possible
pratique pratical
préalable prior
précautionneux careful
précéder to precede
préciser to state, to specify
préférer to prefer
premier/première first
prendre to take, to eat (*a meal*), to drink; **se prendre pour** to think oneself to be
préparer to prepare; **préparer un examen** to study for a test
près de near
présenter (se) (à un concours) to take (a competitive exam)
presque almost
pressé impatient, hurried
pression *f.* pression; draught beer
prêt (à) ready
primat *m.* primacy
prisonnier prisoner
prix *m.* price; prize
prochain next; following
prodigalité *f.* extravagance
prodigué lavished

produire to produce
produit *m.* product
professeur (de lycée, d'université) *m.* (*high-school, university*) teacher/professor
profondément profoundly
programme d'études *m.* course load
programmeur/programmeuse *m., f.* computer programmer
promenade *f.* walk; **faire une promenade** to take a walk
promener to walk; **promener son regard** to cast an eye over; **se promener** to take a walk
promettre to promise
propos *m.* talk; **à propos de** with regard to
propre own; clean
proprement purely; specifically; honestly
propriété *f.* ownership; property
prospère prosperous
prostituée *f.* prostitute
publicité *f.* advertising
pudiquement modestly; discreetly
puis then
puisque since
punir to punish
pupille *f.* pupil

Q

quand... ? when . . . ?
quartier *m.* neighborhood; district
quelque any; some
quelquefois sometimes
quelques some; a few; any
quoique although

R

raccrocher to hang up
race *f.* race
raconter to tell
raffiné refined
raison *f.* reason; **avoir raison** to be right
raison d'être *f.* justification, reason for exisiting
ramasser to gather, to collect
ramener to bring, to take back; to reduce
rang *m.* rank
ranger to put in order
rappel *m.* reminder
rappeler to call back, to call again; **se rappeler** to remember, to recall
rapport *m.* relationship

raser to shave; **se raser** to shave (*oneself*)
rassurer to reassure
ravaler to swallow; to hold back
ravi delighted
rayon *m.* ray; shelf; department
réalisateur/réalisatrice *m., f.* director
recevoir to receive, to entertain; **recevoir de bonnes notes** to get good grades
rechercher to look for, to search out
recommencer to begin again
reconnaître to recognize
reçu (être reçu [à un examen]) to pass (*an exam*)
reculer to move back
réduire to reduce
réduit reduced
réel/réelle real
réfléchir à to reflect
regard *m.* look; **promener son regard** to cast an eye over
regarder to look at
regretter to miss; to regret, to be sorry
relation *f.* relation; **relations internationales** international relations
relationel/relationnelle relational
remarquer to notice
remplir to fill, to fill out
rencontre *m.* meeting
rencontrer to meet
rendre to return (something to someone); **rendre un devoir** to turn in a homework assignment
renforcer to reinforce, to strengthen
renouveler to renew
rentrer to go or come home
renvoyer to send back
repas *m.* meal
répéter to repeat
répliquer to answer back, to retort
reposer; se reposer to rest
reprendre to resume, to continue; to have some more
répugnant repulsive
répugner (à qqn) to be repulsive (*to someone*)
respect *m.* respect
respirer to breathe
resplendir to shine brightly
responsabilité *f.* responsibility
ressembler (à) to resemble
reste *m.* remainder, rest; **restes** *m. pl.* leftovers

rester to stay
retenir to retain
retourner to go back (*there*)
retrouver to meet (*by arrangement*); to find
réunir to bring together; **se réunir** to meet
réussir à to succeed; **réussir à un examen** to pass an exam
réussite *f.* success
revanche; en revanche conversely
rêvasser to daydream
réveiller to wake; **se réveiller** to wake up
revenir to return; **en revenir de** to get over
réviser to review
rictus fixed grin
rien *m.* nothing; **ne ... rien** nothing
rigoler to laugh, to joke
rigolo rigolotte funny
rire to laugh
riz *m.* rice
rocher *m.* rock
rôle *m.* role
rougir to blush
rouspéter to grumble
routard *m.* hitchiker
roux/rousse red-headed
rue *f.* street

S

sachet *m.* packet, package
sage wise; well-behaved
sagesse *f.* wisdom
saignante rare (meat)
sale dirty
salé salted
salle *f.* room; **salle de bains** bathroom; **salle de séjour** living room
saluer to greet
salut *m.* salvation
sang *m.* blood
sans (que) without
sans-abri *m., f.* homeless person
satisfaire to satisfy
saucisse *f.* sausage
sauter to jump
sauver to save, to rescue; **se sauver** to run away
savoir to know
sciences économiques *f.* economics
sciences politiques (sciences po) *f.* political science
sculpteur/sculptrice *m., f.* sculptor

SDF (sans domicile fixe) *m., f.* homeless person
sec sèche dry
sèche-linge *m.* dryer
sécher to dry; **sécher un cours** to skip a class
séchoir *m.* dryer
secondaire secondary
secrétaire *m., f.* secretary
sécurité *f.* security
seigle *m.* rye; **pein de seigle** rye bread
sel *m.* salt
semblable similar
sembler to seem
semoule *f.* semolina
sens *m.* sense, meaning
sentiment *m.* feeling
sentir to feel; to smell; **se sentir bien/mal** to feel well/ill
séropositif/séropositive a person who is HIV+
serveur/serveuse waiter/waitress
service du personnel *m.* human resources
servir to serve; **se servir de** to use
seul only; lonely
seulement only
si if; yes (in response to a negative question)
SIDA *m.* AIDS
sidéen/sidéenne a person who is HIV+
siècle *m.* century
signe *m.* sign
signer to sign
signifier to mean
sinistre sinister
sinon otherwise, else
situé (bien, mal) located (well, poorly)
société *f.* company
sociologie *f.* sociology
soin *m.* care
soir *m.* evening
soit *subjunctive form of* **être**
soldat *m.* soldier
soleil *m.* sun
solitaire lonely
sombre dark
son *m.* sound
sonner to ring
sorte *f.* sort; **de sorte que** in such a way that, so that
sortir to go out
souffle *m.* breath
souffler to blow

souffrance *f.* suffering
souffrir to suffer
souhaiter to wish
soupçonner to suspect
soupe *f.* soup
sourire *m.* smile
sous under
sous-sol *m.* basement
souvenir *m.* memory; **se souvenir de** to remember
souvent often
spécialisation *f.* major
se spécialiser (en) to major (in)
sportif/sportive athletic
stimulant stimulating
strictement strictly
subir to undergo
succès *m.* success
sucre *m.* sugar
suffire to be sufficient
suggérer to suggest
suite *f.* continuation; **tout de suite** immediately
suivre to follow; to take (a course)
superficie *f.* area
supposé supposed, alleged
supputer to calculate, to work out
sur on; **sur le bout des doigts** on the tips of the fingers; **sur le plan (économique, politique)** from a (economic, political) point of view
sûr sure
surprenant surprising
surpris surprised
surtout above all, especially
symboliser to symbolize

T

tabouret *m.* stool
taché stained
tâche *f.* task, job
taille *f.* size
tandem tandem; duo
tandis que while
tant much, so much; **tant de** so many; **tant que** as long as
tantôt sometimes
tard late
tarder to take a long time, to be a long time in coming; **il me tarde** I long for/I can't wait for
tarif *m.* fare, entrance price
tasse *f.* cup
technicien/technicienne technician
tel such; **tel que** such as
tellement so much, so many

témoin *m.* witness

temps *m.* time; tense; **de temps en temps** from time to time

tendance *f.* tendency

tendre *adj.* tendre; *verb* to stretch, to tend to, to hold out to

tendresse *f.* tenderness

tenir to hold; **tenir à** to be due to; to be eager; **tenir le coup** to hold on, to hang on

terre *f.* land, earth; **par terre** on the ground

thé *m.* tea

tiède lukewarm

tirer to pull

tisane *f.* herbal tea

titre *m.* title; **à titre personnel** personally

tôle *f.* sheet metal

tolérance *f.* tolerance

tomate *f.* tomato

tomber to fall

toujours always

tout all; **tout de suite après** right afterward; **tout droit** straight ahead; **tout d'un coup** suddenly; **tout le temps** all the time

toxicomane *m.*, *f.* drug addict

toxicomanie *m.* drug addiction

traduction *f.* translation

traduire to translate

trait *m.* characteristic; line, stroke

traiter to treat; **traiter de** to deal with

tranche *f.* slice (meat, bread, cheese)

tranquille calm, tranquil

travail *m.* work

travailleur/travailleuse hard-working

traversée *f.* crossing

trébucher to stumble

triompher to triumph

triste sad

trois-pièces *m.* two-bedroom apartment

trop de too many; to much of

trou *m.* hole

trouver to find, to consider; **se trouver** to be located

U

ultime last; final; ultimate

unanimement unanimously

uni united; **Nations Unies** United Nations

univers *m.* universe

V

vaillant courageous, sturdy, strong

valeur *f.* value, worth, merit

vallée *f.* valley

valoir to be worth; **il vaut mieux** it is better

veau *m.* veal

veine *f.* luck; **avoir de la veine** to be lucky

vendeur/vendeuse salesperson

vendre to sell

venir to come

véritable real, true

vérité *f.* truth

verre *m.* drinking glass

vers towards, around

viande *f.* meat

vide empty

vie *f.* life

vieillard/vieillarde old man/woman

vieux (vieil, vieille) old

vif/vive sharp; lively; bright

vilain nasty

vin *m.* wine

visage *m.* face

vivre to live

voici here is; there is

voilà here is/are; there is/are; **voilà +** expression temporelle + **que** it has been . . . since . . .

voir (*pp.* **vu)** to see

voiture *f.* car

voix *f.* voice

vol *m.* flight; theft

voler to fly; to steal

volet *m.* shutter

voleur/voleuse thief

volontiers gladly

vouloir *irreg.* to want

vrai true

vraiment really

Y

y there

yeux (*pl.* **œil)** eyes

Index de l'Autrement dit

L'index suivant répertorie les actes de paroles et le vocabulaire présentés dans l'*Autrement dit*.

Index grammatical

Credits

We wish to thank the authors, publishers, and holders of copyright for their permission to use or adapt the following.

Photo credits

Chapter 1 *Page 1:* John-Francis Bourke/Getty Images; *Page 2:* Owen Franken/Corbis Images; *Page 10:* C. Parry/The Image Works; *Page 17:* Owen Franken/Corbis Images; *Page 23:* Richard Lucas/The Image Works **Chapter 2** *Page 32:* Tony Freeman/PhotoEdit; *Page 35:* Yann Layman/Getty Images; *Page 46:* Fay Torresyap/Stock Boston; *Page 60:* Alex Moore/Corbis Sigma **Chapter 3** *Page 66:* Owen Franken/Corbis Images; *Page 68:* Owen Franken/Corbis Images; *Page 71:* Owen Franken/Stock Boston; *Page 79:* Lebrun Didier/Gamma-Presse, Inc.; *Page 91:* Don and Pat Valenti/Stone/Getty Images **Chapter 4** *Page 97:* Rob Meinychuk/Digital Vision; *Page 98:* Corbis Images; *Page 101:* Ermakoff/The Image Works; *Page 122:* P. Franck/Corbis Sygma **Chapter 5** *Page 125:* Stuart Cohen Photographer; *Page 127:* AP/Wide World Photos; *Page 130:* Carl Purcell; *Page 141 left:* Baumgartner Olivia/Corbis Sygma; *Page 141 center:* Sandro Vannini/Corbis Images; *Page 141 right:* Bojan Brecelj/Corbis Images; *Page 142:* The Kobal Collection, Ltd.; *Page 144:* Jean Christophe Genton/Retna; *Page 151:* The Kobal Collection, Ltd. **Chapter 6** *Page 157:* Corbis Images; *Page 159:* Shel Secunda; *Page 162 left:* Martin Mouchy/Stone/Getty Images; *Page 162 right:* Richard Passmore/Stone/Getty Images; *Page 170:* Corbis Images; *Page 171:* Peter Turnley/Corbis Images; *Page 172:* Super Stock/Age Fotostock America, Inc.; *Page 173:* Corbis Sygma; *Page 183:* Bridgeman Art Library/NY; *Page 184:* Erich Lesing/Art Resource **Chapter 7** *Page 187:* Ulrike Welsch Photography; *Page 189:* IPA/The Image Works; *Page 204:* Courtesy Thomas Field; *Page 205:* Chris Bland; Eye Ubiquitous/Corbis Images; *Page 207:* Owen Franken/Stock Boston; *Page 210:* Pascal Quittemelle/Stock Boston; *Page 213:* Lawrence Migdale/Stock Boston **Chapter 8** *Page 224:* Susan Van Etten/PhotoEdit; *Page 229:* Peter Menzel/Peter Menzel Photography; *Page 234:* A. R. Ramey/Stock Boston; *Page 238:* Peter Cade/Getty Images; *Page 239 left:* David Maxwell/AFP/Getty Images; *Page 239 right:* Eddy Lemaistre/For Picture/Corbis Images; *Page 240:* Courtesy of Metiers d'Autrefois illustres sure le net; *Page 242:* Chris Brown/Stock Boston **Chapter 9** *Page 249:* Archivo Iconografico, S.A./Corbis Images; *Page 250 left:* Giraudon/Art Resource; *Page 250 right:* Francis G./Corbis Images; *Page 251:* Courtesy of Thomas Field; *Page 252:* UPI/Corbis Images; *Page 253 left:* Corbis Images; *Page 253 right:* John Barr; *Page 256:* Comstock Images; *Page 261:* © Stuart Cohen Photographer; *Page 263:* Courtesy Thomas Field; *Page 268:* Bruno Barbey/Magnum Photos, Inc. **Chapter 10** *Page 271:* Vincent Kessler/Reuters/Corbis Images; *Page 273:* Wojteck Laski/Gamma-Presse, Inc.; *Page 274:* Corbis Images; *Page 275:* B. Roland/The Image Works; *Page 277:* © Stuart Cohen Photographer; *Page 282:* Pat Theirry/Corbis Sygma; *Page 286:* George Zimbel

Literary and Realia

Chapter 1 *Page 18:* Éditions Lité **Chapter 2** *Page 33:* Jean-Jacques Sempé © Sempé et Éditions Denoël, 1989; *Page 50:* The French Experience **Chapter 3** *Page 84:* Michel Cambon Illustration © M. Cambon **Chapter 4** *Page 99:* Micc CANADA, QUEBEC GOVERNMENT; *Page 114:* Micc CANADA, QUEBEC GOVERNMENT; *Page 119:* Monsieur Ibrahim et les fleurs du Coran, Eric-Emmanuel Schmitt © Éditions Albin Michel **Chapter 5** *Page 155:* Extrait France Info. Hervé Bordier, 20/6/05 **Chapter 6** *Page 173:* © 2005 Les Editions Albert René/Goscinny Uderzo; *Page 174:* Radio Suisse Romande **Chapter 7** *Page 193:* Avec la gracieuse autoribon du Centre Régional de Documentation pedagogy que d'Aquitaune; *Page 201:* Used with permission from McDonald's Corporation; *Page 218:* © Doriane Films **Chapter 8** *Page 226:* SEMPÉ, © Éditions Denoël; *Page246:* French or Foe by Polly Platt; *Page 247:* Extrait France Info. Nathalie Bourus, 23/04/04 **Chapter 9** *Page 264:* WWII, Le Monde News; *Page 269:* Extrait France Info. Yves Izard, 06/06/04 **Chapter 10** *Page 295:* Extrait France Info. Bernard Thomasson, 29/05/05